# Angebotserstellung und Planung von Internet-Projekten

Axel Kalenborn

# Angebotserstellung und Planung von Internet-Projekten

Die werkzeugbasierte „Modeling by Example"-Methode

Dr. Axel Kalenborn
Trier, Deutschland

ISBN 978-3-658-07949-9       ISBN 978-3-658-07950-5 (eBook)
DOI 10.1007/978-3-658-07950-5

Die Deutsche Nationalbibliothek verzeichnet diese Publikation in der Deutschen Nationalbibliografie; detaillierte bibliografische Daten sind im Internet über http://dnb.d-nb.de abrufbar.

Springer Vieweg
© Springer Fachmedien Wiesbaden 2014
Das Werk einschließlich aller seiner Teile ist urheberrechtlich geschützt. Jede Verwertung, die nicht ausdrücklich vom Urheberrechtsgesetz zugelassen ist, bedarf der vorherigen Zustimmung des Verlags. Das gilt insbesondere für Vervielfältigungen, Bearbeitungen, Übersetzungen, Mikroverfilmungen und die Einspeicherung und Verarbeitung in elektronischen Systemen.
Die Wiedergabe von Gebrauchsnamen, Handelsnamen, Warenbezeichnungen usw. in diesem Werk berechtigt auch ohne besondere Kennzeichnung nicht zu der Annahme, dass solche Namen im Sinne der Warenzeichen- und Markenschutz-Gesetzgebung als frei zu betrachten wären und daher von jedermann benutzt werden dürften.
Der Verlag, die Autoren und die Herausgeber gehen davon aus, dass die Angaben und Informationen in diesem Werk zum Zeitpunkt der Veröffentlichung vollständig und korrekt sind. Weder der Verlag noch die Autoren oder die Herausgeber übernehmen, ausdrücklich oder implizit, Gewähr für den Inhalt des Werkes, etwaige Fehler oder Äußerungen.

Gedruckt auf säurefreiem und chlorfrei gebleichtem Papier

Springer Fachmedien Wiesbaden ist Teil der Fachverlagsgruppe Springer Science+Business Media
(www.springer.com)

# Danksagung

Die vorliegende Arbeit und insbesondere das korrespondierende Mobex-Werkzeug konnten nur zusammen mit vielen Studierenden aus der Wirtschaftsinformatik und der Informatik der Universität Trier entstehen, die hier natürlich nicht unerwähnt bleiben sollen.

| | |
|---|---|
| Alexander Wolf | Eric Maas |
| Andreas Rüttgers | Felix Eppel |
| Anis Briki | Heiko Malik |
| Arno Peter | Jens Hickmann |
| Christian Schneider | Karina Annika Schmitt |
| Christian Stein | Michael Thomm |
| Daniel Balzer | Oliver Malik |
| Daniel Neyses | Özhan Özbek |
| Dirk Schmidt | Simon Günther |
| Erhard Weirich | Witali Stroh |

Sie alle haben mich durch Ihre Hilfe tatkräftig unterstützt, und ich möchte mich bei Ihnen für die geleisteten Beiträge bedanken. Ohne Ihre Programmierarbeiten wäre die Umsetzung des Mobex-Werkzeugs nicht möglich gewesen. Aber auch Ihre Mitarbeit bei der Überprüfung meiner Gestaltungshypothesen haben wertvolle Erkenntnisse geliefert.

Mein besonderer Dank gilt Eric Maas und Andreas Rüttgers, die als Chefentwickler in Trier das Projekt über zwei Jahre intensiv und produktiv begleitet haben.

Axel Kalenborn

# Inhaltsverzeichnis

Danksagung ................................................................................. V

Abbildungsverzeichnis ................................................................ XI

Glossar ...................................................................................... XIII

1  **Motivation** ............................................................................ 1
   1.1  Abgrenzung der Arbeit ................................................... 6
   1.2  Wissenschaftliche Vorgehensweise ............................... 8
   1.3  Ziel und Aufbau der Arbeit ............................................ 9

2  **Die Vorvertragsphase von Softwareprojekten** ............. 13
   2.1  Entscheidungstheoretische Grundlagen des Kaufprozesses ............... 16
      2.1.1  Das wahrgenommene Risiko ................................. 17
         2.1.1.1  Entstehung des wahrgenommenen Risikos ........ 18
         2.1.1.2  Handhabung des wahrgenommenen Risikos ..... 20
      2.1.2  Informationsgewinnung zur Vorbereitung der Kaufentscheidung ............ 21
         2.1.2.1  Bestimmung des Informationsbedarfs ............... 23
         2.1.2.2  Bestimmung der Informationsträger ................. 24
         2.1.2.3  Erhebung der Informationen ............................. 26
         2.1.2.4  Aufbereitung der Informationen ....................... 28
         2.1.2.5  Verteilung der Informationen ........................... 29
   2.2  Die Projektvergabe aus Sicht des Auftraggebers .......... 30
      2.2.1  Tätigkeiten im Rahmen der Projektvergabe .......... 31
      2.2.2  Verfahren zur Vergabe von Softwareprojekten ..... 33
         2.2.2.1  Ausschreibung .................................................. 33
         2.2.2.2  Freihändige Vergabe ........................................ 35
         2.2.2.3  Wettbewerbspräsentation (Pitch) ...................... 36
      2.2.3  Probleme bei der Vergabe von Softwareprojekten ... 38
         2.2.3.1  Preisdumping der Anbieter ............................... 38
         2.2.3.2  Preisdrückerei der Auftraggeber ...................... 40
         2.2.3.3  Festlegung von Bewertungskriterien ............... 41
         2.2.3.4  Erstellung der Lastenhefte oder Briefing Dokumente .... 42

2.3 Die Projektvergabe aus Sicht des Auftragnehmers .......... 43
   2.3.1 Tätigkeiten im Rahmen der Projektvorbereitung .......... 44
   2.3.2 Probleme der Vorbereitung von Softwareprojekten .......... 47
      2.3.2.1 Zeit- und Kostendruck bei der Angebotserstellung ........ 48
      2.3.2.2 Professionalisierung im Wettbewerb .......... 49
      2.3.2.3 Mangelnde IT-Affinität der Entscheider .......... 50
      2.3.2.4 Austauschbarkeit der Leistungen .......... 51
      2.3.2.5 Probleme bei der Präsentation (Pitch) .......... 52
      2.3.2.6 Problematik von Angebotsdokumenten .......... 54
2.4 Gestaltungsparameter bei der Vorbereitung von Projekten .......... 55
2.5 Ein Vergabebeispiel aus der Praxis .......... 60
2.6 Fazit .......... 63

**3 Anforderungserhebung in der Vorvertragsphase .......... 65**
3.1 Definition und Klassifikation von Anforderungen .......... 66
3.2 Tätigkeiten und Dokumente der Anforderungserhebung .......... 69
   3.2.1 Gewinnung von Anforderungen .......... 69
   3.2.2 Dokumentation von Anforderungen .......... 71
      3.2.2.1 Dokumentation über natürliche Sprache .......... 73
      3.2.2.2 Dokumentation über formale Modelle .......... 74
      3.2.2.3 Dokumentation über semiformale Methoden .......... 76
      3.2.2.4 Dokumentation über Mock-Ups und Prototypen .......... 77
   3.2.3 Anforderungsdokumente .......... 79
      3.2.3.1 Lastenhefte .......... 80
      3.2.3.2 Angebote .......... 83
      3.2.3.3 Pflichtenhefte .......... 86
   3.2.4 Aufwandsschätzung und Angebotserstellung .......... 89
      3.2.4.1 Methoden zur Aufwandsschätzung .......... 89
      3.2.4.2 Erstellung von Angeboten .......... 95
   3.2.5 Validierung von Anforderungen .......... 98
3.3 Anforderungserhebung bei Web Anwendungen .......... 100
   3.3.1 Charakteristika von Web Anwendungen .......... 100
      3.3.1.1 Produktbezogene Charakteristika .......... 100
      3.3.1.2 Nutzungsbezogene Charakteristika .......... 102
      3.3.1.3 Entwicklungsbezogene Charakteristika .......... 104
   3.3.2 Usability von Web-Anwendungen .......... 106
   3.3.3 Besonderheiten der Anforderungserhebung .......... 108
3.4 Vorvertragliche Anforderungserhebung im Praxisbeispiel .......... 113
   3.4.1 Projektbeschreibung .......... 113

3.4.2 Präsentationsvorbereitung ..................................................... 116
3.4.3 Probleme im Praxisbeispiel ................................................. 120
3.5 Defizite der Anforderungserhebung in der Vorvertragsphase ............ 123

# 4 Die werkzeugbasierte Modeling by Example Methode ..................... 125
4.1 Die "by Example" Ansätze ............................................................ 126
4.2 Ziel der Modeling by Example Methode ....................................... 128
4.3 Anforderungen an die Modeling by Example Methode .................. 131
4.4 Konzeption der Modeling by Example Methode ........................... 136
    4.4.1 Semantische Anreicherung der Mock-Ups ............................ 136
        4.4.1.1 Visuelle Komponente ................................................ 139
        4.4.1.2 Fachliche Komponente .............................................. 144
        4.4.1.3 Technische Komponente............................................ 149
        4.4.1.4 Kalkulatorische Komponente .................................... 154
    4.4.2 Wieder- und Mehrfachverwendung von Mock-Ups ............. 158
        4.4.2.1 Wiederverwendung von Artefakten .......................... 159
        4.4.2.2 Importmöglichkeit für Beispiele ............................... 162
        4.4.2.3 Mehrfachverwendung der semantischen
        Erweiterungen............................................................ 163
    4.4.3 Integrierte Anforderungsdefinition ....................................... 165

# 5 Das Mobex-Werkzeug zur Realisierung der MbE-Methode ............. 167
5.1 Die Benutzeroberfläche ................................................................. 169
    5.1.1 Menü- und Symbolleiste ....................................................... 171
    5.1.2 Struktur ................................................................................. 174
    5.1.3 Elemente ............................................................................... 174
    5.1.4 Eigenschaften ........................................................................ 175
    5.1.5 Bibliothek und Sammlung..................................................... 178
    5.1.6 Arbeitsbereich ....................................................................... 179
5.2 Kalkulationsübersicht..................................................................... 180
5.3 Projekt- und Page-Wizard .............................................................. 182
    5.3.1 Project-Wizard ...................................................................... 183
    5.3.2 Page-Wizard.......................................................................... 185
5.4 HTML-Import und Export ............................................................. 186
5.5 Storyboard-Editor........................................................................... 188
5.6 Reportgenerator.............................................................................. 189
5.7 ReqIF-Schnittstelle ......................................................................... 193
5.8 Plugin-Schnittstelle ........................................................................ 195

5.9 Datenmodell und Datenspeicherung ................................................... 196

**6 Evaluation der Methode** ........................................................................ **199**
    6.1 Vorvertragliche Anforderungserhebung der MbE-Methode ............. 199
        6.1.1 Anforderungsgewinnung ............................................................ 202
        6.1.2 Dokumentation, Kalkulation und Angebotserstellung ............ 204
        6.1.3 Präsentation und Validierung .................................................... 206
        6.1.4 Angebotseinreichung .................................................................. 207
    6.2 Experimentelle Evaluation der Einsparungspotenziale ..................... 208
        6.2.1 Experimentanordnung und Durchführung ............................... 210
        6.2.2 Ergebnisse .................................................................................. 213
            6.2.2.1 Quantitative Auswertung der Ergebnisse ................... 213
            6.2.2.2 Qualitative Auswertung der Ergebnisse ..................... 214
    6.3 Modeling by Example im Praxisbeispiel ............................................. 217
    6.4 Der Nutzen des Modeling by Example ................................................ 219
    6.5 Grenzen der Methode ............................................................................ 220

**7 Zusammenfassung und Ausblick** ......................................................... **223**

**Literaturverzeichnis** ...................................................................................... **227**

# Abbildungsverzeichnis

Abbildung 1: Eine Beispielküche im ALNO Küchenplaner. .................... 5
Abbildung 2: Aufbau der Arbeit. .................... 11
Abbildung 3: Erweitertes Wasserfallmodell. .................... 15
Abbildung 4: Grundsatzfragen der Informationsbereitstellung, .................... 22
Abbildung 5: Phasen des Akquisitionsprozesses. .................... 45
Abbildung 6: Gestaltungsparameter bei der Vergabe von Softwareprojekten. ... 58
Abbildung 7: Visualisierung des Finanzportals. .................... 62
Abbildung 8: Horizontale und vertikale Prototypen. .................... 78
Abbildung 9: Struktur eines Lastenheftes .................... 81
Abbildung 10: Struktur eines Angebotes .................... 84
Abbildung 11: Struktur eines Pflichtenheftes .................... 87
Abbildung 12: Klassifikation bekannter Schätzverfahren. .................... 90
Abbildung 13: Das Dilemma der Schätzung. .................... 93
Abbildung 14: Fachexperten in Web Projekten. .................... 110
Abbildung 15: Die Webseite des Auftraggebers. .................... 114
Abbildung 16: Kurzvorstellung des Projektes. .................... 115
Abbildung 17: Ansatzpunkte für die Neugestaltung. .................... 115
Abbildung 18: Tätigkeiten zur Vorbereitung von Präsentationen. .................... 117
Abbildung 19: Evolution der Entwürfe. .................... 118
Abbildung 20: Schattenverlauf der Silhouette. .................... 119
Abbildung 21: Feinkonzeption des Layouts. .................... 121
Abbildung 22: Werkzeuge für das Prototyping im Web Engineering. .................... 122
Abbildung 23: Zusammensetzung von 3D Objekten. .................... 128
Abbildung 24: Die MbE-Methode. .................... 130
Abbildung 25: Komponenten eines MbE Moduls. .................... 137
Abbildung 26: Die Struktur von Webseiten in der MbE-Methode. .................... 141

Abbildung 27: Die Struktur Datei Library.xml. ... 143
Abbildung 28: Module und Templates. ... 144
Abbildung 29: Mock-Up Kontaktformular mit Captcha-Element. ... 147
Abbildung 30: Ein Ausschnitt der Datei Site.xml. ... 151
Abbildung 31: Aktivitätsdiagramm Kontaktformular absenden. ... 152
Abbildung 32: Kostensätze in der Datei Project.xml. ... 157
Abbildung 33: Das Kontaktformular als wiederverwendbares Modul. ... 161
Abbildung 34: Die Mobex Architektur. ... 168
Abbildung 35: Die Mobex Oberfläche mit einem Beispiel. ... 169
Abbildung 36: Schematische Darstellung der Mobex Oberfläche. ... 170
Abbildung 37: Die Konfiguration von Elementen. ... 172
Abbildung 38: Festlegung der Kostensätze. ... 173
Abbildung 39: Kostendialog. ... 176
Abbildung 40: Spezifikationen am Beispiel eines Captcha Moduls. ... 178
Abbildung 41: Kalkulationsübersicht. ... 181
Abbildung 42: Projekt-Wizard mit Vorlagenbausteinen. ... 184
Abbildung 43: Projekt-Wizard mit Elementen. ... 185
Abbildung 44: Seiten des Page-Wizard. ... 186
Abbildung 45: Gliederungen der Reports ... 190
Abbildung 46: Report-Wizard. ... 191
Abbildung 47: Masken des Report-Wizard. ... 192
Abbildung 48: Grobstruktur des Mobex Datenmodells. ... 196
Abbildung 49: Anforderungserhebung in der MbE-Methode. ... 201
Abbildung 50: Ein Kontaktformular im CI der Dekabank. ... 203
Abbildung 51: Bearbeitungszeiten mit den Standardwerkzeugen. ... 213
Abbildung 52: Bearbeitungszeiten mit Mobex. ... 214
Abbildung 53: Vergleich der Ergebnisse am Beispiel des Kontaktformulars.. 216

# Glossar

**Angebotsartefakte:** Komplett beschriebene, kalkulierte und wiederverwendbare Bestandteile einer Webanwendung, die sich in Mock-Ups und damit Angebote übernommen werden können.

**Anforderung:** Eine Aussage über die Beschaffenheit oder Fähigkeit, die ein System oder Systemteile erfüllen oder besitzen müssen, um einen Vertrag, eine Norm oder eine Spezifikation zu erfüllen.

**Buying Center:** Eine Gruppe von Personen, die an einer Kaufentscheidung in einer Organisation beteiligt sind.

**CMMI** Capability Maturity Model Integration, eine Familie von Referenzmodellen z.B. für die Produktentwicklung, den Produkteinkauf und die Serviceerbringung mit bewährte Praktiken der Anwendungsfelder.

**Konzepter:** Ein Tätigkeitsfeld aus dem Bereich Multimedia, Werbung und Neue-Medien. Der Konzepter erstellt gemeinsam mit anderen Projektbeteiligten die Fachkonzepte für Online- oder Multimedia-Produktionen.

**Mock-Up:** Ein einfacher Oberflächenprototyp, der in dieser Arbeit als Grundlage für eine weitgehende semantische Anreicherung und Mehrfachnutzung verwendet wird.

**Pitch:** Eine Form für die strukturierte Vergabe von Aufträgen auf Basis einer Wettbewerbspräsentation.

**Prototyp:** Ein lauffähiger Bestandteil einer Software oder einer anderweitigen Modellierung, die einer Teilkomponente des Zielsystems entspricht.

| | |
|---|---|
| **Requirements-Engineering:** | Die Anforderungsanalyse ist Teil des Systementwicklungsprozesses. Sie hat das Ziel, die Anforderungen des Auftraggebers an das zu entwickelnde System zu ermitteln, zu strukturieren und zu validieren. |
| **Scribble:** | Ein per Stift auf Papier angedeuteter Grobentwurf einer Illustration, Grafik oder einer Oberfläche. |
| **Single Source Publishing:** | Verfahren, um aus einer Quelle mehrere Ausgabeformate zu erstellen. |
| **Storyboard:** | Die zeichnerische Version eines Drehbuchs bzw. die Visualisierung eines Konzeptes oder einer Idee. |
| **Template:** | Schablonen bzw. Vorlagen, die mit Inhalt gefüllt werden können, z.B. für die dynamische Generierung von Webseiten. |
| **Unified Modeling Language:** | Eine graphische Modellierungssprache zur Spezifikation, Konstruktion und Dokumentation von Software und anderen Systemen. |
| **Usability:** | Die Gebrauchstauglichkeit ist das Ausmaß, in dem ein System durch die Benutzer in einem bestimmten Anwendungskontext genutzt werden kann |
| **Vertriebstrichter:** | Stellt die verschiedenen Stadien des Verkaufsprozesses systematisch dar und hilft dabei, die Platzierung von Angeboten zu steuern. |
| **Vorvertragsphase:** | Phase der Vorbereitung eines Softwareprojekts bis zur Vertragsunterzeichnung. |
| **Wireframe:** | Früher konzeptioneller Prototyp einer Website oder eines Software-Frontends ohne grafische Details. |

# 1 Motivation

Sowohl in der Wissenschaft als auch in der Praxis wird immer wieder über die schlechten Erfolgsquoten von Softwareprojekten berichtet und über deren Ursachen diskutiert. So stellte die Standish Group, eine Unternehmensberatung mit IT-Fokus fest, dass nur knapp ein Drittel der von ihnen analysierten IT-Projekte erfolgreich abgeschlossen werden konnte. Alle anderen von ihnen betrachteten Projekte wurden außerhalb der Zeit- und Budgetrestriktionen oder gar nicht fertig gestellt.[1]

Eine Studie des Cutter Konsortiums kommt zu dem Ergebnis, dass nahezu 80% der Projekte nicht in der angestrebten Zeit realisiert werden konnten. Lediglich 16% der von ihnen untersuchten Projekte wurde den gestellten Anforderungen und zeitlichen Planungen gerecht.[2] Die CHAOS-Studien über Projektmisserfolge in der IT-Welt kamen zu dem Ergebnis, dass von 8.380 Softwareprojekten in 369 Betrieben 31% abgebrochen wurden, 33% nicht ihre Ziele erreichten und 58% ihr Budget um mehr als 189% überschritten haben.[3]

Ursache für diesen Missstand ist laut *Pohl* bei mehr als 50% der Projekte bereits eine mangelnde bzw. mangelhafte Anforderungsanalyse.[4] Sie ist damit nach übereinstimmender Meinung einer Vielzahl von Autoren einer der Hauptgründe für die Probleme in Softwareprojekten.

Stellt man sich die Frage, warum gerade die Anforderungsanalyse von Softwareprojekten so schlechte Ergebnisse liefert, dann stößt man auf eine erhebliche Lücke zwischen Theorie und Praxis. In der Theorie wird bei der Erhebung von Anforderungen auf Eigenschaften wie Korrektheit, Vollständigkeit, Eindeutigkeit oder Konsistenz Wert gelegt, und es werden Methoden verwendet, wie z.B. schriftliche Befragungen oder Beobachtungen. Es wird davon ausgegangen, dass 30-40% der Zeit und des Budgets eines Softwareprojektes für die Analysephase aufgewendet werden kann und sollte.[5]

---

[1] Vgl.: *The Standish Group* 2004.
[2] Vgl.: *Cutter Consortium* 2000.
[3] Vgl.: *Johnson, J.* 1995.
[4] Vgl.: *Pohl, K.* 2008, S. 9.
[5] Vgl.: *Scharbert, K. 2005*, S. 11f.

In der Praxis findet die erste Anforderungsanalyse jedoch vor dem Beginn des Softwareprojekts im Rahmen der Angebotserstellung bzw. Vorvertragsphase statt.[6] Die Anforderungsanalyse dient dabei primär dem Verständnis des Projektes und legt die Basis für das Angebot bzw. den zu schließenden Vertrag mit einem potenziellen Kunden. Erst nach dem Vertragsabschluss kann dann das vergütete Software-Projekt beim Auftragnehmer eingeplant und verbucht werden. Die Anforderungsanalyse findet damit in wesentlichen Teilen in der Vorvertragsphase eines Softwareprojekts statt.

Während dieser Vorbereitungsphase können die Anforderungen noch nicht umfassend erhoben werden, da die Analyse nicht vergütet wird und sich die Anbieter im Normalfall in einer Konkurrenzsituation untereinander befinden. Erhält der Anbieter keinen Zuschlag für das Softwareprojekt, dann ist der investierte Aufwand nicht gedeckt. Mehr als 3-5% des potenziellen Budgets kann daher aus kaufmännischer Sicht meist nicht in die Angebotsphase investiert werden, damit sich das Risiko, keinen Zuschlag zu erhalten, auf viele Projekte verteilt und damit niedrig bleiben kann. Bei einem Softwareprojekt von 50.000,- € sind dies also 1.500 € - 2.500 €, oder 1,5 bis 2,5 Tage bei einem gängigen Tagessatz. Darin enthalten sind Zeiten für Meetings, Präsentationen und Abstimmungen, die das Budget für die Anforderungsanalyse noch einmal schmälern. Insgesamt kostet der Vertrieb die Unternehmen im Durchschnitt zwischen 10 – 20% ihres Umsatzes, wodurch er einen ganz erheblichen Kostentreiber darstellt.[7]

Ein weiteres Problem resultiert aus de,r Konkurrenzsituation in der Angebotsphase. Das zu erstellende Angebot soll den Kunden überzeugen und nicht abschrecken. Daher werden Probleme mitunter vernachlässigt bzw. heruntergespielt, um die Chance der Auftragserteilung zu wahren. Projektrisiken werden dadurch in die Umsetzungsphase verlegt, wo sie dann erhebliche Kosten verursachen können.[8] Nicht derjenige, der eine ehrliche Analyse mit vielen Risiken anbietet, gewinnt einen Auftrag, sondern derjenige, der möglichst wenig Fragen im Angebot offen lässt und eventuelle Risiken vernachlässigt. Viele Projekte starten daher bereits mit einer Schieflage in die Umsetzung; Nachverhandlungen zu Beginn der Projektphase sind daher in der Praxis an der Tagesordnung.

Aber auch aus fachlicher Sicht kann Kritik an den Methoden des Requirements-Engineering geübt werden. Insbesondere die Dokumentation der Anforderungen

---

[6] Vgl.: *Maas, M.* 2006, S. 75f.
[7] Vgl.: *Dannenberg, H. / Zupancic, D.* 2008, S. 3ff.
[8] Vgl.: *Zarnekow, R. / Brenner, W. / Pilgram, U.* 2005, S. 42f.

# 1 Motivation

mittels formaler Modelle oder abstrakter Beschreibungen verursacht in der Praxis erhebliche Schwierigkeiten, da die Entscheider in den Unternehmen diese alleine wegen ihrer inhärenten Komplexität ungern nutzen, wie *Little* bereits 1969 bemerkte.[9] Bei internetbasierten Projekten ist diese Problematik noch erheblicher, da die Entscheidung für die Projekte in den Marketingabteilungen der Unternehmen gefällt werden und dort nur selten IT-Spezialisten anzutreffen sind.[10]

Zusätzlich verändern sich die Erwartungen der Fachanwender an das Requirements- und Software-Engineering. Spielten im Rahmen der Anforderungsanalyse von klassischen Softwareprojekten die funktionalen Aspekte noch die dominante Rolle, sind diese bei Internetanwendungen meist weniger problematisch und werden durch Usability Betrachtungen und die graphische Anmutung ersetzt bzw. ergänzt.[11] Diesen veränderten Bedingungen tragen die Methoden des Requirements-Engineering (noch) nicht genügend Rechnung. In der Praxis ist diese Problematik bei der Vorbereitung von Softwareprojekten längst erkannt worden. Ein wichtiges Hilfsmittel zu Umgehung dieser Schwierigkeiten besteht in der Visualisierung. Speziell bei der Umsetzung von Internet Projekten, auf denen der Fokus dieser Arbeit liegt, ist die Gestaltung ebenso wichtig wie die funktionale Beschreibung. Die Kunden fordern häufig bereits im Rahmen der Angebotserstellung eine Präsentation der zu erstellenden Internet Seiten. Diese werden als sogenannte „Mock-Ups" umgesetzt und repräsentieren eine eingeschränkte Sicht auf die geplante Anwendung. Sie dienen dem Verständnis der Funktionen aber auch der Gestaltung der Anwendung. Mock-Ups sind Attrappen der zu erstellenden Anwendung in Form von einfachen Oberflächenprototypen.[12]

Die Erstellung dieser Mock-Ups läuft in der Projektvorbereitung meist nicht sehr effizient ab. Sie werden in Bildverarbeitungsprogrammen gezeichnet, in Präsentationsprogrammen erweitert bzw. erläutert, bevor Sie dann in einer Textverarbeitung mit den nötigen Spezifikationen hinterlegt und zusammen mit Berechnungen in einer Tabellenkalkulation zu einem Angebot formuliert werden. Auch professionelle Prototyping Tools wie Axure oder Sketch Flow unterstützen den Anwender im Rahmen der Angebotserstellung nicht vollständig. Ihr Fokus liegt fast ausschließlich auf der Gestaltung der Oberflächen und zum Teil noch auf der

---

[9] Vgl.: *Little, J. D. C.* 1969, S. 2.
[10] Vgl.: *Lang, M. E. / Wissen, M. / Ziegler, J.* 2007, S. 257.
[11] Vgl.: *Heinrich, L. J., Burgholzer, P.* 1991, S. 236.
[12] Vgl.: *Ludewig, J. / Lichter, H.* 2010, S. 165.

Spezifikation von Anforderungen. Aspekte der Kalkulation, Dokumentation und Präsentation bleiben jedoch weitgehend unberücksichtigt.

In anderen Bereichen wird dieselbe Problematik effizienter angegangen. Architekten oder Küchenplaner arbeiten deutlich geschickter, indem sie spezielle Software, wie Bauset, AutoCAD-Architecture oder Küchen-Atlas nutzen. Im Verkaufsgespräch wird z.b. eine Küche zusammen mit dem Kunden interaktiv gezeichnet. Die verwendbaren Elemente wie Schränke, Elektrogeräte oder Spülbecken sind mit Dekoren, Griffen, Oberflächen sowie Preisen hinterlegt und können aus einer Bibliothek in die zu planende Küche übernommen werden. Der Planer legt höchsten Wert auf die Visualisierung, da diese letztlich genau das ist, was der Kunde sehen möchte und bewerten kann, auch wenn die Eigenschaften der verwendeten Materialien oder die Gegebenheiten des Raumes für die Detailplanung durchaus relevant sind.

Die Vorgehensweise ist durchaus mit der Erstellung eines Oberflächen Protopyen zu vergleichen, der auch aus einem vordefinierten Set an Objekten wie Textfeldern, Buttons, Bitmaps und Multimediaobjekten besteht. Auch hier steht die Visualisierung im Vordergrund, über die die Funktionalität eines Systems erklärt werden soll.

Ist die Küche geplant, liefert die Software automatisch mehrere Ergebnisse. Diese umfassen einen Plan der Küche, eine 3D Visualisierung, eine Materialliste sowie ein kalkuliertes Angebot. Die Kunden können die virtuelle Küche sogar betreten und sich in ihr bewegen, um realitätsnahes „Erleben" zu ermöglichen. Die Werkzeuge sind zum Teil sogar so angelegt, dass interessierte Laien ihre Planung ohne fremde Hilfe vornehmen können und dann mit dem Plan zu einem Fachmann gehen, der ihn übernimmt und präzisiert. Diese Art der Planungsunterstützung ist auch im Bereich der Software-Konzeption und Angebotserstellung wünschenswert. Abbildung 1 zeigt als Beispiel den ALNO Küchenplaner in zwei Sichten, der Planungs- und der Visualisierungssicht.

Daher ist eine neue Herangehensweise an die Anforderungsanalyse und Dokumentation notwendig. Prototypen oder Mock-Ups, also exemplarische Umsetzungen der Anwendung werden in der Praxis gefordert, weil sie abstrakte Software für Entscheider verständlich machen. Es stellt sich also die Frage, wie Prototypen aufgebaut werden müssen, um mehr als eine Visualisierung zu erhalten. Eine mögliche Lösung liegt in der semantischen Anreicherung der Prototypen, um diese sowohl für die Visualisierung als auch für die Angebots- oder Pflich-

# 1 Motivation

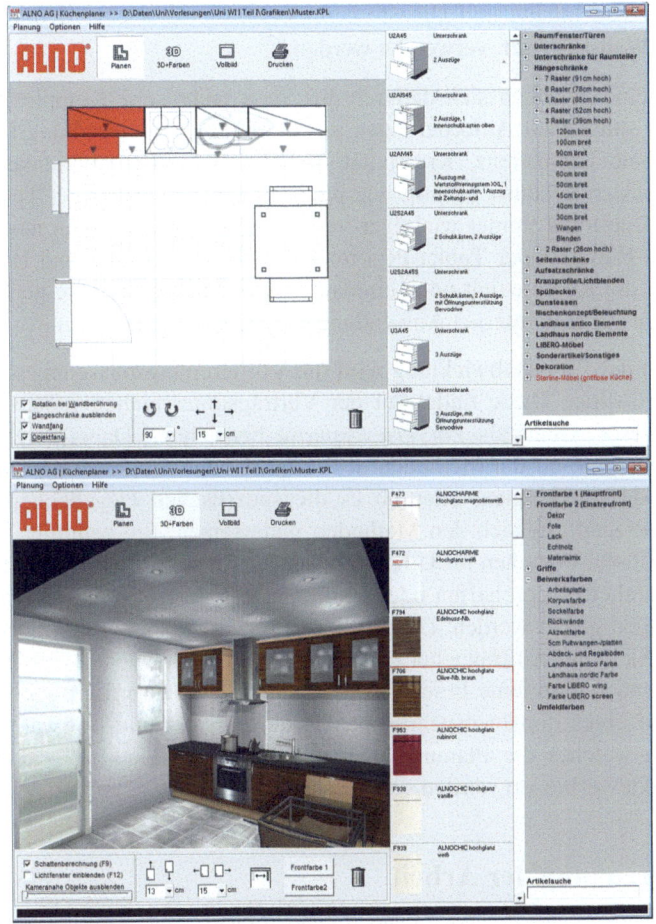

Abbildung 1: Eine Beispielküche im ALNO Küchenplaner.
Quelle: Eigene Darstellung.

tenhefterstellung verwenden zu können. Prototypen müssen „intelligenter" aufgebaut werden. Dazu wird im Rahmen dieser Arbeit die werkzeugbasierte Modeling by Example Methode (MbE) entwickelt, prototypisch implementiert und evaluiert. Anwendungskontext ist die Konzeption internetbasierter Systeme bzw. Webanwendungen, also z.B. Portale auf Basis von Content Management Systemen oder Internet Applikationen wie E-Shops und Onlinebanking Systeme. Nach Kappel ist eine Web Anwendung „[…] ein Softwaresystem, das auf Spezifikationen des World Wide Web Consortium (W3C) beruht und Web-spezifische

Ressourcen wie Inhalte und Dienste bereitstellt, die über eine Benutzerschnittstelle, den Web-Browser, verwendet werden."[13]

Diese Systeme zeichnen sich dadurch aus, dass technische Komplexität in der Umsetzung mit hohen Anforderungen an die graphische Gestaltung korrespondiert. Mediale Kompetenz, Kreativität und die Gebrauchstauglichkeit sind in diesen Projekten genauso wichtig wie präzise Umsetzung und der Test der Anwendung. Durch die immer wichtiger werdende Berücksichtigung mobiler Endgeräte, wie Handys oder Tablet-PCs im Rahmen der Planung und Umsetzung, erhöht sich die Komplexität noch einmal, da gleichzeitig mehrere gerätespezifische Sichten auf eine Internet Anwendung beachtet werden müssen.

Im Rahmen der Projektabwicklung wird die Vorbereitungsphase eines Softwareprojekts betrachtet. Diese findet vor der Vertragsunterzeichnung statt und wird daher in dieser Arbeit als *Vorvertragsphase* bezeichnet. Dabei soll die Frage diskutiert werden, ob die Methoden des Requirements-Engineering diese Phase adäquat abdecken können, oder ob es die spezifischen Gegebenheiten dieser Projektphase sind, die sich den Methoden widersetzen. Ein zentraler Aspekt ist die Frage, ob die Ursachen für Umsetzungsprobleme in Softwareprojekten erst in den Pflichtenheften geschaffen oder bereits vorher in den grundlegenden Angebotsunterlagen gelegt werden. Dazu soll die Vorvertragsphase von Softwareprojekten aus Sicht der Auftraggeber und Auftragnehmer beleuchtet werden, um die sich ergebenden Probleme beschreiben zu können. Dies erfolgt auch vor dem Hintergrund eines domänenspezifischen Requirements- und Software-Engineering, durch welches die Planungsunterstützung unterschiedlich gearteter Software-Projekte verbessert werden soll.

## 1.1 Abgrenzung der Arbeit

Die werkzeugbasierte Modeling by Example Methode (MbE) ist dem Bereich des Rapid-Prototyping oder Prototyping zuzuordnen. Prototyping ist eine verbreitete Methode im Rahmen der Softwareentwicklung die das Ziel hat, möglichst schnell erste Bestandteile eines Systems zu liefern, um Feedback von den Nutzern bezüglich der Eignung eines Lösungsansatzes zu erhalten. Dadurch sollen Probleme und (Änderungs-) Wünsche frühzeitig erkannt und der Dialog mit den Fachanwendern verbessert werden.[14]

---

[13] *Kappel, G. et al.* 2004, S. 2.
[14] Vgl.: *Sommerville, I.* 2007, S. 409.

## 1.1 Abgrenzung der Arbeit

Im Prototyping werden basierend auf den Erwartungen an den Prototypen drei Ansätze differenziert: das *experimentelle*, das *evolutive* und das *explorative* Prototyping. *Experimentelles Prototyping* dient der Evaluierung verschiedener Lösungsansätze in der Designphase zur Findung der möglichst besten Lösung für eine Implementierung. Der *evolutive Ansatz* soll den gesamten Entwicklungsprozess begleiten und die Anwendung nach und nach auf Basis des Feedbacks der zukünftigen Nutzer bzw. des Auftraggebers erweitern. Der Prototyp wird dabei stets lauffähig gehalten und bis zur Produktreife weiterentwickelt. *Exploratives Prototyping* hilft bei der Klärung von Benutzerwünschen in der Analyse- und Designphase von Softwareprojekten, indem der spätere Nutzer lauffähige Versionen von Teilen der Software erhält, diese verwenden und dadurch besser bzw. überhaupt verstehen kann.[15]

Die MbE-Methode gehört zum explorativen Prototyping und wendet dieses im Rahmen der Angebotserstellung internetbasierter Softwareprojekte an. Da sich die Methode auf Oberflächenprototypen bezieht, wird im Rahmen dieser Ausarbeitung von Mock-Ups und nicht von Prototypen gesprochen.[16]

Die Methode definiert kein universelles Modellierungsmodell, in dem alle Aspekte eines Software Systems abgebildet werden können. Dieser Bereich ist durch Methoden wie „Architektur integrierter Informationssysteme" (ARIS)[17] oder die Unified Modeling Language (UML)[18] formal abgedeckt. Die MbE-Methode dient dazu, die Beschreibung von dialogorientierten Anwendungen im Internet durch die Verwendung und Anreicherung von Mock-Ups zu vereinfachen und für IT-Laien verständlicher zu machen.

Anwendungsgegenstand der Methode sind Web Anwendungen bzw. solche, bei denen die Gestaltung der Oberfläche einen signifikanten Anteil am Gesamtprojekt hat. Die MbE-Methode eignet sich daher nicht für Softwareprojekte, die ihren Fokus z.B. auf komplexen Bibliotheken, eingebetteten Systemen oder hoch innovativen Lösungen haben; dort müssen andere Methoden Verwendung finden bzw. entwickelt werden.

---

[15] Vgl.: *Kappel, G. / Nierstrasz, O.* 1989, S. 2f.
[16] Vgl.: *Simon, C.* 2006, S. 109.
[17] Vgl.: *Scheer, A.W.* 1992.
[18] Vgl.: *Booch, G. / Rumbaugh, J. / Jacobson, I.* 1999.

## 1.2 Wissenschaftliche Vorgehensweise

Die vorliegende Arbeit ist dem Design-Science oder auch Konstruktionsorientierten Forschungsansatz der Wirtschaftsinformatik zuzuordnen. „Dabei werden Informationssysteme nicht als Selbstzweck betrachtet, sondern dezidiert als Mittel zur Festigung oder Förderung der Wettbewerbsfähigkeit von Organisationen."[19] Ziel der Design-Sience ist es, das wissenschaftliche Interesse über die Erklärung vorhandener Phänomene hinaus durch die Konstruktion innovativer organisatorischer und technischer Artefakte zu wecken.[20]

Diese Vorgehensweise liegt in der Tradition insbesondere der deutschsprachigen Wirtschaftsinformatik, die von Beginn an durch eine ausgeprägte Praxisorientierung gekennzeichnet ist und für diese relevant Ergebnisse liefern soll.[21] Die Forschung in der Wirtschaftsinformatik ist auf die Entwicklung innovativer Systeme sowie die Gestaltung korrespondierender organisatorischer Kontexte oder Methoden gerichtet. Beispiele für die Forschungsresultate sind Software-Prototypen, Referenz-Modelle, Modellierungssprachen, Methoden für die Behandlung konkreter Probleme oder konzeptuelle Bezugsrahmen. Ergänzend dazu werden z. B. neue Formen interorganisationaler Kooperation, neue Geschäftsmodelle oder innovative Formen der Gestaltung von Geschäftsprozessen geschaffen.[22]

„Die Erkenntnisziele einer gestaltungsorientierten Wirtschaftsinformatik sind Handlungsanleitungen (normative, praktisch verwendbare Ziel-Mittel-Aussagen) zur Konstruktion und zum Betrieb von Informationssystemen sowie Innovationen in den Informationssystemen (Instanzen) selbst. Die Wirtschaftsinformatik geht demnach von einer Sollvorstellung eines Informationssystems aus und sucht nach Mitteln, bei gegebenen Restriktionen ein Informationssystem mit diesem Ziel zu konstruieren."[23]

Um diese Erkenntnisziele zu erreichen schlagen die Autoren des „Memorandum zur gestaltungsorientierten Wirtschaftsinformatik" einen Erkenntnisprozess vor, der aus Analyse, Entwurf, Evaluation und Diffusion besteht. Im Rahmen der Analyse wird die Problemstellung der Praxis formuliert und es werden Forschungsziele definiert. Dabei wird der Stand existierender Problemlösungsansät-

---

[19] *Frank, U.* 2008.
[20] Vgl.: *Baskerville, R. / Pries-Heje, J.* 2010, S. 259.
[21] Vgl.: *Winter, R. / Baskerville, R.* 2010, S. 257.
[22] Vgl.: *Frank, U.* 2008.
[23] Vgl.: *Österle, H./ Becker, J. / Frank, U. et al.* 2010, S. 664.

ze in Theorie und Praxis erhoben, und es werden Lücken identifiziert, die es zu schließen gilt. Im Entwurf werden diese Lücken durch Lösungsansätze geschlossen, die soweit irgend möglich anhand anerkannter Methoden herzuleiten und gegen bekannte Lösungen abzugrenzen sind. Danach erfolgt eine Überprüfung der Ergebnisse durch empirische Untersuchungen, Experimente oder Begutachtungsverfahren. Die Diffusion erfolgt durch Veröffentlichungen, Praxisvorträge, Messebeteiligungen oder auch Spin-Offs.[24] Sowohl der Aufbau als auch die Argumentationen im Rahmen der vorliegenden Arbeit entsprechen dieser Vorgehensweise.

## 1.3 Ziel und Aufbau der Arbeit

Ziel der vorliegenden Arbeit ist es, die Vorvertragsphase von dialogorientierten Softwareprojekten zu analysieren, effizienter zu gestalten und den Dialog zwischen den Partnern zu verbessern. Dazu werden in Analogie zur Küchenplanung oder zur Architektur Mock-Ups als Basis für die Kommunikation zwischen Auftraggeber und Auftragnehmer verwendet. Der Kunde soll durch die Visualisierung ein besseres Verständnis der zu entwickelnden Anwendung erlangen, in den Angebotsprozess eingebunden werden und aktiv an der Gestaltung mitwirken. Der Dialog zwischen einem Bauherren und seinem Architekt, in dem Wünsche und Änderungen zum Teil direkt am Bildschirm umgesetzt und visualisiert werden können, dient als Vorbild.

Die Mock-Ups sollen so aufgebaut werden, dass sich Angebote, Pflichtenhefte, Testfälle und auch technische Spezifikationen aus ihnen ableiten lassen, um damit einen signifikanten Mehrwert in der Vorvertragsphase zu erzeugen und Aufwand einzusparen. Am Ende der Vorvertragsphase muss mit geringem Aufwand ein möglichst präzises Angebot erzeugt werden; diesem Anspruch soll die MbE-Methode gerecht werden.

Die Arbeit ist in sieben Kapitel gegliedert, wie Abbildung 2 zu entnehmen ist. Dem Design-Science-Ansatz folgend, sind die Kapitel 2 und 3 der Analyse gewidmet. In Kapitel 2 wird die Vorvertragsphase von Software Projekten aus betriebswirtschaftlicher Sicht analysiert. Dabei werden die entscheidungstheoretischen Grundlagen des Kaufprozesses vorgestellt, und es werden wesentliche Aspekte der Informationsgewinnung zur Vorbereitung einer Kaufentscheidung

---

[24] Vgl.: *Österle, H./ Becker, J. / Frank, U. et al.* 2010, S. 664.

eingeführt. Danach wird die Projektvergabe aus Sicht des Auftragnehmers und des Auftraggebers betrachtet. In diesem Rahmen wird auf Tätigkeiten, Verfahren und Probleme in der Projektvergabe eingegangen, und es werden Gestaltungsparameter für die Vorbereitung der Projekte eingeführt. Das Kapitel schließt mit der Einführung eines Praxisbeispiels, das im Rahmen der Ausarbeitung aus verschiedenen Perspektiven beleuchtet wird sowie einem Fazit.

In Kapitel 3 wird dann die Anforderungserhebung in der Vorvertragsphase betrachtet. Nach der Definition und Klassifikation von Anforderungen werden die Tätigkeiten im Rahmen der Anforderungserhebung vorgestellt und die Dokumente eingeführt, die Ergebnis dieser Tätigkeiten sind. Besondere Bedeutung wird in diesem Abschnitt der Angebotserstellung sowie der mit dieser einhergehenden Aufwandschätzung beigemessen. Im Anschluss werden die Besonderheiten des Requirements-Engineering von Web Anwendungen herausgearbeitet und anhand des eingeführten Praxisbeispiels expliziert. Das Kapitel schließt mit den Defiziten der Methoden und Vorgehensweisen des Requirements-Engineering im Rahmen der Vorvertragsphase.

Im Anschluss folgt in Kapitel 4 und 5 der Entwurfsteil. In Kapitel 4 wird die „werkzeugbasierte Modeling by Example Methode" vorgestellt. Dazu werden zunächst allgemein die sogenannten „by Example" Ansätze eingeführt und deren Nutzen beleuchtet. Danach werden die Ziele der Methode detailliert beschrieben und Anforderungen an das korrespondierende Werkzeug abgeleitet. Aufbauend auf diesen Zielen und Anforderungen werden die Konzepte der Methode detailliert vorgestellt.

Kapitel 5 ist dem Mobex-Werkzeug gewidmet, das der praktischen Umsetzung der Methode dient. Zunächst werden die Architektur, der Aufbau und die Benutzeroberfläche des Werkzeugs vorgestellt. Danach folgen die Funktionen, durch die die in der Methode geforderten Ziele und Konzepte in der Software umgesetzt sind. Zum Abschluss des Kapitels werden die Schnittstellen der Software vorgestellt, und es wird kurz auf das Datenmodell der Anwendung eingegangen.

In Kapitel 6 erfolgt die Evaluation der Methode. Dazu wird die vorvertragliche Anforderungserhebung in der MbE-Methode beschrieben, und es werden die Änderungen herausgearbeitet, die sich zur klassischen Anforderungserhebung ergeben. Danach wird ein Experiment vorgestellt, das der Effizienzmessung der Methode und seines Werkzeugs dient.

## 1.3 Ziel und Aufbau der Arbeit

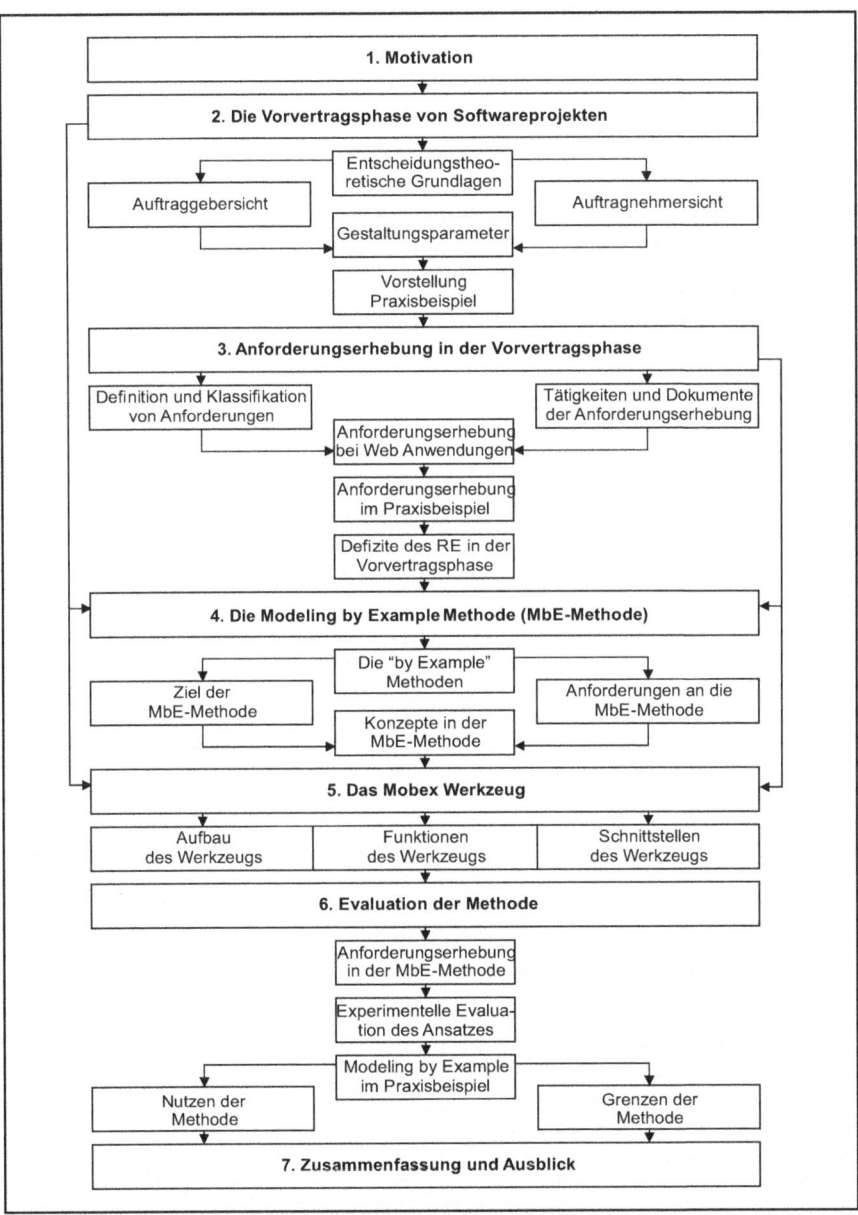

Abbildung 2: Aufbau der Arbeit.
Quelle: Eigene Darstellung.

Anhand der Ergebnisse können die Einsparungspotenziale durch die Nutzung des Werkzeugs und der Methode deutlich gemacht werden. Diese werden dann auf das Praxisbeispiel angewendet, um den Nutzen der Methode im Rahmen der Vorvertragsphase zu erläutern. Das Kapitel schließt mit den Grenzen der Methode.

In Kapitel 7 werden die Ergebnisse der vorliegenden Arbeit noch einmal zusammengefasst, und es erfolgt ein Ausblick in Richtung der Erweiterbarkeit und zukünftige Nutzungsmöglichkeiten dieser und ähnlicher Konzepte.

# 2 Die Vorvertragsphase von Softwareprojekten

In der Literatur zum Management von Softwareprojekten, zum Software-Engineering oder zum Requirements-Engineering, beginnen Projekte in der Regel mit einer ausführlichen Analysephase, auf deren Basis sie dann umgesetzt und getestet werden.[25] In der Praxis ist vor dem eigentlichen Beginn eines Softwareprojekts zunächst eine erste strategische Entscheidung zu fällen, nämlich die Frage nach der Eigenfertigung („make") oder dem Fremdbezug („buy").[26] Die aktuelle Situation in der Softwareentwicklung ist durch einen Mangel an Entwicklungsressourcen bei gleichzeitig steigender Bedeutung von Softwareprodukten gekennzeichnet.[27] Um die Entwicklung effizient gestalten zu können, wird daher ein Großteil der Softwareprojekte nicht von den Unternehmen oder den Einrichtungen der Öffentlichen Hand selbst umgesetzt, sondern an externe Partner vergeben, die sich darauf spezialisiert haben. Dies sind IT-Dienstleister, die ihren Fokus auf die Planung und Abwicklung von Softwareprojekten gelegt haben. Die externe Vergabe von Projekten bildet auch den Fokus dieser Ausarbeitung.

Vor dem eigentlichen Softwareprojekt steht daher ein meist langwieriger Kaufprozess, in dessen Rahmen sich ein Auftraggeber Angebote für die Umsetzung eines Softwareprojektes einholt. Dabei stehen sich verschiedene Anbieter als Konkurrenten gegenüber und bewerben sich in Vergabeverfahren um die Umsetzung eines Softwareprojektes. Die Anbieter können externe Partner des potenziellen Auftraggebers sein, aber auch interne Abteilungen bzw. Töchter des Auftraggebers, die miteinander im Wettbewerb stehen.

Wie bereits in der Motivation erwähnt, fließt diese Phase eines Softwareprojektes bisher nur unzureichend in die verschiedenen Vorgehensmodelle ein. Lediglich zwei verbreitete Vorgehensmodelle berücksichtigen die Vorvertragsphase.[28] Das V-Modell XT[29] behandelt die Angebotsphase in Ausschreibungen, definiert

---

[25] Vgl.: u.a. *Heinrich, L. J.* 1997:, S. 18ff. / *Dumke, R.* 2003, S. 18ff. / *Sommerville, I* 2007, S. 65ff.; *Pohl, K.* 2008, S. 30ff.
[26] Vgl.: *Günther, B., Kuhl, M.* 2000, S. 380ff.
[27] Vgl.: *Bergner, K., Jacobi, C. Rausch, A. Sihling, M., Vilbig, A.* 2001, S. 17.
[28] Vgl.: *Kalenborn, A. / Timm, I.* 2012, S. 92.
[29] Vgl.: o.V., V-Modell® XT, S. 45ff.

diese jedoch sehr stark aus Sicht der ausschreibenden Institution und nicht aus Sicht der mit den Ausschreibungen betrauten Vertriebsmitarbeiter bzw. seines Unternehmens. Der Fokus liegt auf der Definition der Anforderungen in Form eines Lastenhefts als Basis für die Ausschreibung.[30] Auch im CMMI (Capability Maturity Model Integration) Standard wird der Akquise Raum geschenkt, der Fokus ähnelt jedoch dem des V-Modell XT, die Besonderheiten der Vorvertragsphase aus Sicht des Anbieters werden nicht berücksichtigt.[31] In der Ausarbeitung von *Ljaci* findet sich ein Verweis auf ein Vorgehensmodell der Unternehmensberatung Capgemini sd&m AG, das auch die Angebotsphase berücksichtigt. Dort werden die Projektphasen *Angebot, Initialisierung, Projektdurchführung* und *Abschluss* unterschieden. Leider darf der Autor die Inhalte des Konzeptes nicht vorstellen, da es sich um ein internes Dokument handelt und die Unternehmung nicht an der Publikation ihrer Vorgehensweise interessiert ist.[32] Selbst in der Literatur zum Marketing sind Werke mit einem Fokus auf den Vertrieb von Investitionsgütern und Dienstleistungen eher selten zu finden, dort dominiert der Konsumgüterbereich.[33]

Im Software-Engineering finden sich in verschiedenen Werken Vorstudien bzw. Machbarkeitsstudien zu Softwareprojekten, die im Rahmen der Vorbereitung der Projekte durchgeführt werden. Diese stammen jedoch aus einer Zeit, in der Softwareprojekte innovativ und risikoreich waren und zunächst geprüft werden musste, ob die Durchführung Erfolg verspricht. Die Vorstudien waren ein Bestandteil des eigentlichen Projektes und wurden vom Auftraggeber bezahlt, um das Projektrisiko einzugrenzen. Diese Prüfung ist heute nur noch sehr selten nötig und entspricht nicht dem gängigen Prozess, da grundsätzlich von der Durchführbarkeit und Machbarkeit eines Softwareprojekts ausgegangen wird.[34] Insbesondere in den „Brot und Butter" Projekten, wie Internet basierte Systeme, die im Fokus dieser Arbeit liegen, sind Machbarkeitsstudien sehr ungewöhnlich.

Auch die Unterteilung in Analyse, Entwurf und Umsetzung, die z.B. im Wasserfallmodell vorgesehen ist, berücksichtigt nicht, dass die erste Anforderungsanalyse und Grobkonzeption vor dem Beginn des eigentlichen Softwareprojektes

---

[30] Vgl.: *Friedrich, J., Hammerschall, U., Kuhrmann, M., Sihling, M.* 2009, S. 5f.; *Sollbach, W. / Thome, G.* 2008, S. *150ff.*
[31] Vgl.: *Gallagher, B.P. / Phillips, M. / Richter, K. / Shrum, S.* 2010, S. 83ff.
[32] Vgl.: *Ljaci, N.* 2010, S. 7.
[33] Vgl.: *Albers, S / Söhnchen, F.* 2005, S. 60.
[34] Vgl.: *Heinrich, L. J., Burgholzer, P.* 1991, S. 189.

# 2 Die Vorvertragsphase von Softwareprojekten ä 15

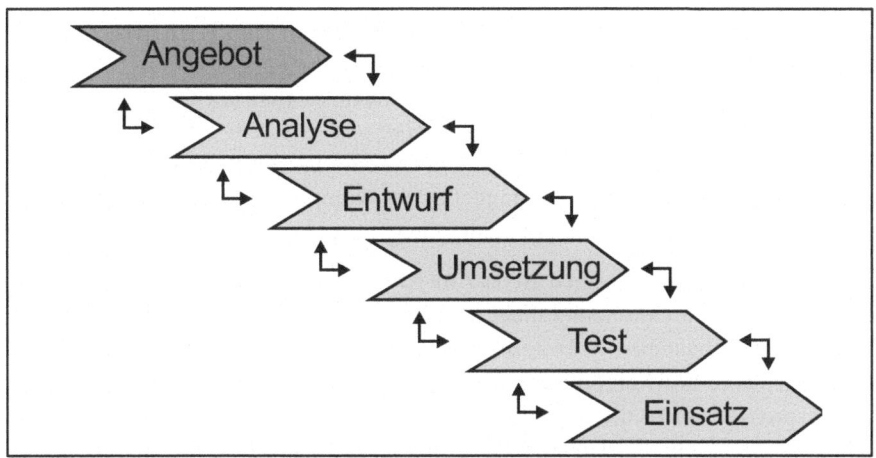

Abbildung 3: Erweitertes Wasserfallmodell.
Quelle: Eigene Darstellung.

stattfinden müssen, um überhaupt ein Angebot formulieren zu können, wie in Abbildung 3 zu sehen ist. Langwierige und kostspielige Analysen sind für die potenziellen Auftragnehmer nicht durchführbar und die dazu notwendige Unterstützung durch den Auftraggeber nicht zu leisten, da er in der Regel mehrere potenzielle Auftragnehmer zu betreuen hat.[35] Viele Werkzeuge des Requirements-Engineering können aus diesem Grund in der Vorbereitungsphase eines Softwareprojekts keine Anwendung finden, wie in Kapitel 3 noch detailliert beschrieben wird.

An dieser Stelle soll zunächst einmal auf die entscheidungstheoretischen Grundlagen des Kaufprozesses eingegangen werden, die im Zusammenhang mit dem Angebot und der Vergabe von Softwareprojekten stehen. Dabei soll zunächst die kaufmännische Seite des Prozesses und die darin zu findenden Vergabearten bei Softwareprojekten vorgestellt werden, bevor die Probleme in dieser Phase eines Projekts aus Sicht des Auftraggebers und des potenziellen Auftragnehmers dargelegt werden. Speziell die Probleme für den potenziellen Auftragnehmer in Abhängigkeit des jeweiligen Vergabeverfahrens sollen beschrieben werden. Der Abschnitt schließt mit der Ableitung von Gestaltungsparametern für die Vorbereitung von Softwareprojekten sowie einem Praxisbeispiel für die Projektvergabe, das sich durch die gesamte Arbeit hindurchziehen wird.

---

[35] Vgl.: *Thaller, G. R.* 2002, S. 45ff.

## 2.1 Entscheidungstheoretische Grundlagen des Kaufprozesses

Bei der Vergabe eines Softwareprojektes handelt es sich im juristischen Sinne um einen Kaufprozess bestehend aus *Angebot und Annahme* (BGB §145) sowie *Einigung und Übergabe* (BGB §929). Der Kaufprozess stellt sowohl für den Auftragnehmer als auch den Auftraggeber eine komplexe Entscheidungssituation dar, die durch Unsicherheiten auf beiden Seiten geprägt ist.

Der Auftraggeber kann seinen Bedarf meist nicht vollständig bestimmen, kennt die Kosten für die Umsetzung nicht oder kann diese nur schätzen und muss sich zwischen verschiedenen Anbietern entscheiden. Er ist mit Risiken konfrontiert, da das geplante Softwareprojekte sein vorgesehenes Budget überschreiten, Zeitlimits sprengen, nicht die geforderten Funktionalität liefern oder sogar gänzlich scheitern kann. Diese Risiken werden im Rahmen eines Kaufprozesses unter dem Begriff des *„Wahrgenommenen Risikos"* zusammengefasst und spielen eine elementare Rolle bei der Kaufentscheidung.[36]

Diese Problematik wird auch in der *Prinzipal-Agent-Theorie* betrachtet. Der Auftraggeber (Prinzipal) ist von den Handlungen eines Auftragnehmers (Agent) im Rahmen der Auftragsvorbereitung und -abwicklung abhängig. Es existieren Informationsasymmetrien zwischen dem Agenten, der über genauere Informationen verfügt und dem Prinzipal.[37] Diese Asymmetrie muss durch den Austausch von Informationen überwunden werden. Die Prinzipal-Agent-Theorie stellt Instrumente zur Verfügung, mit deren Hilfe das wahrgenommene Risiko eingegrenzt werden kann. Als Effizienzkriterium dient die Minimierung der Agency-Kosten, die in unserem Fall die Kosten für die Erstellung und Überprüfung der Angebote darstellen. Auf den bestehenden Informationsasymmetrien vor Vertragsabschluss basiert das Problem der adversen Selektion, also das Risiko der Auswahl unerwünschter Vertragspartner.[38]

Um dieses Risiko einzuschränken, wählt der Auftraggeber ein geeignetes Vergabeverfahren aus, das ihm dabei hilft die notwendigen Informationen für die Kaufentscheidung zu erhalten, um das wahrgenommene Risiko zu reduzieren. Im Rahmen des Kaufprozesses baut er so Vertrauen in die Kompetenz des zukünfti-

---

[36] Verschiedene Risiken definieren: *Zentes, J. / Swoboda, B. / Schramm-Klein, H.* 2010, S. 149f.
[37] Vgl.: *Picot, A. / Reichwald, R. / Wigand, R.T.* 2003, S. 55ff.
[38] Vgl.: *Ripperger, T.* 2003, 64.

## 2.1 Entscheidungstheoretische Grundlagen des Kaufprozesses

gen Vertragspartners auf, um einen Vertrag über die Umsetzung des Projektes mit ihm schließen zu können.[39] Der Auftragnehmer muss unter Abwägung seiner Chancen und Risiken entscheiden, ob er an einem Kaufprozess teilnehmen und ein Angebot einreichen wird, das dann ausgearbeitet, präsentiert und nach dem Zuschlag umgesetzt werden muss. Er sucht aktiv nach Kunden um Aufträge zu generieren. Sein zentrales Anliegen ist es, durch die Teilnahme an Kaufprozessen Projekte zu gewinnen, um Umsatz- und Rentabilitätsziele einhalten zu können.[40] Er muss im Rahmen des Kaufprozesses sein Angebot so geschickt platzieren, dass es vom Auftraggeber als beste Option wahrgenommen wird. Dabei sind seine Reputation, seine Bekanntheit am Markt seine Problemlösungskompetenz und sein Auftreten beim Auftraggeber nur einige wichtige Aspekte. Ihm muss es gelingen, das von seiner Offerte ausgehende wahrgenommene Risiko zu minimieren.

Da das wahrgenommene Risiko eine wesentliche Determinante im Kaufprozess darstellt, soll es im Folgenden zunächst definiert werden, um dann diskutieren zu können, wie es entsteht und wie es von Auftraggeber und Auftragnehmer gehandhabt werden kann.

### 2.1.1 Das wahrgenommene Risiko

Die Theorie des wahrgenommenen Risikos geht auf Untersuchungen von *Bauer* zurück und wurde erstmals 1960 im Beitrag „*Consumer Behavior as Risk Taking*" erwähnt.[41]

Das wahrgenommene Risiko ist die von einem Entscheidungsträger gesehene Gefahr einer nicht optimalen Zielerreichung auf Grund einer Kaufentscheidung, durch die ein Schaden entstehen oder ein Vorteil ausbleiben kann. Es beschreibt also die nachteilig empfundenen potenziellen Folgen eines Kaufs.[42] Aufgrund ihrer Intangibilität (Unberührbarkeit) haben Dienstleistungen für viele Kunden ein höheres wahrgenommenes Kaufrisiko als Sachleistungen. Z.B. kann der „normale" Steuerbürger nicht beurteilen, ob sein Berater ihm alle Steuergestal-

---

[39] Siehe dazu: *Ziegler, F.* 2008, S. 12ff.
[40] Vgl.: *Scharf, A. / Schubert, B.* 2001, S. 323.
[41] *Bauer, R.A.* 1960.
[42] Vgl.: *Meffert, H. / Burmann, Ch. / Kirchgeorg, M.* 2012, S. 129.

tungsmöglichkeiten eröffnet hat, während der Benzinverbrauch eines Autos objektiv ermittelt werden kann.[43]

Das wahrgenommene Risiko setzt sich aus zwei Komponenten zusammen und ist über den Kaufentscheidungsprozess hinweg nicht konstant. Die beiden Komponenten sind das *Leistungsrisiko* und das *psychosoziale Risiko*. Als Leistungsrisiko wird die subjektive Wahrscheinlichkeit über die Erfüllung oder Nichterfüllung der vom Anbieter versprochenen Leistung bezeichnet. Als psychosoziales Risiko die Furcht, für die eventuelle Nichterfüllung persönlich verantwortlich gemacht zu werden, wobei die Schwere der möglichen Konsequenzen eine wesentliche Rolle spielt.[44]

Zusätzlich verändert sich das wahrgenommene Risiko im Laufe des Kaufentscheidungsprozesses vom *Initial-* zum *Residual- oder Restrisiko*. Das Initialrisiko bezeichnet das einer Produktkategorie bzw. Produktklasse latent anhaftende Risiko. Das Initialrisiko ist zum Beginn des Kaufentscheidungsprozesses vorhanden und der Nachfrager versucht es durch Reduzierungstechniken, zu mindern. Übrig bleibt das Restrisiko, das für den Nachfrager auf ein Niveau gebracht werden muss, das einen Kauf für ihn akzeptabel macht.[45]

Die Reduzierungstechniken zielen darauf ab, die nachteiligen Konsequenzen zu verringern oder Unsicherheit abzubauen. Dazu versuchen die Nachfrager Informationen vor dem Kauf einzuholen und setzen auf bekannte Marken oder Unternehmen, die im Problemumfeld als kompetent angesehen werden und eine hohe Reputation genießen. Weltmarktführer, wie IBM oder SAP haben hier einen enormen Vertrauensvorsprung gegenüber unbekannten Unternehmen.

### 2.1.1.1 Entstehung des wahrgenommenen Risikos

*Immes* beschreibt zwei wesentliche Gründe, aus denen heraus das wahrgenommene Risiko für den Auftraggeber entsteht. Bei technisch komplexen Produkten und Dienstleistungen kennt der Nachfrager zwar häufig seinen spezifischen Konsumwunsch, kann aber nicht einschätzen, welche Leistung bzw. welches Produkt er nachfragen muss um diesen erfüllen zu können. Im Software Bereich ist die häufig zu beobachten, da die angebotenen Produkte sehr viele Funktionen abdecken und selbst Software Gattungen funktional nicht überschneidungsfrei sind. So kann z.B. über eine simple Adressverwaltung, die die Möglichkeit einer Kon-

---

[43] Vgl.: *Meffert, H. / Bruhn, M.* 2006, S. 426.
[44] Vgl.: *Immes, S.* 1993, S. 28f.
[45] Vgl.: *Immes, S.* 1993, S. 29ff.

## 2.1 Entscheidungstheoretische Grundlagen des Kaufprozesses

takthistorie bietet, eine einfache Customer Relationship Management Lösung aufgebaut werden, die jedoch auch mit einer teuren Speziallösung realisiert werden kann. Was genau für das Unternehmen ideal ist, hängt von den Zielen ab, die mittels der Software Lösung realisiert werden soll. Die Formulierung dieser Ziele ist jedoch genau so schwierig wie die Einschätzung der Produkte und ist damit von technischen Laien nur unzureichend durchführbar.

Bieten zwei Unternehmen verschiedenartige Produkte oder Lösungen für die Umsetzung eines Projektes an, die der Nachfrager nicht funktional einschätzen kann, dann wird das Unternehmen mit der besseren Reputation eine größere Chance haben, den Auftrag zu bekommen. Die vermutliche, bzw. wahrgenommene Kompetenz des Auftragnehmers und eventuell bereits bestehende Beziehungen zwischen Auftraggeber und Auftragnehmer werden dann wesentliches Entscheidungskriterium.[46]

Einen weiteren Problembereich stellt die Beurteilung objektiver Merkmale von Leistungen durch den Nachfrager dar. Institutionelle Beschaffungsentscheidungen werden in einem Gremium, dem Buying Center gefällt. Es ist die Organisationseinheit, die sich aus Individuen und Teileinheiten der Organisation zusammensetzt und über die Einzelheiten der Beschaffung entscheidet.[47] Die Mitglieder des Buying Center müssen konkurrierende Ziele befriedigen und unterliegen meist Restriktionen im Rahmen ihrer Entscheidungsfreiheit, wie z.B. dem zu verwendenden formalen Instrument (z.B. Ausschreibung in der Öffentlichen-Hand) zur Entscheidungsfindung. Das Gremium benötigt Entscheidungskriterien, anhand derer sie die Merkmale der Leistung beurteilen können und das natürlich vor dem Hintergrund ihrer jeweiligen Position und fachlichen Ausrichtung im Gremium. Bei individuellen Angeboten, die im Fokus dieser Arbeit liegen, lassen sich diese Kriterien jedoch nicht fest definieren, sondern lediglich klassifizieren und dann in der individuellen Entscheidungssituation anpassen. Auf die Beurteilungskriterien soll in Abschnitt 2.2.2 näher eingegangen werden.

Für den Auftragnehmer bedeutet dies, dass seine Produkt- oder Leistungspräsentation möglichst individuell auf den jeweiligen Personenkreis und das jeweilige Problem abgestimmt werden muss, wobei auf eine verständliche Darstellung für alle Mitglieder des Gremiums zu achten ist, was ein wesentliches Ziel der MbE-Methode darstellt.

---

[46] Vgl.: *Immes, S.* 1993, S. 62ff.
[47] Vgl.: *Kotler, P. / Amstrong, G. / Saunders, J. / Wong, V.* 2011, S. 335f.

## 2.1.1.2 Handhabung des wahrgenommenen Risikos

Um das wahrgenommene Risiko zu verringern, werden die Entscheidungsträger Maßnahmen ergreifen, die als Reduzierungstechniken bezeichnet werden. In der Literatur wird eine Fülle an Möglichkeiten beschrieben, die Punkte wie Risikoabwälzung, Versicherung, Risikoverteilung oder auch Teilung des Risikos beinhalten. Dabei werden grundsätzlich zwei Richtungen der Maßnahmen unterschieden, nämlich solche die zur Beseitigung der Risikoursachen beitragen und solche die die negativen Auswirkungen bzw. den potenziellen Schaden verringern. Als Bezeichnung haben sich die Begriffe ätiologische und palliative Risikopolitik etabliert.[48] An dieser Stelle soll nur auf die ätiologische Risikopolitik eingegangen werden, da im Rahmen der Vorvertragsphase von Softwareprojekten vor dem potenziellen Schaden zunächst einmal die Realisierung des Projektes steht.

Um das ätiologische Risiko eindämmen zu können, müssen Informationen zu den Eigenschaften des zu erwerbenden Produktes oder der Dienstleistung eingeholt werden. Diese Eigenschaften werden in *Such-, Erfahrungs-* und *Vertrauenseigenschaften* unterteilt. *Sucheigenschaften* können vor dem Kauf durch Inaugenscheinnahme der Leistung oder der Leistungsbeschreibung bewertet werden. Hierbei handelt es sich z.B. um funktionale Eigenschaften einer Software. *Erfahrungseigenschaften* können vor dem Kauf nicht bzw. nicht vollständig betrachtet werden, ihr Vorhandensein ist erst nach dem Kauf feststellbar, da sie sich erst durch die Nutzung des Produktes bestimmen lassen. Die intuitive Bedienbarkeit einer Software fällt in diese Kategorie. *Vertrauenseigenschaften* sind weder vor noch nach dem Kauf präzise messbar, da man sich auf die Zusicherungen des Anbieters verlassen muss, die z.B. durch seine Reputation am Markt oder seine Kompetenz untermauert werden.[49] Wie viele Informationen im Rahmen der Kaufentscheidung nötig sind, hängt vom subjektiven Risikoempfinden und dem davon abhängigen Informationsoptimum, sowie dem zur Verfügung stehenden Budget für die Informationsbeschaffung ab.[50] Im Folgenden soll darauf eingegangen werden, wie diese Informationen gewonnen werden können.

---

[48] Vgl.: *Wossidlo, P.R.* 1970, S. 46ff.
[49] Vgl.: *Pepels, W.* 2004, S. 368f.
[50] Vgl.: *Immes, S.* 1993, S. 73ff.

## 2.1.2 Informationsgewinnung zur Vorbereitung der Kaufentscheidung

*Weiber/Jacob* unterscheiden im Rahmen des Business-to-Business Marketing zwei verschiedene Informationsströme, die im Rahmen einer Kaufentscheidung relevant sind, nämlich *Potenzialinformationen* und *externe Prozessinformationen*. Erstere beziehen sich auf das allgemeine Leistungspozential eines Marktteilnehmers, wodurch er festlegt, mit welchen Mitteln er Märkte und Marktsegmente erreichen möchte. Sie sind auf die Gestaltung autonomer, von der konkreten Transaktionssituation unbeeinflusster Leistungen ausgerichtet.[51] Z.B. dient die Verwendung erfolgreich abgewickelter Projekte in der Kommunikation, oder die Darstellung der Dominanz des eigenen Unternehmens am Markt, der Schaffung von Vertrauen.

Externe Prozessinformationen beziehen sich dagegen auf einzelne Kundenanfragen und individuelle Transaktionsprozesse, die nicht auf einen anonymen Markt gerichtet sind. Ein wesentliches Merkmal dieser Prozesse ist die Customer Integration und die damit verbundene individuelle Informationsgestaltung. Im Rahmen der Vergabe von Softwareprojekten spielen beide Informationsströme eine Rolle, wobei der Strom der externen Prozessinformationen in der Projektsituation bedeutsamer ist.[52]

Potenzialinformationen definieren die Wahrnehmung, die Auftraggeber von Ihren möglichen Projektpartnern haben und determinieren z.B., ob ein Projektpartner im Rahmen eines Vergabeprozesses überhaupt beteiligt wird. Die Gestaltung der Potenzialinformationen ist in der Regel mittel- bis langfristig, bedient sich des gesamten Markting-Mix und ist unabhängig von der individuellen Ausgestaltung eines Angebotes zu sehen. Die Potenzialinformationen definieren den Rahmen, in dem sich ein Unternehmen bewegt und wahrgenommen wird. Daher sollen im Folgenden zunächst grundsätzliche Fragen im Rahmen der Gestaltung einer individuellen Kundenanfrage diskutiert werden:

---

[51] Vgl.: *Weiber, R./Jacob, F* 2000, S. 528f.; *Backhaus, K., Voeth, M.* 2010, S. 157ff.
[52] Vgl.: *Weiber, R./Jacob, F* 2000, S. 529f.

> Welche Informationen werden benötigt?
> *(Informationsbedarf)*
> ↓
> Wer besitzt die Informationen?
> *(Informationsträger)*
> ↓
> Wie können die Informationen erhoben werden?
> *(Informationsgewinnung)*
> ↓
> Wie können sie verdichtet und aufbereitet werden?
> *(Informationsaufbereitung)*
> ↓
> Wie sind die Informationen zu verteilen?
> *(Informationsdistribution)*

Abbildung 4: Grundsatzfragen der Informationsbereitstellung, Quelle: *Weiber, R./Jacob, F.* 2000, S. 531

Die ersten drei Fragen beziehen sich auf die Informationsgewinnung und finden sich auch in der Vorgehensweise des Requirements-Engineering wieder. Die beiden letzten Fragen beziehen sich auf deren Aufbereitung und Verteilung. *Weiber/Jacob* konzentrieren sich in ihrer Ausarbeitungen auf die Informationsgewinnung, während ein wesentlicher Fokus dieser Arbeit auch in der Aufbereitung der Informationen liegt.

Externe Prozessinformationen umfassen Informationen, die in einer konkreten Einzeltransaktion der Gestaltung des Leistungserstellungsprozess dienen und auf die Erzielung von Kundenvorteilen ausgerichtet bzw. von Bedeutung sind.[53] Die Zweckorientierung der Informationen ist für die Erzielung eines Kundenvorteils im Rahmen einer Transaktion von Bedeutung. *Weiber/Jacob* unterscheiden zwischen Partial- und Totalansätzen, wobei erstere konkrete Gestaltungsoptionen in den einzelnen Bereichen der Informationsgewinnung darstellen und letztere eine simultane Beantwortung der Fragen zum Ziel haben.

Im Folgenden sollen nur ausgewählter Instrumente zur Gewinnung externer Prozessinformationen vorgestellt werden, die im Zusammenhang mit Kaufentscheidungen bei Softwareprojekten relevant erscheinen.[54]

---

[53] Vgl.: *Kleinaltenkamp, M./Haase, M.* 1999, S.168.
[54] Zu den folgenden Ausarbeitungen vgl.: *Weiber, R./Jacob, F.* 2000, S. 564ff.

## 2.1 Entscheidungstheoretische Grundlagen des Kaufprozesses

### 2.1.2.1 Bestimmung des Informationsbedarfs

Externe Prozessinformationen können zunächst zwei Betrachtungsbereichen zugeordnet werden, dem Bereich der **Problemdefinition** und dem der **Lösungskonzeption**. Die erste Ebene fokussiert auf die Sicht des Nachfragers, die zweite auf die Sicht des Anbieters.

Im Business-to-Business Bereich werden Leistungen für den Verbrauch oder den Gebrauch im Rahmen der Wertkette des Nachfragers eingekauft. Die Einordnung der Leistung in die Wertkette des Nachfragers ist daher wichtig und setzt eine Kenntnis derselben voraus. Die Fokussierung vieler IT-Unternehmen auf bestimmte Branchen oder Fachgebiete ist auf diesen Umstand zurück zu führen.

Die **Problemdefinition** umfasst alle Informationen, welche die gegebene und angestrebte Gestalt der Wertkette unter Berücksichtigung der zu beschaffenden Leistung beschreiben. Konkreter auf IT-Projekte bezogen bedeutet dies, dass die Einordnung der zu erstellenden Software in die Wertkette durch den Auftraggeber spezifiziert werden muss. Eine Problemdefinition muss implizit oder explizit bei jeder Beschaffung vorgenommen werden. Die Qualität dieser Problembeschreibung ist jedoch abhängig von den Fähigkeiten des Auftraggebers diese überhaupt erkennen und definieren zu können.

Als gängiges Instrument zu Fixierung von Problemdefinitionen haben sich im IT-Bereich sog. Lastenhefte etabliert. Sie beschreiben die Gesamtheit der Forderungen des Auftraggebers an die Lieferungen und Leistungen eines Auftragnehmers.[55]

Das Komplement zur Problemdefinition stellt die **Lösungskonzeption** dar. Sie beschreibt alle Eigenschaft und Fähigkeiten eines Beschaffungsobjekts, die einen Beitrag zur Lösung des Nachfrager Problems leisten.

Auch hier hat sich mit dem Pflichtenheft ein gängiges Instrument der Beschreibung in der IT etabliert. Das Pflichtenheft definiert in konkreterer Form, wie der Auftragnehmer die Anforderungen im Lastenheft zu lösen gedenkt. Im Pflichtenheft wird also festgelegt wie und womit der Auftragnehmer die Anforderungen realisieren möchte.[56] Auf Lasten und Pflichtenhefte wird in Abschnitt 2.2.2 und in Kapitel 3 näher eingegangen.

---

[55] Vgl.: *Balzert, H.* 2000, S. 62.
[56] Vgl.: *Balzert, H.* 2000, S. 115f.

Die Erstellung der Problemdefinition und der Lösungskonzeption finden im Rahmen eines integrativen Prozesses zwischen Anbieter und Nachfrager statt und können sowohl als Beschaffungs- als auch Absatzprozess verstanden werden. Die Erstellung von Lasten- und Pflichtenheften kann autonom von einem der Prozessbeteiligten vorgenommen werden oder kooperativ von Beiden.[57] Dabei können einem Auftraggeber durchaus mehrere Nachfrager gegenüber stehen.

Die Inhalte der Lasten- und Pflichtenhefte spiegeln den Informationsbedarf an externen Prozessinformationen wider. Ihre Aufbereitung hängt von der fachlichen Qualifikation der Kommunikationspartner auf der Nachfragerseite ab. Inwieweit hier mit den klassischen Methoden des Requirements-Engineering gearbeitet werden kann, wird in Kapitel 3 erläutert.

### 2.1.2.2 Bestimmung der Informationsträger

Bei der Bestimmung der Informationsträger steht insbesondere die Identifikation relevanter Kommunikationspartner auf Seiten des Nachfragers im Zentrum. Als relevante Informationsträger sollen solche Personen bezeichnet werden, die einen inhaltlichen Beitrag zur Ausgestaltung des Leistungsangebotes beisteuern können oder die an der Entscheidungssituation zur Vergabe der Leistung beteiligt sind.

Damit ist auch schon ein Merkmal von Kaufprozessen im Business-to-Business Bereich angesprochen, nämlich die Multipersonalität auf der Nachfragerseite. Im Rahmen der Beschaffung von Industriegütern stehen die Anbieter meist einem Buying Center gegenüber, welches mit der Beschaffung der notwendigen externen Prozessinformationen betraut ist.[58]

Das Buying Center setzt sich zumeist aus Vertretern verschiedener Abteilungen und Funktionen zusammen, mit dem Ziel, das Ergebnis der Entscheidung durch gemeinsames Wissen und Erfahrung zu verbessern.[59]

Die Zusammensetzung des Buying Center haben *Webster/Wind* bereits im Jahr 1972 untersucht. Sie kommen dabei zu folgender typischen Konstellation:

---

[57] Vgl.: *Kleinaltenkamp, M.* 1999, S. S. 46f.
[58] Vgl.: *Pepels, W.* 2005, S. 174.
[59] Vgl.: *Brennan, R./Canning, L./McDowell, R.* 2008, S. 39ff.; *Backhaus, K., Voeth, M.* 2010, S 44ff.

## 2.1 Entscheidungstheoretische Grundlagen des Kaufprozesses 25

- **Initiator**: Regt die Beschaffung an und leitet damit auch den Beschaffungsprozess ein.

- **Decider**: Entscheidet endgültig über die Beschaffung. Meist ein Mitglied der Geschäftsleitung, ein Prokuristen oder sonstiger Entscheidungsträger.

- **Buyer**: Sind mit der administrativen Beschaffungsaufgabe betraut. Sie holen die Angebote ein und beurteilen diese.

- **Influencer**: Beeinflussen den Entscheidungsprozess und setzen Standards. Dabei handelt es sich häufig um externe Berater.

- **User**: Die zukünftigen Nutzer bzw. Anwender.

- **Gatekeeper**: Geben relevante Informationen weiter bzw. halten diese zurück, wenn sie damit die Entscheidung in ihrem Sinne beeinflussen können.[60]

Um den Entscheidungsprozess positiv beeinflussen zu können, ist eine möglichst genaue Kenntnis der Zusammensetzung des Buying Centers sowie der Präferenzen und Entscheidungskriterien seiner Mitglieder hilfreich. Diese sind jedoch in Rahmen des Prozesses nur schwer zu ermitteln und abhängig von der Auftrag gebenden Organisation sowie dem gewählten Vergabeverfahren, worauf in Abschnitt 2.2.2 näher eingegangen werden soll. So sind z.B. im Rahmen einer Ausschreibung durch die Öffentliche-Hand die Auswertungskriterien zusammen mit dem Lastenheft an die Anbieter zu versenden und damit klar definiert, während die Entscheidungskriterien zur Vergabe eines Auftrags über eine Wettbewerbspräsentation im Vorfeld nicht definiert werden müssen. Die Multipersonalität des Buying Centers und die sich daraus ableitenden Präferenzen der Mitglieder, verbieten jedoch auch bei Softwareprojekten, eine einseitige Fokussierung auf technische Aspekte bei der Zusammenstellung der Lösungskonzeption.

Neben der Analyse des Buying Center kann alternativ auch eine Analyse der Wertkette des Nachfragers vorgenommen werden, um die relevanten Informationsträger ausfindig zu machen. Nach *Porter* ist jedes Unternehmen "eine Ansammlung von Tätigkeiten, durch die sein Produkt entworfen, hergestellt, vertrieben, ausgeliefert und unterstützt wird. All diese Tätigkeiten lassen sich in einer Wertkette darstellen."[61] Die Wertkette setzt sich nach Porter aus den einzelnen Wertaktivitäten und der Marge zusammen. Wertaktivitäten sind Tätigkei-

---

[60] Vgl.: *Webster, F.E./Wind, Y.* 1972, S. 12ff.
[61] Vgl.: *Porter, M* 1989, S. 63.

ten, die zur Herstellung eines Produktes oder einer Dienstleistung erbracht werden. Die Marge ist der Unterschied zwischen dem Ertrag, den dieses Produkt erbringt, und den eingesetzten Ressourcen.

Die Träger von externen Prozessinformationen können nun dadurch identifiziert werden, dass der Anbieter die Wertkette des Nachfragers nachzeichnet und den Bereich identifiziert, in dem seine Leistung einen Einfluss nimmt. Grundsätzlich kommen dann alle Entscheidungsträger innerhalb einer so identifizierten Wertkette als potenzielle Träger von externen Prozessinformationen in Frage. Wie komplex der identifizierte Teil der Wertkette ist, hängt davon ab, in wie viele unterschiedliche Organisationsbereiche die umzusetzende Leistung eingreift.[62]

Ein Projekt zur Neukonzeption des Intranets einer Unternehmung, das als Querschnittsfunktion allen Abteilungen zur Verfügung steht, beeinflusst somit einen wesentlich größeren Teil der Wertkette als die Installation eines Customer-Relationship-System, welches der Vertriebsunterstützung dient.

### 2.1.2.3 Erhebung der Informationen

Die Erhebung externer Prozessinformationen dient der Beschaffung derjenigen Informationen, die im Lasten- und Pflichtenheft abgelegt werden sollen. Dazu ist von Seiten des Anbieters eine Kommunikationsbeziehung mit dem Nachfrager aufzubauen.

Innerhalb dieser Beziehung müssen geeignete *Kommunikationsschnittstellen* aufgebaut, effiziente *Übertragungswege* festgelegt und ein möglichst optimaler *zeitlicher Ablauf* geplant werden. Inwieweit dies gelingen kann, ist wiederum von der Wahl des Vergabeverfahrens und dessen Strukturiertheit, sowie der Anzahl Beteiligter im Rahmen einer Leistungsvergabe anhängig.

Als personelle Schnittstelle zum Empfang externer Prozessinformationen dient auf Anbieterseite in der Regel der Vertrieb. Die klassische Funktion des Vertriebs besteht darin, die persönliche Beziehung mit dem Nachfrager aufzubauen. Diese ist besonders bei erklärungsbedürftigen Produkten wichtig, bei denen der Kunde eine Vertrauensperson als Ansprechpartner auf Seiten des Anbieters sucht.[63]

---

[62] Vgl.: *Weiber, R./Jacob, F.* 2000, S. 569f.
[63] Vgl.: *Winkelmann, P.* 2004, S. 282f.

## 2.1 Entscheidungstheoretische Grundlagen des Kaufprozesses

Der Vertrieb ist jedoch in erster Linie eine kaufmännische Aufgabe, die nur am Rande einen technischen Fokus hat. Damit werden auch die Grenzen des Vertriebs im Rahmen der Beschaffung externer Prozessinformationen deutlich, sie liegen dort, wo die technische Kompetenz im Vordergrund steht. Um die anbieterseitige technische Kompetenz zu gewährleisten stehen grundsätzlich drei verschiedene Wege zur Verfügung:

- **Der Kooperationsansatz**: Im Rahmen dieses Ansatzes wird die Kommunikation von einem Team übernommen. Die Vertriebsmitarbeiter werden durch Fachkollegen unterstützt, die in der jeweiligen Domäne technische oder auch mediale Kompetenzen besitzen. Das so entstehende Team auf Seiten des Anbieters kann auch als Selling Center bezeichnet werden und ist typisch im Vertrieb industrieller Anlagen und komplexer Systeme.

- **Der Qualifikationsansatz**: Nach diesem Ansatz sollen die Schnittstellenpositionen zum Nachfrager durch Mitarbeiter besetzt werden, die die notwendigen technischen Kompetenzen bereits durch Ihre Ausbildung mitbringen. Fraglich bleibt bei diesem Ansatz, ob die kaufmännische Qualifikation so gewährleistet bleibt und wie mit multidisziplinären Projekten umgegangen wird.

- **Der Organisationsansatz**: In vielen Unternehmen obliegt die Bereitstellung externer Prozessinformationen einer organisatorischen Einheit, deren Bezeichnung „-Konstruktion" oder „-Engineering" oder „Technischer-Vertrieb" lautet. Diese Abteilungen bereiten externe Prozessinformationen für die Nachfrager auf und übernehmen damit eine direkte Schnittstellenfunktion, die als Ergänzung zum klassischen Vertrieb zu verstehen ist.[64]

In der Praxis der Software Entwicklung dominiert der Kooperationsansatz, da meist Fachwissen aus verschiedenen Domänen gebündelt werden muss, das von einer Person nicht bereitgestellt werden kann. Auch Mischformen und Modifikationen sind vorzufinden. Die organisatorische Integration findet sich häufig in Großunternehmen, die eine weit differenzierte Struktur aufweisen.

Im Rahmen der Kommunikationsbeziehung zur Beschaffung externer Prozessinformationen ist die Richtung des Informationsflusses, im Gegensatz zum klassischen Marketing, nicht unidirektional sondern bidirektional. Sowohl die Informationsversorgung des Nachfragers durch den Anbieter als auch die Informati-

---

[64] Vgl.: *Weiber, R./Jacob, F.* 2000, S. 571f.

onsbeschaffung vom Nachfrager ist dabei im Rahmen der Customer-Integration zu beachten. Inwieweit die Nachfrager selbst in der Lage sind, die nötigen Informationen aufzubereiten und strukturiert zur Verfügung zu stellen, soll im weiteren Verlauf dieser Arbeit noch diskutiert werden.

Zur Gestaltung der Kommunikation ist der persönliche Kontakt zwischen Anbieter und Nachfrager auch heute sehr wichtig, da Verkauf überwiegend „Face-to-Face" abgewickelt wird.[65] Dazu bietet es sich an, beim Nachfrager im Rahmen von Besprechungen diejenigen Informationen zu sammeln, die für die Ausgestaltung der externen Prozessinformationen wichtig und relevant sind. Zusätzlich kann auch eine System- oder Dokumentenanalyse hilfreich sein. Diese Maßnahmen sind klassische Instrumente des Requirements-Engineering und sollen daher nicht an dieser Stelle, sondern in Abschnitt 3.2 behandelt werden.

### 2.1.2.4 Aufbereitung der Informationen

Liegen die notwendigen externen Prozessinformationen vor, dann beginnt die Phase der Aufbereitung der Informationen als Vorbereitung der Entscheidungsfindung. Dabei gilt es, auf Seiten der Anbieter aus der gesamten Menge der vorliegenden Informationen diejenigen zu extrahieren, die für die Beschreibung der zu erbringenden Leistung notwendig und relevant sind. Für die Nachfrager steht danach die Auswertung dieser Informationen im Vordergrund.

In Softwareprojekten steht zur Aufbereitung von externen Prozessinformationen eine große Bandbreite an Methoden zur Verfügung. Neben der Dokumentation in natürlicher Sprache hat sich eine große Anzahl an Modellierungsmethoden etabliert und auch funktionale Prototypen oder Mock-Ups, als einfache Oberflächen Prototypen werden hier eingesetzt. Eine für den Nachfrager adäquate Aufbereitung der Informationen ist unerlässlich, um eine systematische Auswertbarkeit der Informationen durch den Nachfrager sicherstellen zu können. Was der Kunde nicht versteht, kann er nicht beurteilen. Daher kommt es darauf an, die Informationen präzise zu beschreiben aber gleichzeitig auf Verständlichkeit und den Umfang zu achten.[66] Da diese Fragestellung im Zentrum der Arbeit liegt, sei zu deren Präzisierung auf die folgenden Kapitel verweisen.

---

[65] Vgl.: *Pepels, W.* 2007, S. 237.
[66] Vgl.: *Braude, E.-J. / Bernstein, M.-E.* 2010, S. 232f.

## 2.1.2.5 Verteilung der Informationen

Das Kernproblem der Informationsdistribution liegt für den Auftragnehmer darin, diejenigen Personen im Buying-Center zu identifizieren, die für die Entscheidungsfindung relevant sind, und diese mit möglichst für ihre Bedürfnisse ideal aufbereiteten Informationen zu versorgen. Es handelt sich also um die zentrale Managementaufgabe, die richtigen Informationen zu richtigen Zeit in der geforderten Qualität an der richtigen Stelle zur Verfügung zu stellen.

Zur Identifikation der relevanten Personen können die Vorgehensweisen in Abschnitt 2.1.2.2 herangezogen werden. Als besonders wichtige Personen, die bei der Distribution vorrangig zu berücksichtigen sind, müssen Decider, Influencer und Gatekeeper genannt werden, da sie die Entscheidungssituation steuern und vom Anbieter positiv beeinflusst werden müssen.[67]

Die Verteilung der Informationen ist über unterschiedliche Kommunikationswege möglich. Sie können konventionell per Post eingereicht werden, die EMail steht als elektronisches Äquivalent zur Verfügung. Daneben ist aber auch der persönliche Kontakt zu den Mitgliedern des Buying Center wichtig, um Fehlinterpretationen der eingereichten Informationen zu vermeiden oder Rückfragen zu ermöglichen. Es gilt, die Kommunikationswünsche des Gegenübers zu verstehen und zu respektieren, um den Dialog gezielt auf ihn ausrichten zu können. Um dies zu ermöglichen, sind in vielen Vergabeverfahrens Präsentationen als fester Bestandteil der Informationsdistribution vorgesehen. Auf diese Weise erreicht man alle Mitglieder des Buying Centers gleichermaßen und es hängt von der Qualität der Informationsübermittlung ab, wie das Angebot wahrgenommen wird.

Der in diesem Abschnitt vorgestellte Prozess der Informationsgewinnung ist nicht gradlinig und wird nur selten sequentiell durchlaufen. Vielmehr ist er abhängig vom Vorwissen der Beteiligten und wird mit vagen Vorstellungen zu einem Projekt beginnen, die sich dann im Verlauf der Vorvertragsphase konkretisieren. Auch sind die Informationsbedürfnisse der Beteiligten nicht statisch sondern können sich im Verlauf des Prozesses verändern.[68] Um den Vorgang zu Operationalisieren, soll er im Folgenden aus dem Blickwinkel des Auftraggebers und des Auftragnehmers beschrieben und analysiert werden.

---

[67] Vgl.: Backhaus, K. / Voeth, M. 2010, S 44ff.
[68] Vgl.: Pepels, W. 2007, S. 215ff.

## 2.2 Die Projektvergabe aus Sicht des Auftraggebers

Aus der Sicht eines Auftraggebers besteht die Herausforderung bei der Vergabe eines Softwareprojektes darin, den für die Umsetzung des Projektes möglichst optimal geeigneten Partner zu finden. Dieser soll das Projekt zu einem günstigen Preis, in hoher Qualität und zum definierten Termin fertigstellen. Er sorgt im Projekt dafür, dass eine hohe Kundenzufriedenheit erreicht wird, hält notwendige personelle und technische Ressourcen bereit, um das Projekt erfolgreich abzuschließen und bleibt im vereinbarten Budget.[69] Da sich jedoch erst nach Abschluss des Projekts herausstellt, ob alle Zusagen erfüllt wurden, steht vor der Umsetzung ein Auswahlprozess, in dessen Verlauf eine Risikominimierung stattfindet.

Zur Auswahl des idealen Umsetzungspartners ist es aus theoretischer Sicht notwendig, alle nötigen Informationen einzuholen, die eine objektive Entscheidung hinsichtlich eines Anbieters möglich machen. Die Informationsasymmetrie zwischen den Partnern muss abgebaut, das wahrgenommene Risiko auf ein akzeptables Niveau reduziert werden.

Dazu spezifiziert der Auftraggeber das Projekt und lässt Angebote für die Umsetzung des Projektes von verschiedenen Anbietern erstellen. Im Anschluss wählt der Auftraggeber aus den vorliegenden Angeboten dasjenige aus, welches seine Bedürfnisse am besten zu erfüllen scheint.

Wie in Abschnitt 2.1 bereits beschrieben, sind damit in der Entscheidungssituation erhebliche Probleme verbunden. Kann der Kunde sein Projekt so genau spezifizieren, dass daraus ein formal korrektes Angebot erstellt werden kann, oder fehlt ihm dazu das entsprechende Know-how? Kann er einschätzen, ob ein vorliegendes Angebot seine Bedürfnisse erfüllt und der Anbieter auch die zur Realisierung notwendigen Ressourcen zur Verfügung stellen kann?

In der Praxis hat sich zur Projektvergabe über verschiedene Verfahren ein Prozess etabliert, der dabei hilft, diese Probleme zu lösen und der eine formale Struktur in den Beschaffungsprozess bringt.[70] Dieser Prozess soll im Folgenden zunächst aus Sicht des Auftraggebers vorgestellt werden, wobei Besonderheiten im Rahmen der Beschaffung von Softwareprojekten berücksichtigt werden.

---

[69] Vgl.: *Stoyan, R.* 2004, S. 123ff.
[70] Vgl.: *Kotler, P. / Keller, K.L. / Bliemel, F.* 2007, 346ff.

## 2.2 Die Projektvergabe aus Sicht des Auftraggebers

### 2.2.1 Tätigkeiten im Rahmen der Projektvergabe

Der Entscheidungsprozess zur Auswahl eines Umsetzungspartners ist in der Praxis recht heterogen und individuell auf die Auftraggeber und die Projektsituation angepasst. Einen Überblick der verschiedenen Phasen von Beschaffungsprozessen im Industriegütermarketing geben *Backhaus / Voeth* und *Pepels*, ein Beispiel stellen *Sollbach / Thome* vor.[71] Sie stellen die Phasenkonzepte ausgewählter Ansätze im Bereich der Beschaffung gegenüber und kommen zu der Erkenntnis, dass diese sich hauptsächlich im Grad ihrer Detaillierung unterscheiden, die Phasen jedoch in den Modellen relativ ähnlich und stabil sind.

Die vorgestellten Phasenkonzepte beinhalten alle Schritte von der Bedarfsfeststellung bis zur Projektrealisierung und Abnahme. Von diesen Phasen sind im Rahmen der vorliegenden Arbeit, nur diejenigen von Interesse, die der Vorbereitung des Projektes dienen.

Der Prozess sollte folgende Schritte bzw. Phasen beinhalten:

1. Feststellung des Bedarfs
2. Zusammenstellung des Buying Centers
3. Wahl des Vergabeverfahrens
4. Aufbereitung des Lastenheftes bzw. „Briefing Dokuments"
5. Festlegung von Entscheidungskriterien für die Auswahl des Umsetzungspartners
6. (Vor)auswahl und Benachrichtigung der Anbieter
7. Präsentationen und Bewertung der Angebote
8. Entscheidung für einen Umsetzungspartner

Ziel des Prozesses ist es, die notwendigen Informationen zusammenzutragen, welche die Auswahl des Umsetzungspartners unter möglichst objektiven Gesichtspunkten ermöglicht.

Basis für ein Projekt ist die Feststellung des Bedarfs. Damit ist nicht nur gemeint, dass der Auftraggeber die Notwendigkeit zur Umsetzung des Projekts sieht, sondern auch die notwendigen personellen und finanziellen Ressourcen zur Verfügung stellen kann, um das Projekt erfolgreich zu realisieren. Eine grundlegende Schätzung dieser Aufwände ist daher bereits zu Beginn des Beschaffungsprozesses notwendig. Fehlt hier das notwendige Know-how, sollte ein externer

---

[71] Vgl.: *Backhaus, K., Voeth, M.* 2010, S 42ff.; *Pepels, W.* 2005, S. 279ff.; *Pepels, W.* 2007, S. 215ff.; *Sollbach, W. / Thome, G.* 2008, S. 150ff.

Partner hinzugezogen werden, der dann im späteren Verlauf des Prozesses auch bei der Erstellung des Lastenheftes behilflich sein kann.[72]

Bei der Zusammenstellung des Buying Centers ist darauf zu achten, dass sich im Gremium eine ausgewogene Mischung der unterschiedlichen Stakeholder befindet. Als Stakeholder werden diejenigen Personen bezeichnet, die ein berechtigtes Interesse am Verlauf oder dem Ergebnis eines Projektes haben.[73] Aus fachlicher Sicht zählen dazu neben den Entscheidern, die Mitarbeiter der Fachabteilung, die von dem Projekt betroffen sind sowie Mitarbeiter aus der IT-Abteilung, die das Projekt betreuen sollen. Dabei sollte auch auf ein ausgewogenes Machtverhältnis innerhalb des Buying Centers geachtet werden, um eine zu hohe Dominanz einzelner Mitglieder zu verhindern.[74] Speziell in Web Projekten ist die Vielfalt an Stakeholdern zu berücksichtigen, worauf in Abschnitt 3.3 näher eingegangen werden soll.

Die Auswahl des Vergabeverfahrens liefert einen wichtigen Rahmen zum strukturierten Austausch von Projektinformationen und wird in Abschnitt 2.2.2 noch detaillierter betrachtet. Die Bandbreite der möglich Verfahren reicht von einer sehr formalen, unbeschränkten Ausschreibung, über Wettbewerbspräsentationen, bis hin zur direkten Vergabe auf Vertrauensbasis.[75] Das Verfahren bestimmt auch in ganz erheblicher Weise den Aufwand für die Aufbereitung der Dokumente, die für die Angebotserstellung notwendig sind. Ein Lastenheft für eine unbeschränkte Ausschreibung muss deutlich detaillierter ausgearbeitet werden als eine Briefing Dokument für eine Wettbewerbspräsentation, da die Möglichkeiten für Fragen und Präzisierungen in Ausschreibungen sehr begrenzt sind.

Die Aufbereitung des Lastenheftes stellt die schwierigste Aufgabe im Rahmen des Beschaffungsprozesses dar. Sie setzt in Softwareprojekten voraus, dass der Auftraggeber seinen Bedarf kennt und diesen formulieren kann. Je komplexer die Projekte werden, desto schwieriger wird es für den Auftraggeber dies selbstständig, zu erledigen.[76] In die Erstellung des Lastenheftes sollten möglichst alle Personen involviert sein, die direkt oder indirekt von dem Projekt betroffen

---

[72] Vgl.: *Stoyan, R.* 2004, S. 125f.
[73] Vgl.: *Eilmann, S. / Behrend, F. / Hübner, R. / Weitlander, E.* 2011, S. 71.
[74] Vgl.: *Backhaus, K., Voeth, M.* 2010, S 63f.
[75] Vgl.: *Stoyan, R.* 2004, S. 133ff.
[76] Vgl.: *Grothenhoff, M., Stylianakis, A.* 2001, S. 10

## 2.2 Die Projektvergabe aus Sicht des Auftraggebers

sind.[77] Auf die Möglichkeiten und Grenzen der Bedarfsermittlung soll in Kapitel 3 eingegangen werden.

Korrespondierend mit der Erstellung des Lastenheftes sollten die Kriterien festgelegt werden, welche bei der späteren Auswahl der Anbieter angewendet werden. Ist die Kreativität einer Umsetzung wichtiger als der Preis bzw. funktionale Aspekte, dann sollte dies genau definiert werden. Im Idealfall wird eine Tabelle mit Kriterien erstellt, die jeweils eine prozentuale Wichtigkeit bekommen und eine Einordnung der Angebote ermöglichen.

Die Bewertung der Angebote und damit letztlich die Auswahl des Anbieters kann dann strukturiert im Buying Center erfolgen, indem die vorliegenden Angebote anhand der Auswahlkriterien verglichen werden.

### 2.2.2 Verfahren zur Vergabe von Softwareprojekten

Für die Vergabe von Softwareprojekten existieren in der Praxis drei übliche Verfahren, die *Ausschreibung*, die *Wettbewerbspräsentation* sowie die *Freihändige Vergabe* durch den Auftraggeber.[78] Bei allen Verfahren handelt es sich um Instrumente zur dynamischen Preisbildung, die auch im E-Business weit verbreitet sind.[79]

Welches Verfahren angewendet wird bzw. angewendet werden darf, ist in erster Linie davon abhängig, ob der Auftraggeber ein Unternehmen oder eine Institution der Öffentlichen Hand ist. Bei der Öffentlichen Hand regelt die Verdingungsordnung für Leistungen (VOL) sehr genau, welche Aufträge wie vergeben werden dürfen, Unternehmen sind hier in Ihrer Wahl flexibel, sie können sowohl das stark formale Verfahren der Ausschreibung wählen, aber auch einen verkürzten Vergabeprozess durchführen.

#### 2.2.2.1 Ausschreibung

Eine Ausschreibung ist ein Teil des Verfahrens zur Vergabe von Aufträgen im Wettbewerb. Ausschreibungen sind nicht nur auf Softwareprojekte beschränkt, sondern können bei allen Produkten und Dienstleistungen verwendet werden.

---

[77] Vgl.: *Beckers, J. / Wallner, G.* 2010, S. 53f.
[78] Zu den Verfahren bei öffentlichen Institutionen, vgl.: *Kotler, P. / Keller, K.L. / Bliemel, F.* 2007, 346ff.
[79] Vgl.: *Pepels, W.* 2005, S. 220f.; *Winkelmann, P.* 2004, S. 266ff.

Durch sie werden potenzielle Bieter aufgefordert, ein Angebot zu unterbreiten. Ausschreibungen sind das gängige Vergabeverfahren in der Öffentlichen-Hand.

Die Grundlage für die Ausschreibungen in der Öffentlichen-Hand liefert die Verdingungsordnung für Leistungen (VOL).[80] Sie regelt die Ausschreibung und die Vergabe von Aufträgen der Öffentlichen Hand in der Bundesrepublik Deutschland. Als Verdingung wird die Vergabe von Arbeiten durch Ausschreibung bezeichnet.

Leistungen im Sinne der VOL sind alle Lieferungen und (Dienst-)Leistungen, ausgenommen Bauleistungen, die in der Vergabe- und Vertragsordnung für Bauleistungen (VOB) behandelt werden. Ausgenommen sind auch einige freiberufliche Tätigkeiten, die teilweise unter die Verdingungsordnung für freiberufliche Leistungen (VOF) fallen. Die VOL ist anzuwenden, wenn bestimmte Schwellenwerte der Vergabeverordnung überschritten werden.[81]

Die VOL/A unterscheidet zwischen drei Vergabearten, der Öffentlichen Ausschreibung, der Beschränkten Ausschreibung und Freihändigen Vergabe. Bei einer Öffentlichen Ausschreibung werden Leistungen im vorgeschriebenen Verfahren nach öffentlicher Aufforderung einer unbeschränkten Zahl von Unternehmen zur Einreichung von Angeboten vergeben (Abschnitt 1 § 3 Nr. 1 Abs. 1 VOL/A). D.h., beliebig viele Unternehmen, die in dem geforderten Marktsegment tätig sind, können Angebote abgeben und somit am Wettbewerb teilnehmen. Die Öffentliche Ausschreibung bildet die Regel, von der nur bei besonderen Gründen abgewichen werden darf, diese werden in Abschnitt 2.2.2.2 behandelt.

Bei einer Beschränkten Ausschreibung werden Leistungen im vorgeschriebenen Verfahren nach Aufforderung einer beschränkten Zahl von Unternehmen zur Einreichung von Angeboten vergeben. Die beschränkte Ausschreibung kennzeichnet sich dadurch, dass die Anzahl der Bieter durch eine Vorauswahl der Vergabestelle begrenzt wird. Ausgewählte Anbieter werden hier dann von der Vergabestelle zur Abgabe eines Angebotes aufgefordert. Hierbei soll, soweit es zweckmäßig ist, ein sogenannter Teilnahmewettbewerb zur Vorauswahl möglicher Bieter vorangehen.[82]

---

[80] Vgl.: *o.V., Bundesministerium für Wirtschaft und Technologie* 2009, S.5ff.
[81] Vgl.: *o.V., Bundesministerium für Wirtschaft und Technologie* 2009, S.9f.
[82] Vgl.: *o.V., Bundesministerium für Wirtschaft und Technologie* 2009, S.9.

## 2.2 Die Projektvergabe aus Sicht des Auftraggebers

Dabei wird die geplante Auftragsvergabe öffentlich bekannt gegeben und alle interessierten Unternehmen können dann Anträge auf Teilnahme stellen. Die Vergabestelle wählt dann unter Beachtung der allgemeinen Vergabegrundsätze aus diesen Bewerbern geeignete aus, die dann zur Abgabe eines Angebotes aufgefordert werden.

Grundlage jeder Ausschreibung für Softwareprojekte ist ein Lastenheft, das die Gesamtheit der Forderungen des Auftraggebers an die Lieferungen und Leistungen eines Auftragnehmers beschreibt. Von der Präzision dieses Lastenheftes hängt in ganz erheblichem Maße der Aufwand für die Angebotserstellung ab. Ist das Lastenheft präzise formuliert, erleichtert dies die Arbeit der anbietenden Unternehmen erheblich. Unpräzise formulierte Lastenhefte machen die Abgabe eines Angebots nur mit erheblichen Risiken möglich.

Der Ausschreibungsvorgang gestaltet sich in der Regel sehr formell, da Verfahrensfehler eine Ausschreibung ungültig machen und vermieden werden müssen. Der Vorgang sieht bei beschränkten Ausschreibungen in der Regel eine Präsentation der Bewerber zur Vorauswahl vor. Danach erfolgt der Versand der Ausschreibungsunterlagen an die Bieter. Diese haben dann die Möglichkeit zu einem definierten Stichtag schriftlich Fragen zu den Ausschreibungsunterlagen einzureichen. Die Fragen aller Beteiligten werden dann gesammelt, mit Antworten versehen und wiederum allen Beteiligten zugänglich gemacht. Telefonisch gestellte Fragen werden in der Regel nicht beantwortet, da Informationsasymmetrien zwischen den Anbietern entstehen könnten.

Zum Abschluss erfolgt die Einreichung der Angebotsunterlagen bzw. eine Präsentation der Angebote. Sind die Angebote einmal eingereicht, dürfen sie nicht mehr nachgebessert oder angepasst werden. Die Auswahl der Auftragnehmer erfolgt dann nach individuellen Kriterien, die meist bereits im Vorfeld bekannt gegeben werden, wichtigstes Kriterium ist jedoch in der Regel der Preis bzw. weiter gefasst die Wirtschaftlichkeit des eingereichten Angebotes.

### 2.2.2.2 Freihändige Vergabe

Bei der Freihändigen Vergabe werden in der Öffentlichen Hand Leistungen ohne ein förmliches Verfahren vergeben.[83] Auch hierbei fordert die Vergabestelle wieder von sich aus Unternehmen zur Abgabe von Angeboten auf. Aufgrund der aufgehoben Formstrenge ist hier der Verfahrensablauf jedoch grundsätzlich frei.

---

[83] Vgl.: *o.V., Bundesministerium für Wirtschaft und Technologie*, S.9.

Die Vergabestelle kann somit also auch beispielsweise mit den Bietern über Inhalt und Preise verhandeln.

Auch bei dieser Vergabeart soll, soweit es zweckmäßig ist, ein Teilnahmewettbewerb zwischen den Bietern vorangehen. Die Freihändige Vergabe wird i. d. R. bei Leistungen von geringem Wert, bei besonderer Eilbedürftigkeit oder bei Leistungen, die gewerblichen Schutzrechten unterliegen, vorgenommen.

Die Freihändige Vergabe wird auch sehr häufig von Unternehmen praktiziert, da diese nicht an die formalen Bestimmungen der Öffentlichen Hand gebunden sind. Hier werden verschiedene Unternehmen dazu aufgefordert, ein Angebot für eine definierte Leistung zu erstellen.

Da diese Vergabeform nicht so stark formal ist, müssen auch die Lastenhefte nicht so detailliert ausgearbeitet sein, wie in Ausschreibungen. Häufig trifft man in diesem Rahmen auf vage Problemstellungen, die in einem Gespräch erläutert und dann mit einem Angebot versehen werden. Das zu erstellende Angebotsdokument muss in diesem Fall eher den Charakter einer Grobkonzeption haben, um dem Auftraggeber versichern zu können, das Problem verstanden zu haben und in der Lage zu sein, dies auch umsetzen zu können. Auch dient das Angebot der Absicherung des Auftragnehmers gegen ungerechtfertigte Forderungen, die sich aus einer vagen Problemstellung ergeben können.

### 2.2.2.3 Wettbewerbspräsentation (Pitch)

Als Verkaufsgespräch oder Verkaufspräsentation (engl. pitch) wird die zielgerichtete, auf Vertragsabschluss ausgerichtete Dialogführung eines Verkäufers mit einem potenziellen Kunden bezeichnet. Der Pitch ist dem Bereich des Persönlichen Verkaufs (Face to Face) zuzurechnen, in dem neben der Qualität des Angebotes auch die Person des Verkäufers eine wesentliche Rolle für den Erfolg spielt. Die sog. „Chemie" ist ein wesentlicher Faktor beim Aufbau einer erfolgreichen Geschäftsbeziehung.[84]

Über Wettbewerbspräsentationen wurden in der Vergangenheit hauptsächlich Kreativleistungen von Marketing- oder Werbeagenturen eingekauft. Ziel der Wettbewerbspräsentation ist es, verschiedene Konzepte, z.B. für eine Marketing Kampagne, miteinander vergleichen zu können und die beste Kampagne bzw. Agentur auszuwählen.

---

[84] Vgl.: *Winkelmann, P.* 2003, S. 282.

## 2.2 Die Projektvergabe aus Sicht des Auftraggebers

Heute findet sich die Wettbewerbspräsentation auch verstärkt im IT-Bereich, z.B. dann, wenn es um die Umsetzung von Internet Projekten geht. Dies ist darin begründet, dass auch dort Kreativleistungen gefragt sind und für viele Entscheider im Fokus stehen. Die technische Umsetzung tritt dabei zugunsten der Präsentation in den Hintergrund, auch wenn sie im späteren Projekt einen deutlich höheren Aufwand verursacht.

Basis einer Wettbewerbspräsentation ist das sog. Briefing. Das Briefing informiert über alle erforderlichen Sachverhalte, die ein potenzieller Auftragnehmer benötigt, um ein Angebot abgeben oder einen Auftrag ausführen zu können. Das Briefing beschreibt die Aufgabenstellung und enthält Informationen über Ziele, Zielgruppen, Konkurrenz, Wettbewerbsvorteile und Entwicklungen.[85] Um ein kreatives Ergebnis zu erhalten, das sich auch zwischen den potenziellen Auftragnehmern unterscheidet, erfordert das Briefing Spielräume in der Ergebnisgestaltung. Dadurch unterscheiden sich Briefing Dokumente von Lastenheften, in denen dieser Spielraum möglichst gering sein sollte.

Das Briefing liefert die Grundlage für die Präsentation. Diese sollte so angelegt sein, dass möglichst alle eingeladenen Agenturen am selben Tag, im selben Raum, vor demselben Jurorenkreis des Auftraggebers präsentieren können, um eine Gleichberechtigung gewährleisten zu können.

Um an einer Wettbewerbspräsentation teilnehmen zu können, muss der potenzielle Auftragnehmer eine ausgereifte Ideenskizze präsentieren und diese mit einem konkreten Angebot für die Umsetzung untermauern. Der Aufwand für die Erstellung dieser Skizze ist in der Regel sehr hoch, daher wird allgemein ein Honorar für die Teilnahme an Wettbewerbspräsentationen gefordert aber nicht durchgängig eingehalten. Der Bund der Public Relations Agenturen der Schweiz geht von einem durchschnittlichen Aufwand von 15 Tagen für die Vorbereitung einer Wettbewerbspräsentation aus und weist darauf hin, diese Zeit auch den Teilnehmern für die Vorbereitung einzuräumen.[86]

Multipliziert man diesen Aufwand mit der Anzahl der teilnehmenden Anbieter, dann ergibt sich sehr schnell ein extrem hoher Aufwand, dessen Rechtefertigung nur durch ein entsprechendes Budget gegeben ist. Nutzt der Auftraggeber die Pitch Situation lediglich zur „kostenlosen Beratung", bzw. zum „kostenlosen Kreativwettbewerb", ist die wirtschaftliche Rentabilität für die Auftragnehmer

---

[85] Vgl.: *Back, L. / Beuttler, S.* 2003, S. 10f.
[86] Vgl.: *o.V., Bund der Public Relations Agenturen der Schweiz (BPRA)* 2004, S. 1f.

nicht mehr gegeben.[87] Der Bundesverband digitale Wirtschaft (BVDW) appelliert daher an die Auftraggeber, durch die Ausrichtung bezahlter Wettbewerbspräsentationen die Qualität der Beiträge und die Chancengleichheit aller Wettbewerbsteilnehmer zu sichern.[88] Die Notwendigkeit eines solchen Appells gibt jedoch bereits Hinweise auf die gängige Praxis, bei der unvergütete Wettbewerbspräsentationen an der Tagesordnung sind.

Bei der Vergabe der Projekte über eine Wettbewerbspräsentation ist die Fairness des Auftraggebers eine ganz wesentliche Komponente, die auch die Teilnahmeentscheidung für die Anbieter maßgeblich beeinflusst. Die Chancen eine Wettbewerbspräsentation zu gewinnen, sinken mit jedem zusätzlichen Teilnehmer und machen sie unattraktiver.

### 2.2.3 Probleme bei der Vergabe von Softwareprojekten

Sowohl für den Auftraggeber als auch für die potenziellen Auftragnehmer ist der Vergabeprozess bzw. die Teilnahme daran aufwendig und teuer. Daher sollte bereits vor der Initiierung des Vergabeprozesses klar sein, dass das Projekt finanzierbar und durchführbar ist und auch tatsächlich umgesetzt werden soll.[89] Aber auch wenn diese Grundvoraussetzungen gegeben sind, können sich Probleme bei der Vergabe der Projekte ergeben, die im Folgenden unabhängig von der Vergabeart diskutiert werden sollen.

#### 2.2.3.1 Preisdumping der Anbieter

Die Preisgestaltung speziell bei Ausschreibungen ist für die Bieter sehr schwierig, da nur ein Angebot abgegeben werden darf und keine Nachverhandlung stattfindet.[90] Daher muss jedes Angebot sehr sorgfältig kalkuliert sein und darf nur wenige Restrisiken beinhalten. Dies gilt insbesondere, wenn es sich um einen Werkvertrag mit Festpreis handelt. Dazu muss das Lastenheft des Auftraggebers vollständig bearbeitet, verstanden und in ein Angebot umgesetzt werden. Die Angebote bei Ausschreibungen sind dem entsprechend in der Regel sehr detailliert und eher mit einem Pflichtenheft als einer groben Konzeption zu vergleichen. Der Aufwand für die Angebotserstellung ist sehr hoch und muss durch das Auftragsvolumen gedeckt sein.

---

[87] Vgl.: *Stoyan, R.* 2004, S. 120f.
[88] Vgl.: *o.V. - Bundesverband digitale Wirtschaft (BVDW)*: S. 1.
[89] Vgl.: *Stoyan, R.* 2004, S. 122.
[90] Vgl.: *o.V., Bundesministerium für Wirtschaft und Technologie* 2009, S. 15.

## 2.2 Die Projektvergabe aus Sicht des Auftraggebers

Das ist bei einer rechnerischen Zuschlagswahrscheinlichkeit von 20% bei 5 Beteiligten an einem Gebotsverfahren nur bei adäquaten Margen möglich. Da nicht nachverhandelt werden kann, wird bei allen Bietern jedoch meist ein Preis am unteren Ende der Wirtschaftlichkeitsskala angesetzt, da ein zu hoher Preis und damit ein unwirtschaftliches Angebot in der Regel ein Ausschlusskriterium darstellt. Davon profitiert der Auftraggeber, für die potenziellen Auftragnehmer verursacht die erfolglose Teilnahme an Ausschreiben jedoch sehr hohe Vertriebskosten.

Zusätzlich finden sich immer wieder Unternehmen, die einen Zuschlag um jeden Preis erhalten wollen, da sie das Projekt als strategische Option oder Eintritt in einen neuen Markt sehen. Dazu sind sie auch bereit, Preisdumping zu betreiben und unwirtschaftliche Angebote abzugeben. Ein solches Verhalten macht die Teilnahme an Ausschreibungen für alle Bieter unattraktiv und sollte durch die ausschreibende Institution verhindert werden. Aus der Möglichkeit des Preisdumpings lässt sich auch eine interessante Frage zur besseren Einordnung der schlechten Erfolgsquoten von Softwareprojekten ableiten. Viele gescheiterte Projekte konnten höchstwahrscheinlich gar nicht in Zeit und Budget umgesetzt werden, da sie von vorneherein unseriös kalkuliert wurden um dadurch den Auftrag zu erhalten.

Eine einfache Möglichkeit gegen Preisdumping vorzugehen, besteht darin, den günstigsten Anbieter aus dem Verfahren heraus zu nehmen, wenn sein angebotener Preis deutlich unterhalb der Preise der Mitbewerber liegt, da dies ein Hinweis auf unseriöses Verhalten darstellt. Dies entspricht auch den Vorgaben der VOL, da das unter Berücksichtigung aller Umstände *wirtschaftlichste Angebot* ausgewählt werden soll und der niedrigste Angebotspreis allein nicht das entscheidende Kriterium darstellt.[91]

Zur Frage der Ermittlung des wirtschaftlichsten Angebots heißt es: „Das wirtschaftlichste Angebot ist unter Beachtung der Grundsätze der Wirtschaftlichkeit und Sparsamkeit zu ermitteln. Das wirtschaftlichste Angebot ist dasjenige Angebot, bei dem das günstigste Verhältnis zwischen der gewünschten Leistung und dem angebotenen Preis erzielt wird. Maßgebend für die Leistung sind alle auftragsbezogenen Umstände."[92]

---

[91] Vgl.: *o.V., Bundesministerium für Wirtschaft und Technologie 2009*, S. 37.
[92] Vgl.: *o.V., Bundesministerium für Wirtschaft und Technologie 2009*, S. 51.

Um das wirtschaftlichste Angebot zu ermitteln, ist es dazu notwendig, die gewünschten Leitungen sehr genau zu spezifizieren und objektive Bewertungskriterien zu finden, die eine Beurteilung des Angebotspreises ermöglichen. Dies ist nicht immer einfach, da sich die vorliegenden Angebote nicht nur im Preis, sondern auch in der Art und Weise, wie die Leistungen umgesetzt werden sollen, unterscheiden. Ein direkter Vergleich ist daher nur schwer möglich. Auf die sich daraus ergebende Problematik wird in Abschnitt 2.2.3.3 eingegangen.

### 2.2.3.2 Preisdrückerei der Auftraggeber

Außerhalb von Ausschreibungen haben die Auftraggeber vielfältige Möglichkeiten die Preisverhandlungen in ihrem Sinne zu gestalten. Speziell im Rahmen der freihändigen Vergabe und der Wettbewerbspräsentation existieren Praktiken, die als unfair bezeichnet werden können.[93]

Eine gängige Praxis besteht darin, zunächst nur ein Unternehmen exklusiv zu einem Vergabeverfahren einzuladen und dieses Unternehmen das Grobkonzept in Form eines Angebotes erstellen zu lassen. Ist das Grobkonzept erstellt, kann es leicht modifiziert an andere Unternehmen als Lastenheft weitergegeben werden, um zusätzliche Angebote zu erhalten. Da diese Unternehmen deutlich weniger Aufwand in der Angebotsgestaltung und Konzeption haben, sind auch deren Preise in der Regel günstiger. Zusätzlich erspart sich der Auftraggeber Aufwände bei der Erstellung des Lastenheftes.

Eine weitere Möglichkeit besteht darin, vor dem Zuschlag Leistungen aus dem vorliegenden Angebot heraus zu streichen und damit den Preis zu senken. Diese Leistungen versuchen die Auftraggeber dann in der Umsetzungsphase des Projekts über Change-Requests, Fehler oder aufgrund von angeblichen kommunikativen Mängeln wieder in das Projekt zu integrieren. Diese Vorgehensweise ist so weit verbreitet, dass sich regelrechte Profis für Nachverhandlungen bei den Auftraggebern finden. Insbesondere für kleine Unternehmen mit einer engen Bindung an wenige große Kunden, ist es an dieser Stelle sehr schwierig, deren Forderungen abzulehnen.[94]

Die gängigste Methode stellt jedoch die Preisverhandlung über den Vergleich der abgegebenen Angebote dar. Diese ist zwar grundsätzlich zulässig, die direkte Vergleichbarkeit muss jedoch auch gegeben sein, was bedeutet, dass auch die

---

[93] Vgl.: *Pepels, W.* 2007, S. 251ff.
[94] Vgl.: *Beck, K.* 2003, S. 159f.

## 2.2 Die Projektvergabe aus Sicht des Auftraggebers

angebotenen Leistungen und deren Qualität dies zulassen müssen. Problematisch wird diese Praxis dann, wenn nicht direkt miteinander vergleichbare Angebote mit abweichenden Leistungen oder Vorgehensweisen herangezogen werden, um den bevorzugten Anbieter im Preis zu drücken. Speziell in wirtschaftlich schwierigen Zeiten gehen Unternehmen hier häufig unter die Wirtschaftlichkeitsgrenze um Aufträge zu erhalten.

Auch hier soll noch einmal auf die fragwürdige Erfolgsquote von Softwareprojekten hingewiesen werden. Vielleicht hätten die Basisangebote ohne Nachverhandlung in Zeit und Budget umgesetzt werden können, die nachverhandelten und im Preis reduzierten Angebote nicht mehr.

### 2.2.3.3 Festlegung von Bewertungskriterien

Bei der Festlegung von Bewertungskriterien sollen projektbezogene und anbieterbezogene Kriterien unterschieden werden, auch wenn diese nicht immer trennscharf zu differenzieren sind. Während Erstere allgemeingültig formuliert werden können, sind Letztere sehr projektindividuell zu formulieren.

Ein entscheidendes anbieterbezogenes Bewertungskriterium ist die Erfahrung des Dienstleisters im Projektumfeld. Die Anzahl der bereits erfolgreichen und zur Zufriedenheit der Kunden umgesetzten Projekte sind ein wichtiges Qualitätsmerkmal. Eine Referenzliste ist aus diesem Grund Bestandteil fast aller Angebote und Präsentationen. Zur Überprüfung der Referenzen kann dem Auftraggeber der direkte Dialog mit den Kunden eines Dienstleisters ermöglicht werden, so wie dies z.B. in den USA gängig ist und sich auch in Deutschland durchsetzt.[95] Darüber hinaus kann die Erfahrung durch die Analyse wiederverwendbarer Module, Standards oder Vorgehensweisen, auf die sich der Dienstleister stützt, überprüft werden.

Ein weiterer Ansatzpunkt ist die Qualität der Darstellung des Dienstleisters im Verkaufsgespräch. Dabei ist darauf zu achten, dass der spätere Projekteiter an der Präsentation teilnimmt und auch das Team vorstellt, dass die Umsetzung des Projektes übernehmen soll. Auf diese Weise kann sich der Auftraggeber ein gutes Bild von den Qualifikationen der Personen machen, die das Projekt umsetzen werden. In Ausschreibungen wird heute zum Teil bereits gefordert, dass diejenigen Mitarbeiter vorgestellt werden, die das Projekt tatsächlich umsetzen werden.

---

[95] Vgl.: *Stoyan, R.* 2004, S. 135.

Speziell in Web Projekten ist ein wesentliches Kriterium, die Fähigkeit eines Anbieters, alle notwendigen Kompetenzen für das Projekt bereitzustellen. Web Projekte zeichnen sich durch einen hohen Grad an Multidisziplinarität aus.[96] Neben IT-Experten für die technische Umsetzung werden Designer für die Gestaltung und Redakteure bzw. Domänenexperten für die inhaltliche Aufbereitung der Texte benötigt. Soll das Projekt komplett an einen Dienstleister vergeben werden, dann ist die Sicherstellung dieser Kompetenzen wesentlich für den Projekterfolg.

Darüber hinaus müssen die Kompetenzen auch in ausreichender Kapazität zur Verfügung stehen, womit die Frage der Ressourcen in den Fokus rückt. Vor der Auftragsvergabe muss der Dienstleister sicherstellen, dass die Ressourcen für das Projekt bereitstehen, eingesetzt werden können und nicht anderweitig verplant sind. Auch dies gestaltet sich teilweise als schwierig, da in kleinen und mittleren Unternehmen aus kaufmännischer Sicht für verschiedene Ausschreibungen dieselben Ressourcen eingeplant werden müssen. Ist das Unternehmen dann in mehreren Ausschreibungen erfolgreich, ergeben sich Engpässe.

Ein weiteres Kriterium ist die wirtschaftliche Situation des zu beauftragenden Unternehmens. Ist diese so stabil, dass es die Projektphase überstehen kann, oder ist die Lage angespannt. Bei Aufträgen aus der Öffentlichen Hand, die in den meisten Fällen sehr lange Zahlungsziele haben, ist die Frage essenziell für den Projekt- und Unternehmenserfolg.

Abschließend ist auch noch die Frage zu stellen, ob Auftraggeber und Auftragnehmer als Team gut zusammenarbeiten können. Dies kann z.B. durch die Unternehmensgröße und die Firmenkultur überprüft werden. Ein kleines Unternehmen sollte nicht als Partner für ein strategisch wichtiges Projekt für einen Großkonzern ausgewählt werden, da die sich dadurch ergebenden Ausfallrisiken zu groß sind. Ein solches Projekt sollte an einen ebenbürtigen Partner vergeben werden, der im Problemfall auf einen breiten Ressourcenpool zurückgreifen kann.

#### 2.2.3.4 Erstellung der Lastenhefte oder Briefing Dokumente

Ein weiteres Problem liegt in der Erstellung der Lastenhefte oder Briefing Dokumente. Der Auftraggeber muss einschätzen, ob er in der Lage ist seine Bedürfnisse in einer Qualität zu formulieren, die es den Bietern erlaubt, eine valide

---

[96] Vgl.: *Kappel, G. / Pröll, B. / Reich, S. / Retschitzegger, W.* 2004, S. 18.

Kalkulation zu erstellen. Bei komplexen und multidisziplinären Projekten kann dies sehr schnell die Kompetenzen der Auftraggeber überschreiten, schließlich sucht er einen Dienstleister, der ihm ein Problem abnimmt, welches er selbst nicht lösen kann.

Sind die ausschreibenden Institutionen selbst nicht in der Lage das Lastenheft zu erstellen, dann kann die Erstellung an einen externen Berater vergeben werden. Dieser führt den Auftraggeber durch die Vorbereitungsphase des Softwareprojekts, ist bei der Anforderungsanalyse behilflich und wählt den Dienstleister aus. Dabei ist darauf zu achten, dass der Berater nicht von seiner eigenen Beratungsleistung profitieren darf.[97] Es kommt in Ausschreibungen nicht selten vor, dass die Unternehmen, die das Lastenheft formuliert haben auch an der Ausschreibung teilnehmen und diese dann durch ihre detaillierte Kenntnis und ihren Preisvorteil bei der Anforderungserhebung auch gewinnen. Große Unternehmensberatungen nutzen dazu ihr weitläufiges Beteiligungsgeflecht und lassen Tochterunternehmen auf Ausschreibungen bieten. Belege für diese Praxis sind natürlich nur schwer bis gar nicht zugänglich.

Da die Verbesserung der Qualität von Lastenheften und Briefing Dokumenten ein wichtiges Ziel für die Umsetzung der MbE Methode ist, soll dies in den Kapiteln 3 und 3.5 noch diskutiert werden.

## 2.3 Die Projektvergabe aus Sicht des Auftragnehmers

Nach der Diskussion der Projektvergabe aus Sicht des Auftraggebers soll an dieser Stelle die Sicht des Auftragnehmers folgen. Für den Auftraggeber besteht die Herausforderung darin, die Projekte zu finden oder zu generieren, die zu seinem Know-how, seinen verfügbaren Ressourcen und seiner strategischen Ausrichtung passen und gleichzeitig gewinnbringend umgesetzt werden können.[98] Dazu ist eine gezielte Steuerung der Vertriebsaktivitäten notwendig.

Der Sales Bereich eines IT-Dienstleisters ist auf den Verkauf von Projekten und Dienstleistungen an seine Kunden und dem sich ergebenden Folgegeschäft ausgerichtet. Die dazu notwendigen Aktivitäten und deren Steuerung bilden den Kern der Vertriebstätigkeiten. Die Tätigkeiten sind vergleichbar mit denen im

---

[97] Vgl.: *Stoyan, R.* 2004, S. 126.
[98] Vgl.: *Rentzsch, H.P.* 1998, S.23f.

Vertrieb von Beratungsleistungen oder auch beim Verkauf industrieller Anlagen, da in beiden Bereichen kein Massenmarkt angesprochen wird, sondern Projekte oder Maschinen individuell für einen Kunden erstellt werden.[99]

Zunächst sollen die Tätigkeiten im Vertrieb vorgestellt werden, bevor auf Kriterien zur Auswahl der Projekte eingegangen wird und die Probleme im Rahmen der Vertriebsaktivitäten dargestellt werden.

### 2.3.1 Tätigkeiten im Rahmen der Projektvorbereitung

Zur strukturierten Vertriebssteuerung hat sich eine prozessorientierte Vorgehensweise etabliert. Auch wenn diese Vorgehensweise sehr individuell auf die Branche oder das Unternehmen zugeschnitten werden muss, haben sich einheitlich Basisprozesse und Vorgehensweisen durchgesetzt.[100] Dies ist nicht zuletzt auf die IT technische Durchdringung des Vertriebs mit Customer Relationship Management Systemen (CRM) zurück zu führen, ohne die eine Steuerung der immer komplexer werdenden Aufgaben heute nur schwer möglich ist. CRM bezeichnet die konsequente Ausrichtung einer Unternehmung auf ihre Kunden und die systematische Gestaltung der Prozesse zwischen Auftraggebern und Auftragnehmern.[101]

Als Steuerungsinstrument wird im Vertrieb der „Sales Funnel" oder „Verkaufstrichter" verwendet. Er stellt die verschiedenen Stadien des Verkaufsprozesses systematisch dar und hilft dabei, die Platzierung von Angeboten zu steuern. Die Stadien reichen von der Identifizierung der Verkaufschance über die Vorlage eines Angebotes bis hin zum Abschluss des Verkaufes und den Maßnahmen im After-Sales-Bereich. Das Instrument des Vertriebstrichters kommt hauptsächlich im B2B-Bereich zum Einsatz, da dort der Verkauf immer mehrere Phasen durchläuft und in der Regel verschiedene Entscheider beteiligt sind.[102]

Ziel der Erstellung von „Funnels" ist die Messung und Bewertung von Effizienz und Effektivität der kundengerichteten Prozesse. Die Benennung und die Anzahl der Phasen im Vertriebstrichter (5-9) unterscheiden sich zwischen den verschiedenen Autoren, inhaltlich sind die Phasen jedoch vergleichbar.[103] Am Ende jeder

---

[99] Vgl.: *Albers, S. / Söhnchen, F.* 2005, S. 60f.
[100] Vgl.: *Henn, H.* 2007, S. 35f.
[101] Vgl.: *Grutzeck, M.* 2005, S. 4f.
[102] Vgl.: *Kotler, P. / Keller, K.L. / Bliemel, F.* 2007, S. 830.
[103] In Anlehnung an: *Albers / S, Söhnchen, F.* 2005, S. 66ff.; *Kotler, P. / Rackham, N. / Krishnaswamy, S.* 2006, S. 11f.; *Henn, H.* 2007, S. 35f.

## 2.3 Die Projektvergabe aus Sicht des Auftragnehmers

Phase muss die Frage gestellt werden, ob sich weiterer Vertriebsaufwand lohnt, oder der Prozess abgebrochen werden sollte. Es handelt sich um „Stop&Go" Entscheidungen.[104]

Der Verkaufsprozess soll im Rahmen dieser Arbeit in 6 Phasen unterteilt werden, so wie in Abbildung 5 zu sehen ist. In jeder Phase finden korrespondierende Tätigkeiten statt, die in Kapitel 3 noch näher beleuchtet werden.

In der Identifikationsphase wird aktiv nach potenziellen Interessenten und Projekten gesucht. Es geht primär darum, Verkaufschancen zu identifizieren und Projekte nicht zu verpassen. Die Identifikationsphase dient der Suche nach Projekten. Als Instrumente können Ausschreibungsdatenbanken, wie sie z.B. vom Bund oder den Ländern betrieben werden, B2B-Marktplätze, Messen oder Direktkontakte herangezogen werden. Die Anzahl der zu bearbeitenden Vorgänge ist groß, die Chancen pro Projekt sind gering, daher muss der Vertriebsaufwand gering gehalten werden.[105]

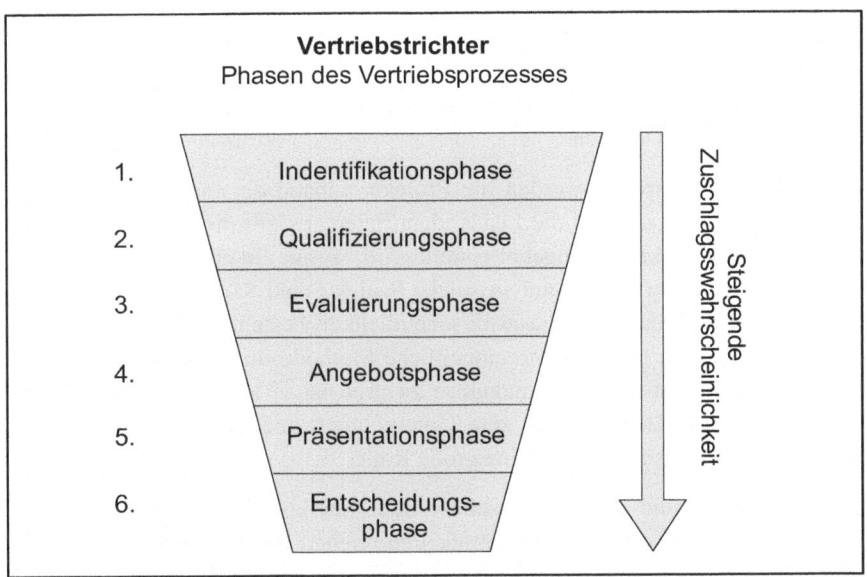

Abbildung 5: Phasen des Akquisitionsprozesses.
Quelle: Eigene Darstellung in Anlehnung an: *Henn, H.* 2007, S. 35.

---

[104] Vgl.: *Albers / S, Söhnchen, F.* 2005, S. 60f.
[105] Vgl.: *Stoyan, R.* 2004, S 105f.

In Qualifizierungsphase werden die ersten Vorgänge aussortiert. Es werden Informationen zu den Verkaufschancen gesucht und konkretisiert. In dieser Phase beginnt die Identifizierung des Buying Centers, um z. B. durch den Projektleiter gezielter an die Details des Projektes heranzukommen und die Anforderungen soweit zu verstehen, dass eine Entscheidung über die weitere Verfolgung des Projektes durchgeführt werden kann. Auch in dieser Phase muss der Vertriebsaufwand noch gering gehalten werden.

Der Übergang von der Qualifizierungsphase zur Evaluierungsphase kann auch als Schnittstelle zwischen Marketing und Sales verstanden werden. Ziel ist es, aus allen potenziellen Interessenten, die über Marketing Maßnahmen generiert wurden, die verfolgungswürdigen Kontakte herauszufiltern und weiter zu bearbeiten, die sog. „Leads".[106] Ein effizientes Lead-Management sorgt dafür, dass in den „Sales Trichter" immer genügend potenzielle Projekte fließen, um daraus eine Auswahl der lukrativen Projekte vornehmen zu können. Gleichzeitig muss darauf geachtet werden, dass die Anzahl der zu bearbeitenden Angebote den Sales Apparat nicht überfordert und bereits bei potenziellen Kunden eine Unzufriedenheit besteht, da die Angebote nicht in der geforderten Qualität und Zeit erstellt werden können.[107] Dies passiert häufig nach Messen, auf denen eine große Anzahl qualifizierter Leads generiert wurde, die dann nicht schnell genug abgearbeitet werden können.

In der Evaluierungsphase werden die Projekte anhand der bisher vorliegenden Informationen bewertet und die Leads identifiziert. Es gilt die Projekte festzulegen, für die ein konkretes Angebot erstellt wird, womit ein erheblicher Aufwand verbunden ist. Daher sollten nur in solche Projekte und Kunden investiert werden, für die eine hohe Abschlusswahrscheinlichkeit besteht. Um diese ermitteln zu können, hat sich bisher keine einheitliche Methode im Vertrieb etabliert, da die Heterogenität in der Kundenakquise zu groß ist.[108] Hier spielen subjektive Kriterien, wie die Beziehungen zum Unternehmen oder die Einschätzung des eigenen Know-hows im Projekt eine große Rolle.

In der Angebots- und Präsentationsphase findet die konkrete Erstellung der Offerte statt. Die durchzuführenden Tätigkeiten reichen von der Anforderungsanalyse über die Zusammenstellung des Angebotes und der Präsentation, sowie

---

[106] Vgl.: *Kotler, P. / Rackham, N. / Krishnaswamy, S.* 2006, S. 11f.
[107] Vgl.: *Winkelmann, P.* 2004, S. 309ff.
[108] Vgl.: *Albers, S. / Söhnchen, F.* 2005, S. 60.

## 2.3 Die Projektvergabe aus Sicht des Auftragnehmers

deren Vorstellung beim Kunden. Die dazu notwendigen Arbeitsschritte werden in Abschnitt 3.2.2.1 detailliert beschrieben.

Die letzte Phase dient der Unterstützung bei der Entscheidungsfindung durch den Kunden. Eventuell entsteht noch einmal Änderungsbedarf am Angebot oder es gilt, offene Fragen zu präzisieren. Letztlich dient die Unterstützung in dieser Phase dazu, das Angebot auf der Kundenseite in allen notwendigen Details verständlich zu machen und den Mitgliedern des Buying Centers die für sie relevanten Informationen zu übermitteln. Im Verlauf des Prozesses verbessert sich der Informationsbestand von Phase zu Phase, dies geht jedoch mit einem steigenden Akquisitionsaufwand einher.[109]

### 2.3.2 Probleme der Vorbereitung von Softwareprojekten

Anhand der vorgestellten Verfahren wurde gezeigt, wie Softwareprojekte in der Praxis vergeben werden und wie aufwendig die Teilnahme an den Verfahren für die Software Anbieter ist. Insbesondere Ausschreibungen und Wettbewerbspräsentationen verursachen für die teilnehmenden Unternehmen erhebliche Kosten bei nur schwer kalkulierbaren Erfolgsaussichten.

Die Kosten für die Teilnahmen an den verlorenen Verfahren müssen über die gewonnenen Projekte gedeckt werden. Die Befragung von Praktikern, die im Rahmen einer Diplomarbeit durchgeführt wurde, ergab eine Erfolgsquote bei der Akquise von Softwareprojekten von 20 – 30%. Also müssen im Durchschnitt bis ca. 4-5 Angebote platziert werden um eines zu gewinnen.[110] Es stellt sich daher die Frage, wie die Deckung der Akquisekosten erfolgen soll, wenn auch die gewonnenen Projekte am Limit kalkuliert und geplant sind und damit nur geringe Margen aufweisen. Diese und andere Probleme bei der Vorbereitung von Softwareprojekten sollen in den folgenden Abschnitten diskutiert werden. Außerdem soll verdeutlicht werden, warum der Vorbereitung der Projekte eine immer größere Bedeutung zukommt und sie daher im Umsetzungsprozess von Softwareprojekten nicht länger ignoriert werden kann.[111]

---

[109] Vgl.: *Albers / S, Söhnchen, F.* 2005, S. 72.
[110] Vgl.: *Hickmann, J.* 2010.
[111] Vgl.: *Kalenborn, A.* 2010, S. 159ff.

### 2.3.2.1 Zeit- und Kostendruck bei der Angebotserstellung

Bei der Erstellung von Angeboten befinden sich die Unternehmen in einer schwierigen Situation. Auf der einen Seite legen die Angebote die Basis für eine erfolgreiche Projektumsetzung und müssen daher möglichst präzise, objektiv und korrekt sein. Auf der anderen Seite verursacht genau diese Korrektheit einen sehr hohen Aufwand. Wie hoch die Investition im Rahmen der Vorvertragsphase sein darf, damit sich die Teilnahme an einer Ausschreibung oder Wettbewerbspräsentation noch lohnt, ist an Kriterien wie dem Auftragsvolumen, der subjektiven Chance den Zuschlag zu bekommen oder auch Güte der Beziehung zum Kunden festzumachen. Auch eine Segmentierung der Kunden im Sinne der Kundenwerttheorie, kann dabei helfen, die Chancen für die Auftragserteilung zu ermitteln.[112] Der Kundenwert stellt die mit einem Kunden erzielten und zu erzielenden Umsätze den entstehenden Kosten gegenüber, um die Geschäftsentwicklung mit einem Partner über mehrere Jahre bewerten zu können.[113]

Im Rahmen von Ausschreibungen sind die Chancen bei einem Projekt den Zuschlag zu bekommen noch einmal geringer als 20%, da der Staat als solventer Auftraggeber eingeschätzt wird und sich daher immer mehr Unternehmen an Ausschreibungen beteiligen. Insbesondere in wirtschaftlich schlechten Zeiten ist die Quote der an Ausschreibungen teilnehmenden Unternehmen sehr hoch. Die ist darauf zurück zu führen, dass der Staat häufig antizyklisch investiert um damit die Konjunktur zu beleben und viele Unternehmen auf die knappen Aufträge bieten müssen.[114]

Dadurch ergibt sich ein hoher Druck bei der Erstellung der Angebote, da an mehr Ausschreibungen teilgenommen werden muss, wenn die Erfolgsaussichten, bei einer erhöhten Teilnehmerzahl gleich bleiben soll. Diese können vielfach nicht in der nötigen Sorgfalt erstellt werden, sondern sind grobe Schätzungen mit hohen Risiken. Hier sind kleine und mittlere Unternehmen gegenüber Großunternehmen benachteiligt, da die Angebotserstellung meist von der Unternehmensleitung selbst übernommen wird.

Ein großes Problem liegt auch im Erstellungsprozess der Angebote. Dieser ist oft nicht gut strukturiert und trotzdem hoch arbeitsteilig. Insbesondere bei der Erstellung von Kreativkonzepten sind die verschiedenen Beteiligten, wie Grafiker,

---

[112] Vgl.: *Meffert, H. / Bruhn, M.* 2006, S. 659f; *Winkelmann, P.* 2004, S. 312ff.
[113] Vgl.: *Winkelmann, P.* 2005, S. 315.
[114] Vgl.: *Keynes, J.M.* 1936, S. 95ff.

## 2.3 Die Projektvergabe aus Sicht des Auftragnehmers

Entwickler, Projektmanager und Software-Architekten zu koordinieren. Es wird in verschiedensten Systemen, wie Tabellenkalkulationen, Grafikanwendungen, Präsentationsprogrammen und Textverarbeitungen gearbeitet. Textbausteine werden aus alten Angeboten übernommen und angepasst, Kalkulationen anhand von Erfahrungswerten abgeleitet. Hier ist Rationalisierungspotenzial zu sehen, das durch eine adäquate Methode erschlossen werden kann. Die MbE-Methode soll an dieser Stelle eine signifikante Kosteneinsparung ermöglichen.

### 2.3.2.2 Professionalisierung im Wettbewerb

Bei der Erstellung von internetbasierten Anwendungen spielt das sog. „Look & Feel" eine ganz besondere Rolle. Ist der erste Eindruck einer Internet Seite schlecht, wird sie verlassen und nicht mehr aufgerufen.

Dies schlägt auch auf den Wettbewerb um die Vergabe von Internet Projekten durch. Visualisierungen der zu erstellenden Anwendungen mit Entwürfen, Screenshots und HTML-Prototypen sind heute die Regel im Rahmen der Angebotserstellung.[115] Ausgefeilte Präsentationen sind eine Selbstverständlichkeit und neue Ideen zur Verbesserung des Kundendialogs helfen dabei, sich von den Mitbewerbern zu differenzieren.

Während in der Theorie zum Web Engineering die Präsentationssicht nur eine untergeordnete Rolle spielt[116], ist sie in der Praxis die wichtigste Basis für den Dialog mit dem Kunden. Eine Begründung ist darin zu finden, dass die Entscheider vielfach gar nicht in der Lage bzw. Willens sind, abstrakte Modelle oder Beschreibungen eines Internet Auftritts zu verstehen. Dies ist auch nicht nötig, da die Möglichkeit einer konkreten Beschreibung gegeben ist und das Unternehmen den Projektzuschlag erhält, das die Bedürfnisse des Kunden am besten verstanden und umgesetzt hat.[117] Hier hat sich eine Professionalität am Markt etabliert, die wenig Platz für Angebote ohne konkrete Visualisierungen lässt.

Vielfach ist die Visualisierung auch der einzige Bestandteil eines Projekts, über das die Entscheider diskutieren können, da die technischen Details einer Anwendung so komplex sind, dass sie nur von IT-Profis verstanden und beurteilt werden können. Einer Diskussion über Anmutung oder Farbe kann jedoch jeder

---

[115] Vgl.: *Grotenhoff, M., Stylianakis, A.* 2001, S. 10ff.
[116] Vgl.: *Dumke, R., Mathias, L., Wille, C., Zbrog, F.* 2003, S. 59 ff.
[117] Vgl.: *Meffert, H. / Bruhn, M.* 2006, S. 111ff; *Heitsch, D.* 1983, S. 387ff.

Entscheider folgen und an dieser aktiv teilhaben, worauf im folgenden Abschnitt eingegangen werden soll.

### 2.3.2.3 Mangelnde IT-Affinität der Entscheider

Die Informationstechnologie hat einen immer größeren Einfluss auf Geschäftsprozesse und den Geschäftserfolg der Unternehmen. Daher müssen bei IT-Entscheidungen auch immer mehr diejenigen involviert werden, die diese Geschäftsprozesse mit Leben füllen. In der Konsequenz bedeutet dies, dass die Fachabteilungen der Unternehmen verstärkt Einfluss auf IT-Entscheidungen nehmen. Diese Tatsache ist vor allem darin begründet, dass Informations- und Kommunikationstechnologien mittlerweile wesentlich enger mit den Geschäftsprozessen der Unternehmen verzahnt sind als in der Vergangenheit und somit eine immer größere Bedeutung für einen reibungslosen Geschäftsablauf spielen.[118]

Am Beispiel des Marketing lässt sich dieser Zusammenhang sehr gut darstellen. Die Wichtigkeit der Online Kommunikation hat im Marketing Mix in den letzten Jahren kontinuierlich zugenommen, was sich aus den stark steigenden Zahlen der Internetnutzer ableiten lässt.[119] Die Koordination der Online-Kommunikation eines Unternehmens erfordert von den Marketing Abteilungen in zunehmendem Maße die Auseinandersetzung mit IT-Systemen. Customer-Relationship-Management-Systeme (CRM) werden zur Verwaltung der Kundendaten eingesetzt, Data Mining Verfahren helfen bei der Auswertung. Die gewonnen Daten werden verwendet, um damit die Kommunikation mit den Kunden auch im Internet zu optimieren. Multi Channel Marketing mit komplexen Datenaustauschbeziehungen ist üblich. All dies erfordert von den Mitarbeitern der Marketingabteilungen eine Auseinandersetzung mit IT-Projekten, -Funktionen und –Systemen, ohne dass sie dafür speziell ausgebildet wurden. Die Auseinandersetzung mit IT-Systemen ist daher eher ein notwendiges Übel als eine gerne übernommene Aufgabe, die IT-Affinität aus diesem Grund gering.

Diesem Umstand müssen die IT-Anbieter gerecht werden und daher in ihrer vertrieblichen Ansprache verstärkt die Fachabteilungen adressieren. Die Mitarbeiter der Fachabteilungen entscheiden jedoch anders als ihre Kollegen aus der IT-Abteilung nicht nach technischen Gesichtspunkten sondern nach dem Nutzen einer Anwendung, dem Return of Investment oder eben der Anmutung. Die IT-

---

[118] Vgl.: *Haas, M.* 2008, S 3.
[119] Vgl.: *Meffert, H. / Burmann, Ch. / Kirchgeorg, M.* 2012, S. 662ff.

## 2.3 Die Projektvergabe aus Sicht des Auftragnehmers

Unternehmen reagieren darauf, indem sie versuchen diese Argumentationslinie zu vertreten und gehen intensiv auf die Kunden ein. Das funktioniert nicht mit komplexen Modellen, abstrakten Vorgängen, unübersichtlichen Interfaces oder technischen Spezifikationen.

Noch ein weiterer Punkt erschwert die Kommunikation mit den Fachanwendern bzw. macht eine andere Ansprache nötig, als sie noch in der 90er Jahren möglich war. Das Internet und die Einfachheit seiner Nutzung haben zu einem Problem in der Kommunikation bzw. in der Erwartung der Anwender geführt.

Applikationen, wie das heute selbstverständliche Internet Banking oder Soziale Netzwerke wie Facebook oder Xing, sind ohne Bedienungsanleitung intuitiv zu nutzen und stellen uns trotzdem eine Vielzahl an Funktionen zur Verfügung. Diese Erwartung haben die Mitarbeiter der Fachabteilungen auch an die für sie zu entwickelnden Applikationen sowie deren Vorstellung. Auch hier ist eine leicht verständliche und konkrete Präsentation gefordert. Die technische Basis und deren Schwierigkeiten sind für die Fachabteilungen von untergeordneter Bedeutung. Auch hier lässt sich wieder eine Analogie zum Hausbau finden, die Statik muss zwar berechnet werden, interessiert den Bauherren in der Ausarbeitung jedoch nicht.

### 2.3.2.4 Austauschbarkeit der Leistungen

IT-Dienstleistungen oder spezieller Internet-Dienstleistungen werden heute von einer großen Anzahl an Akteuren angeboten. Die Bandbreite reicht von großen Unternehmensberatungen über Werbeagenturen bis zu Freiberuflern.

Vergleichbare Projekte können in einem J2EE Framework, C# oder PHP umgesetzt werden und liegen preislich weit auseinander. Unternehmen wie Villeroy & Boch oder ganze Bundesländer wie Sachsen-Anhalt setzen im Internet komplett auf Open Source Software wie das Content Management System Typo3, sparen damit signifikant Lizenzkosten und können auf umfangreiche kostenlose Funktionsbibliotheken zugreifen.[120] Internet Anbieter wie 1&1 oder Strato bieten komplett gestaltete Unternehmenswebseiten für wenige Euro pro Monat inklusive Hosting und Betrieb an. Für die Unternehmen wird es daher immer schwieriger sich für die passenden Partner und die passende Technologie zu entscheiden.

---

[120] Vgl.: *o.V. Typo3.*

Je vergleichbarer und damit austauschbarer Produkte und Dienstleistungen werden, desto schwieriger ist es, sich gegen Mitbewerber durchzusetzen und umso bedeutsamer sind die Vorbereitung der Projekte und deren Präsentation. Sind im Rahmen der Entscheidung über die Vergabe eines Projektes die zu erwartenden Ergebnisse nicht abgrenzbar, sondern vergleichbar, dann wird jeder rational denkende Kunde anhand des besten Preises entscheiden.

Wer den Preis als alleiniges Entscheidungskriterium aushebeln möchte, der sollte seine Kompetenz bereits im Angebotsprozess darstellen. Dazu sind zum einen Referenzen wichtig, über die gezeigt werden kann, welche professionellen Ergebnisse das Unternehmen bereits erstellt hat. So kann die Reputation und die Zuverlässigkeit eines Anbieters bei früheren Geschäften dargestellt werden. Zum anderen ist eine ausgefeilte und verständliche Präsentation des potenziellen Projekts unerlässlich und wird mit zunehmender Vergleichbarkeit der Projekte untereinander immer wichtiger.

### 2.3.2.5 Probleme bei der Präsentation (Pitch)

Im Rahmen der Präsentation hängt der Erfolg neben der Qualität der Skizze in ganz erheblichem Maße von der Person des Verkäufers ab, der die Präsentation durchführt. In der Präsentation ist es wichtig, eine Dramaturgie aufzubauen, wie sie z.B. das AIDA-Modell vermittelt (Attention, Interest, Desire, Action). Dabei wird zunächst die Aufmerksamkeit (Attention) des Kunden geweckt und dann das Interesse (Interest) an der präsentierten Lösung. Danach versucht der Verkäufer ein konkretes Kaufbegehren (Desire) auszulösen und sein Angebot als das beste darzustellen. Zum Ende sollte möglichst der Abschluss des Projekts (Action) stehen.[121]

Gute Verkäufer agieren hier menschlich interaktiv und flexibel auf den Kunden, berücksichtigen bei ihrer Ablaufplanung den situativen Kontext der Verkaufsumgebung und nutzen die gezielte Anerkennung des Kunden zum Aufbau von Vertrauen. Top Verkäufer finden sich häufig in Großunternehmen, die damit in Wettbewerbspräsentation kleineren Unternehmen überlegen sind. Die Dramaturgie der Präsentation wird genau geplant und durchgeführt, der Verkäufer bereitet sich intensiv auf die Verkaufspräsentation vor.[122]

---

[121] Vgl.: *Winkelmann, P.* 2004, S. 330; *Meffert, H. / Burmann, Ch. / Kirchgeorg, M.* 2012, S. 706.
[122] Vgl.: *Pepels, W.* 2007, S. 237ff.

## 2.3 Die Projektvergabe aus Sicht des Auftragnehmers 53

Verkäufer kleine und mittlere Unternehmen gehen hier leider zu oft mit einer Mischung aus Erfahrung und „Bauchgefühl" sowie ohne große Rücksicht auf Motivationstheorie, Aufmerksamkeitsgrad und Rezeptionsverhalten in die Präsentationen. Die häufig nicht professionell geschulten Verkäufer reden viel, fragen wenig und präsentieren ohne auf die Kreativität zu achten. Folienpräsentationen ohne Piktogramme, zahlenüberladene Charts bzw. Texte, die sich wie eine Bedienungsanweisung lesen sind häufig vorzufinden. Der Kundennutzen und seine Sprache werden vernachlässigt, Szenen aus dem Arbeitsalltag fehlen, eine Dramaturgie ist nicht vorhanden.[123]

Durch diese Probleme erhält nicht zwingend das für das Projekt am besten geeignete Unternehmen den Auftrag, sondern das Unternehmen, das sich am besten darstellt. Dies ist in doppelter Hinsicht problematisch, da der Verkäufer in den seltensten Fällen in die Projektumsetzung involviert ist und dadurch nicht zum versprochenen Umsetzungserfolg beiträgt.

Aus dem Profil der Verkäufer ergeben sich jedoch noch weitere Probleme. Verkäufer sind darauf geschult, Produkte und Dienstleitungen erfolgreich zu vertreiben und Vertragsabschlüsse zu erzielen. Sie sind in den wenigsten Fällen geschulte IT-Mitarbeiter, die die zu verkaufenden Projekte vollständig durchdringen. Daraus ergeben sich teilweise problematische Situationen in Präsentationen, wenn Zusammenhänge zu vereinfacht dargestellt oder Probleme als nicht existent bezeichnet werden, da dies dem Verkaufsprozess dienlich ist.

Zusätzlich erhalten fast alle Verkäufer nur ein geringes Fixgehalt, das um einen variablen Umsatzanteil erweitert wird.[124] Daher sind sie hauptsächlich am Vertragsabschluss interessiert und weniger an der erfolgreichen Realisierbarkeit der Projekte. Bereits in der Vorbereitung der Präsentationen und Angebote kann dies zu Konflikten zwischen den Mitarbeitern führen, die an der fachlichen Ausarbeitung des Angebotes arbeiten und denjenigen, die diese Ausarbeitungen präsentieren. Potenzielle Risiken, zu hohe Komplexität aber auch als unrealistisch empfundene Preise führen hier zu Dissensen. Diese auch als „Hard-Selling" bekannte Praxis kann dazu führen, dass unrealistische Angebote abgegeben werden oder im Rahmen der Präsentation Versprechungen gemacht werden, die nicht einzuhalten sind.[125]

---

[123] Vgl.: *Heitsch, D.* 1983, S. 275ff.
[124] Vgl.: *Gregus, K.* 2011.
[125] Vgl.: *Weis, H.C.* 1993, S. 238f.

## 2.3.2.6 Problematik von Angebotsdokumenten

Die Erstellung eines Angebotes dient in letzter Konsequenz der Überzeugung des Kunden von den Qualitäten des Anbieters und des Angebotes. Der zweite Platz bei der Ausschreibung oder einer Wettbewerbspräsentation ist genauso unbefriedigend wie der letzte Platz. Also müssen Angebotsdokumente den potenziellen Kunden von der Kompetenz des Anbieters überzeugen und davon, dass er der geeignete Partner für das vorliegende Projekt ist.[126]

Da der gesamte Bereich des Vertriebs in der Literatur nicht stark repräsentiert ist, gilt dies auch für die Angebotsgestaltung. Der Erstellung von Angeboten wird wenig wissenschaftliche Bedeutung beigemessen.[127] Dies ist umso verwunderlicher, da kein Geschäft in einer „Business to Business" Beziehung ohne ein vorheriges Angebot zustande kommt und die Strukturierung der Angebote alles andere als trivial ist. Speziell IT-Angebote können abhängig vom anzubietenden Produkt oder Projekt sehr aufwendig zu erstellen sein und die Komplexität von Pflichtenheften annehmen.[128]

Das Angebotsdokument beinhaltet nämlich wesentlich mehr als den Preis für die Umsetzung eines Projektes. Das Angebotsdokument gibt dem Kunden einen Überblick über die Art und Weise, wie der potenzielle Anbieter das Projekt angehen und umsetzen möchte. Darin wird erläutert, wie geforderte Funktionen umgesetzt werden, welche Technologien Verwendung finden, welche Mitarbeiter eingesetzt werden, wie die Zeitplanung aussieht und welche Zahlungsbedingungen dem Angebot zugrunde liegen. Wenn im Entscheidungsprozess um die Auftragsvergabe mehr als nur der Preis als Kriterium herangezogen werden soll, dann spielt das Angebotsdokument eine wichtige Rolle. Daher soll in Abschnitt 3.2.2.1 intensiv auf die Angebotserstellung eingegangen werden.

An dieser Stelle soll noch einmal eine Grundproblematik in der Vorbereitung von Softwareprojekten diskutiert werden, die sowohl in Verkaufsgesprächen und Präsentationen sowie Angeboten relevant ist. Jedes IT-Projekt hat Unsicherheiten in der Umsetzung. Personelle und technische Risiken sind ebenso zu nennen, wie Fragen zur kompetenten Mitwirkung des Kunden in der Umsetzungsphase. Diese Unsicherheiten haben Auswirkungen auf den Preis der Leistungen und

---

[126] Vgl.: *Stolle, R. / Herrmann, M.* 2006, S. 22ff.
[127] Vgl.: *Paech, B. / Heinrich, R. / Zorn-Pauli, G. / Jung, A. / Tadjiky, S.* 2012, S. 17.
[128] Vgl.: *Balzert, H.* 2000, S. 115ff.

sollten daher bereits im Angebotsdokument bzw. in den Verkaufsgesprächen erwähnt werden.

Die Verwendung des Konjunktivs ist hier bewusst gewählt, da niemand bereits vor dem eigentlichen Vertragsabschluss mit potenziellen Problemen des Projektes konfrontiert werden möchte. Ein Verkäufer, der in der Angebotsphase nicht in der Lage ist, die Probleme des Kunden oder dessen Einwände auszuräumen und dies auch in einem Angebot und den Gesprächen zu formulieren, wird nur schwer einen Auftrag erhalten.

Im Kundengespräch existieren Verhandlungsstrategien, um Probleme oder Einwände des Gegenübers aufzunehmen und abzumildern. *Weis* und *Pepels* beschreiben verschiedene Techniken, mit denen auf Einsprüche des Kunden eingegangen werden kann und geben Hinweise wie diese aus dem Weg geräumt werden können. Hier finden Argumentationstechniken aus der Rhetorik Verwendung. Für die Angebote empfiehlt er den Ersatz eines Dokumentes mit Einwänden durch eines ohne Einwände.[129] Dies führt leider häufig dazu, dass potenzielle Probleme ausgeklammert und damit nicht behandelt werden. Risiken werden in das Projekt verlagert, um die Chancen den Auftrag zu erhalten nicht zu gefährden.

Ein weiteres Problem liegt in der Beschreibung der funktionalen Anforderung an die umzusetzende Software. Diese wird bei großen Systemen sehr umfangreich und erfordert einen hohen Arbeitsaufwand. Die textuelle Beschreibung ist genauso unzureichend wie die Erstellung einer großen Zahl an Masken, die dann noch einmal textuell präzisiert werden müssen. Auch hier bedarf es einer neuen Methode zur Vereinfachung der Angebots- und Pflichtenheft-Erstellung.

## 2.4 Gestaltungsparameter bei der Vorbereitung von Projekten

Wie in den vorangegangen Abschnitten ausgeführt wurde, liegen die Kernprobleme bei der Beschaffung von Produkten und Dienstleistungen im Business-to-Business Bereich in der Informationsasymmetrie zwischen Anbieter und Nachfrager. Diese Asymmetrie kann letztlich nur durch den Austausch von Informationen ausgeräumt oder zumindest abgemildert werden.[130] Da es sich bei der

---

[129] Vgl.: *Weis, H. C.* 1993, S. 187ff.; *Pepels, W.* 2007, S. 247ff.
[130] Vgl.: *Corsten, H. / Gössinger, R.* 2007, S. 83.

Vergabe von Softwareprojekten um Beschaffungsvorgänge mit hoher Komplexität und einem hohen Informationsbedarf handelt, ist hier die Notwendigkeit zur detaillierten Informationsstrukturierung zwischen den Vergabepartnern besonders hoch.

Dabei sind zwei Informationsstränge zur berücksichtigen, nämlich der vom Nachfrager zu dem oder den Anbietern und der umgekehrte Strang von den Nachfragern zum Anbieter. In Strang eins sind es die Anforderungen an ein Softwareprojekt, die den Anbietern zur Verfügung gestellt werden müssen, um sie in die Lage zu versetzen ein Angebot erstellen und kalkulieren zu können (Lastenheft). In Strang zwei ist es das Angebot an sich, das den Nachfrager von der Kompetenz und Leistungsbereitschaft des Anbieters überzeugen soll (Pflichtenheft).

In einem idealen Softwareprojekt kennt der Nachfrager seine Bedürfnisse, kann diese exakt formulieren und den potenziellen Anbietern strukturiert zur Verfügung stellen. Dadurch sind die Anbieter in der Lage, ihre Angebote mit einem minimalen Aufwand kalkulieren und ihre Lösungen ausarbeiten und präsentieren zu können. In diesem idealen Projekt sind die Informationsasymmetrien gering und die Entscheidung für den richtigen Partner kann anhand von objektiven Kriterien getroffen werden.

In der Praxis sieht dies leider anders aus. Vielfach sind die Nachfrager gar nicht in der Lage ihre Anforderungen zu formulieren und der Prozess der Angebotsgestaltung ist langwierig und aufwendig.[131]

Einen Weg zur Reduzierung des Aufwands für die Zusammenstellung der nötigen Informationen bei gleichzeitiger Verbesserung des Informationsgehalts aufzuzeigen, ist ein wesentliches Ziel dieser Arbeit. Daher ist es zunächst einmal wichtig, die Aufwände für die Strukturierung der Informationen genauer zu untersuchen, um sie dann einordnen und quantifizieren zu können. Dazu lassen sich in beiden Informationssträngen aus den entscheidungstheoretischen Überlegungen Gestaltungsparameter für die Ausarbeitung von Lasten- und Pflichtenheften sowie Angeboten ableiten. Diese können dabei helfen eine auf die Bedürfnisse der jeweiligen Partner angepasste Informationsaufbereitung vorzunehmen und den dazu notwendigen Aufwand kalkulieren bzw. einschätzen zu können.

---

[131] Siehe dazu: *Hickmann, J.* 2010.

## 2.4 Gestaltungsparameter bei der Vorbereitung von Projekten

Folgende Gestaltungsparameter lassen sich bei der Vergabe von Softwareprojekten ableiten:

- **Verständlichkeit**: Die Informationen müssen für die Adressaten so aufbereitet werden, dass sie verständlich sind und möglichst genau ihren individuellen Bedürfnissen entsprechen. Kernproblem ist die möglichst ideale *Aufbereitung* der Informationen hinsichtlich der Anforderungen der Adressaten.

- **Beziehung:** Eine gute und beeinflussbare Beziehung zwischen Auftraggeber und Auftragnehmer ist ein wichtiger Erfolgsparameter. Sie hat erheblichen Einfluss auf die Möglichkeiten zur Bestimmung der *Informationsträger* bzw. des Buying Center und den gegebenen Möglichkeiten der *Informationserhebung*.

- **Kenntnis:** Variable zur Bestimmung der Genauigkeit, mit welcher der Auftraggeber seine Anforderungen definieren und der Auftragnehmer diese ermitteln kann. Die Kenntnis der Anforderungen bestimmt maßgeblich die Möglichkeiten der *Informationserhebung*. Sind einem Auftraggeber die eigenen Anforderungen nur unzulänglich bekannt, nutzt z.B. eine Befragung als Instrument der Informationserhebung wenig.

- **Know-how:** Parameter der die Fähigkeiten der Partner im Projektumfeld beleuchtet. Unternehmen, die sich auf bestimmte Branchen oder Problembereiche fokussiert haben, werden weniger Aufwand bei der Bestimmung des *Informationsbedarfs* haben und die *Informationsträger* besser identifizieren können. Branchenfremde Unternehmen müssen gegebenenfalls externes Know-how einkaufen. Die Erfahrung kann so weit gehen, dass sie mit Informationen aus bereits realisierten Projekten autark arbeiten können.

- **Detailgrad:** Aussagen über die Detailliertheit in der die Informationen und die zu erbringenden Leistungen beschrieben werden. Der Detailgrad der Beschreibung bestimmt auch die Individualität, mit der auf die jeweiligen Bedürfnisse eingegangen wird. Dabei spielt es eine große Rolle, wer die *Informationsträger* sind und wie die Informationen für sie *aufbereitet* werden müssen.

- **Präzision:** Die Granularität in der ist das Projekt definiert ist und das Risiko von Fehleinschätzungen für die Partner. Die Präzision der Beschreibungen wirkt sich auf die *Bestimmung des Informationsbedarfs* aus.

Die Ausprägung jeder Variable ist bei der Strukturierung der auszutauschenden Informationen wichtig und sollte auf die Zielgruppe angepasst werden. Je besser und individueller dabei auf die Bedürfnisse der Zielgruppe oder auch auf individuelle Entscheider innerhalb der Zielgruppe eingegangen wird, desto höher wird der Aufwand für die Zusammenstellung der Informationen sein, so wie es Abbildung 6 verdeutlicht. Sie ist angelehnt an die die Idee des Teufelsquadrats von *Sneed* und überträgt sie auf die Vergabe von Software-Projekten.[132] Dadurch wird eine Einordnung des zu erwartenden Aufwands für die Angebotserstellung möglich. Für die Erstellung eines Angebots steht dem Anbieter ein gedeckeltes Budget zur Verfügung. Dieses Budget kann er in die Ausgestaltung der weiter oben definierten Gestaltungsparameter investieren, woraus sich eine Fläche im Hexagon ergibt. Wird ein Gestaltungsparameter intensiv bearbeitet, in dem z.B. externes Know-how für die Ausarbeitung zugekauft wird, muss an einem anderen Parameter gespart werden, da ansonsten das Budget steigen würde. Die Fläche des inneren Hexagons entspricht somit dem gedeckelten Budget und ist nicht dehnbar.

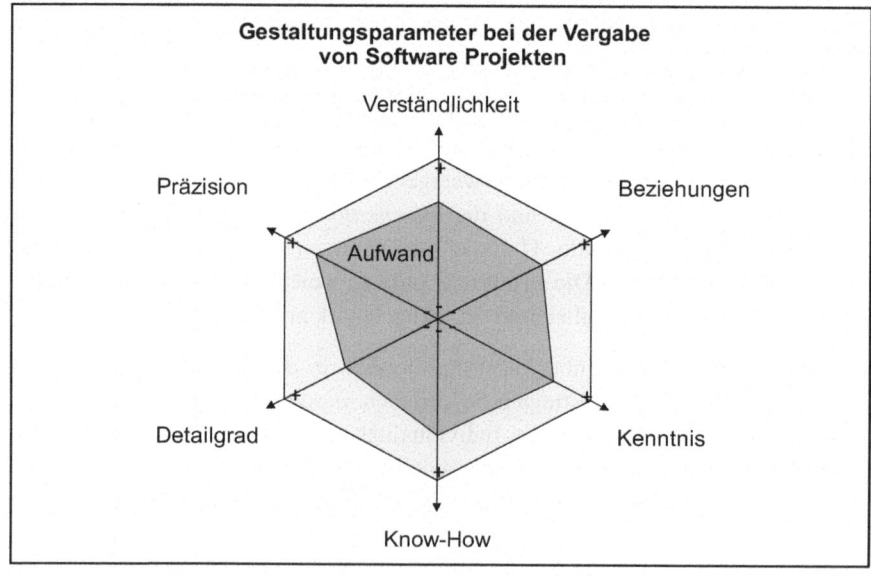

Abbildung 6: Gestaltungsparameter bei der Vergabe von Softwareprojekten.
Quelle: Eigene Darstellung.

---

[132] *Sneed, H. M.* 2005, S. 38ff.

## 2.4 Gestaltungsparameter bei der Vorbereitung von Projekten

Das äußere Hexagon in der Abbildung definiert eine idealtypische Vergabe, bei der alle Gestaltungsparameter optimal ausgeprägt sind. Für die Angebotsseite bedeutet dies, dass ein perfekt auf die Zielgruppe abgestimmtes Angebot mit einer präzisen Kalkulation und einem hohen Detailgrad zur Beschreibung der Anforderungen erstellt wurde. Die Erstellung dieses Angebots verursacht einen hohen Aufwand, da zur optimalen Ausgestaltung aller Parameter eine tiefe Durchdringung des Projektes notwendig ist, woraus sich ein hoher Zeitbedarf ergibt. Gleichzeitig führt diese Durchdringung des Projektes dazu, dass das Risiko einer Fehlkalkulation sinkt und die Wahrscheinlichkeit einen Auftrag zu erhalten, steigt. Gleiches gilt auch für ein präzise formuliertes Lastenheft als Basis für eine Projektvergabe.

Ein Beispiel soll die Zusammenhänge verdeutlichen. Besteht mit einem Unternehmen bereits eine intensive und vertrauensvolle Zusammenarbeit über mehrere Projekte hinweg, dann ist der Parameter Beziehung sehr gut ausgeprägt. In die Beziehung wurde investiert und sie wird aktiv gepflegt, es handelt sich z.B. um einen Schlüsselkunden, von dem ein hohes Umsatzpotenzial zu erwarten ist.[133] Man kennt den Kunden sowie die relevanten Mitarbeiter und ist in der Lage mit geringem Aufwand ein für sie verständliches Angebot zu formulieren. Aufgrund der Erfahrungen aus bereits abgewickelten Projekten ist eine präzise Kalkulation einfacher zu erstellen und der notwendige Detailgrad in den Spezifikationen geringer. Das Know-how im Tätigkeitsbereich des Kunden ist hoch. Das langfristige Invest in die Kundenbeziehung wirkt sich positiv auf die anderen Parameter aus.

Verallgemeinert man die Zusammenhänge, dann lassen sich zwischen den definierten Variablen folgende Zusammenhänge herstellen:

- Alle Parameter korrelieren mit dem Aufwand, je besser ein Parameter erfüllt ist, desto mehr Aufwand verursacht er.

- Eine gute Verständlichkeit der Dokumente erhöht die Wahrscheinlichkeit einen Zuschlag zu erhalten, bzw. den besten Umsetzungspartner zu finden.

- Die Ermittlung individueller Anforderungen und Bedürfnisse verringert das Kalkulationsrisiko und erhöht wiederum die Zuschlagswahrscheinlichkeit.

---

[133] Vgl.: *Bruhn, M.* 2010, S. 288f.

- Ein hoher Detailgrad ermöglicht eine höhere Kalkulationsgenauigkeit und senkt damit das Projektrisiko.

- Ein hoher Detailgrad wirkt sich nicht eindeutig auf die Zuschlagswahrscheinlichkeit aus, da sowohl ein zu präzises als auch ein zu oberflächliches Angebot problematisch sind.

- Gute Beziehungen zum Unternehmen verbessern die Auftragswahrscheinlichkeit und verringern den Aufwand für die Formulierung präziser Anforderungen.

- Ein hohes Know-how im Projektumfeld wirkt sich positiv auf alle anderen Parameter aus.

Eine präzise Aussage dazu, welche der Variablen wie in einem Angebotsprozess ausgeprägt werden soll, hängt sehr individuell vom jeweiligen Projekt und seinen Rahmenbedingungen ab. Das vorgestellte Instrument, liefert eine Möglichkeit der Einordnung des Projektes und unterstützt die Entscheidung über die Teilnahme an einem Vergabeverfahren.

## 2.5 Ein Vergabebeispiel aus der Praxis

Die Problematik soll im folgendem noch einmal anhand eines Praxisbeispiels zusammengefasst werden. Dazu dient eine Wettbewerbspräsentation zur Umsetzung eines Finanzportals aus dem Jahr 2009, an der 10 Software Anbieter beteiligt waren und das auf ein Volumen von max. 150.000,- € in der ersten Ausbaustufe begrenzt war, jedoch kontinuierlich weiterentwickelt werden sollte.[134]

Alle Beteiligten wurden dazu aufgefordert, eine Präsentation Ihrer Ideen zusammen mit einer Kalkulation einzureichen. Von den eingereichten Skizzen wurden dann vier ausgewählt und die Unternehmen zu einer Wettbewerbspräsentation eingeladen. Diese vier Agenturen erhielten jeweils eine Aufwandspauschale in Höhe von 2.000,- €. Geht man jedoch davon aus, dass alleine für die Präsentation ein Team von drei Personen anreisen muss, ist der Betrag als deutlich zu gering anzusehen. Insgesamt kann davon ausgegangen werden, dass in eine ordentlich vorbereitete Wettbewerbspräsentation min. 10-15 Arbeitstage investiert werden müssen.

---

[134] Die anonymisierten Unterlagen können auf Anfrage zur Verfügung gestellt werden.

## 2.5 Ein Vergabebeispiel aus der Praxis

Von den vier ausgewählten Unternehmen gelangten dann zwei in die letzte Runde, die wieder eine Präsentation der verfeinerten Skizze und ein detailliertes Angebot beinhaltete. Von diesen beiden Agenturen wurde dann letztlich eine ausgewählt und erhielt den Zuschlag für die Umsetzung des Portals auf Basis eines Werkvertrags.

Bereits die Anzahl der Beteiligten und das beschränkte Volumen zeigen den hohen Wettbewerbsdruck in der Branche, der sich im Verlauf der Finanzkrise 2009 noch einmal deutlich verschärft hatte. Wettbewerbspräsentationen dieser Kategorie sind an der Tagesordnung und können nicht umgangen werden.

Basis für die Präsentation war ein ca. 40 Seiten umfassendes Briefing Dokument in Form einer PowerPoint Präsentation, in dem die Ziele des Portals, eine Beschreibung des Status Quo, sowie Erwartungen an die Umsetzung und die Rahmenbedingungen definiert wurden. Die Ausformulierung der Anforderungen war sehr grob und ließ einen weiten Interpretationsspielraum für die Umsetzung zu.

Die problematischste Funktion der Umsetzung war der sog. „User-Desktop", eine Anwendung die der Idee von „iGoogle" oder „Snowflakes" entsprach und einen individuellen Arbeitsbereich für die registrierten Nutzer beinhaltete. Der Funktionsbereich beinhaltet ein enormes Umsetzungsrisiko und ist sehr schwer zu kalkulieren.

Zur Klärung offener Fragen war für jeden Teilnehmer eine Telefonkonferenz mit der ausschreibenden Institution vorgesehen, in der offenen Fragen geklärt werden konnten. Außerdem konnten Fragen zu einem Stichtag per Mail eingereicht werden, die dann allen Beteiligten mit den Antworten zugänglich gemacht wurden.

An den Ausarbeitungen der Präsentation waren ein Vertriebsmitarbeiter, ein Grafiker und ein Konzepter und IT-Mitarbeiter beteiligt, die jeweils ihre individuellen Kenntnisse eingebracht haben. Dabei wurden zunächst Ideen entwickelt und verschiedene Entwürfe zur internen Begutachtung erstellt. Nachdem eine gemeinsame Entwurfsbasis gefunden war, die in Abbildung 7 zu sehen ist, sind verschiedene Seiten des Portals erstellt worden. Die Startseite wurde ebenso erstellt wie Detailseiten und Seiten zur Präsentation geforderter Themen. Zusätzlich würde ein Kreativkonzept für die Banner-Animation erstellt und in die Präsentation integriert.

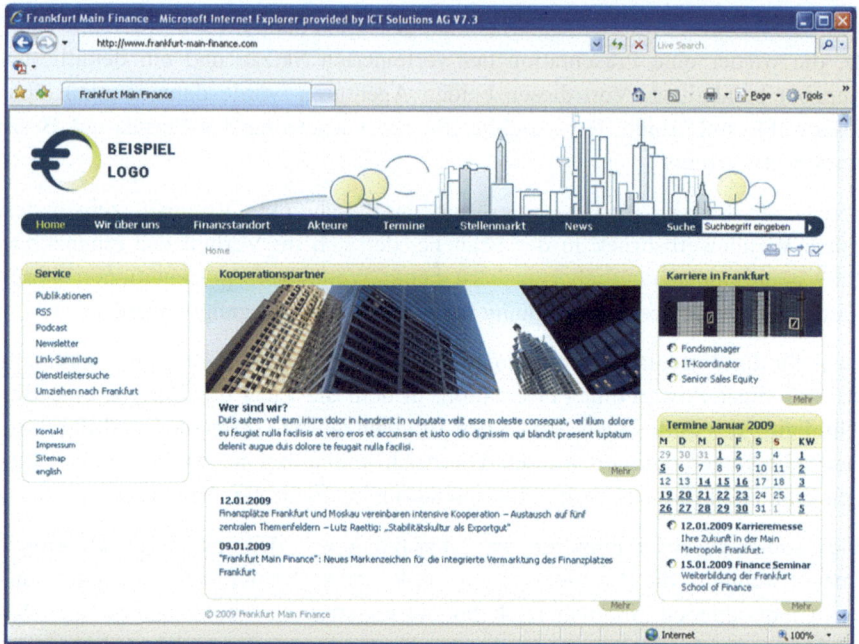

Abbildung 7: Visualisierung des Finanzportals.
Quelle: Eigene Darstellung.

Als Basis für die Umsetzung sollte ein Content Management System verwendet werden. Die technischen Möglichkeiten des Systems wurden ebenso in die Präsentation aufgenommen, sowie Hinweise zur Umsetzung bzw. Integration des Projekts in das System.

Der User Desktop wurde technisch nur sehr grob umrissen und die Risiken seiner Umsetzung wurden diskutiert.

Die Visualisierung der Seiten erfolgt in Abstimmung zwischen Konzepter und Grafiker im Bildverarbeitungssystem Photoshop. Vom Konzepter wurden „Scribbles" geliefert, die dann graphisch umgesetzt und angepasst wurden. Das Wort Scribble bedeutet wörtlich übersetzt „Kritzelei" oder „Schmiererei". Als Scribble bezeichnet man einen meist per Stift auf Papier angerissenen oder angedeuteten Grobentwurf für eine Illustration.

Danach erfolgt die Übernahme der Visualisierungen in eine PowerPoint Präsentation, um den Entwurf und seine Funktionen zu erläutern. Auch die erste Grobkalkulation erfolgte im Rahmen der Präsentation, die zu einem späteren Zeitpunkt um ein detailliertes Angebot erweitert werden sollte. Eine detaillierte Beschreibung der Anforderungen erfolgt in Abschnitt 3.4.

## 2.6 Fazit

Das vorliegende Kapitel diente der Sensibilisierung für einen Abschnitt von Softwareprojekten, dem sich die Literatur bisher nur unzureichend gewidmet hat, nämlich der Vorvertragsphase. In den vorangegangenen Abschnitten konnte gezeigt werden, dass der Berücksichtigung dieser Phase wichtig ist, da viele Probleme in Softwareprojekten bereits zu diesem Zeitpunkt entstehen können und entstehen.

Folgende Thesen liegen der Arbeit zugrunde und werden in den folgenden Kapiteln aufgegriffen und diskutiert:

- Ursachen für schlechte Erfolgsquoten von Softwareprojekten sind bereits in der Vorbereitungsphase der Projekte zu finden.

- Die aktuellen Methoden des Requirements-Engineering eignen sich nur eingeschränkt zur Vorbereitung der Softwareprojekte.

- Der Vertriebsprozess kann durch eine adäquate Methode verbessert und effizienter gestaltet werden.

- Prototypen bzw. Mock-Ups lassen sich derart erweitern, dass sie einen Mehrwert über die reine Visualisierung hinaus zu leisten können.

- Eine automatische bzw. teilautomatische Kalkulation von Softwareprojekten über einen erweiterten Prototyping-Ansatz ist möglich.

- Um den unterschiedlichen Typen von Softwareprojekten in der Vorbereitung gerecht werden zu können, ist ein domänenspezifisches Requirements-Engineering notwendig.

Dazu werden zunächst die Methoden des Requirements-Engineering aus theoretischer und praktischer Sicht beleuchtet und vor dem Hintergrund der definierten Fragen diskutiert.

Danach erfolgt die Vorstellung der „Modeling by Example Methode", wobei die Ziele und der Nutzen der Methode erörtert werden. In diesem Rahmen wird auch auf die Möglichkeiten des Requirements-Engineering in der MbE-Methode eingegangen und es wird eine Vorgehensweise vorgestellt. Den Abschluss der Arbeit bilden die Vorstellung eines prototypischen Werkzeugs zur softwaretechnischen Unterstützung der Methode sowie dessen Evaluation.

# 3 Anforderungserhebung in der Vorvertragsphase

Das ingenieurmäßige Erheben von Anforderungen ist ein wichtiger Aspekt bei der Entwicklung von Systemen aller Art. Requirements-Engineering befasst sich mit den „Prinzipien, Methoden und Werkzeugen zur Ermittlung, Beschreibung, Prüfung und Verwaltung von Anforderungen in der Systementwicklung".[135] Die Anforderungen, die der Auftraggeber an den Auftragnehmer hat, werden gesammelt, strukturiert und anschließend spezifiziert, um sie zur Festlegung der Vertragsmodalitäten nutzen zu können.

Das Institute of Electrical and Electronic Engineers (IEEE) hat bereits 1984 einen Standard zur Spezifikation von Software veröffentlicht. Die aktuellste Version des Standards ist „Std 830-1998" geht explizit auf die Inhalte eines Requirements-Engineering Dokumentes ein und gibt damit der Praxis einen Strukturierungsrahmen.

Der von der IEEE definierte Standard bezieht sich auf die Entwicklung von Software im Allgemeinen, wobei die Entwicklung internetbasierter Systeme Ähnlichkeiten aufweist und daher einen Großteil der vorgegebenen Struktur übernehmen kann. Es muss jedoch auch auf einige Besonderheiten geachtet werden, die in Abschnitt 3.3.3 präzisiert werden sollen. Insbesondere die hohe Relevanz der grafischen Gestaltung, die schwierige Nutzeridentifizierung, die notwendige Intuitivität und die Multidisziplinarität im Rahmen der Umsetzung sind zu berücksichtigen.[136]

Noch wichtiger erscheint jedoch die Berücksichtigung der Adressaten der Anforderungen sowie der Zeitpunkt in der sie erhoben werden, da in der hier betrachteten Vorvertragsphase fachfremde Stakeholder angesprochen werden und die Zeit für die Anforderungserhebung gering ist. Daher werden in den folgenden Abschnitten die Methoden des Requirements-Engineering kritisch hinsichtlich dieser beiden Aspekte hinterfragt. Dazu sollen die Methoden nur kurz vorgestellt werden und dann diskutiert werden, einen ausführlichen Einblick in die

---

[135] Vgl.: *Grünbacher, P.* 2003, S. 29.
[136] Vgl.: *Jacobsen, J.* 2011, S. 25ff.

jeweiligen Methoden liefen unter anderem *Pohl, Pohl / Rupp* und *Sommerville*.[137]

## 3.1 Definition und Klassifikation von Anforderungen

Das zentrale Element im Requirements-Engineering sind die Anforderungen an eine Software oder Internet Seite, also die Bedingungen oder Eigenschaften, die ein System oder eine Systemkomponente aufweisen muss, um einer Spezifikation, einem Standard oder einem anderen formell auferlegten Aspekt zu genügen.[138] Die Anforderungen können sowohl konkrete Funktionen des Systems beschreiben, als auch allgemeine Informationen über das System beinhalten. In der klassischen Literatur zum Requirements-Engineering werden *funktionale Anforderungen* und *nichtfunktionale Anforderungen* unterschieden.[139]

Funktionale Anforderungen beschreiben den Leistungsumfang eines Systems. Dies umfasst beispielsweise Informationen über Funktionen, das Aussehen und das Zusammenspiel verschiedener Masken, oder eine Schnittstellenbeschreibung.

Schriftlich fixiert können funktionale Anforderungen beispielhaft wie folgt definiert werden:

- *Das Portal beinhaltet eine Volltextsuche, die auch auf jeder Unterseite erreichbar ist.*
- *Das System besitzt eine „Login-Seite", über die registrierte Nutzer Zugriff auf geschützte Inhalte erhalten.*

Nichtfunktionale Anforderungen beziehen sich auf Qualitätsaspekte oder definieren Termin- bzw. Kostenziele. Gerade im Bereich der Webanwendungen spielen nichtfunktionale Anforderungen wie Sicherheit, Performance und Verfügbarkeit eine große Rolle.

Beispiele für nichtfunktionale Anforderungen können wie folgt definiert werden:

- *Das Portal darf bei einer Zahl von 200 gleichzeitigen Nutzern maximal 2 Sekunden für die Seitenbereitstellung benötigen.*

---

[137] Vgl.: *Pohl, K.* 2008, *Pohl, K. / Rupp. C.* 2010, *Sommerville, I.* 2007.
[138] Vgl.: *o.V., Institute of Electric and Electronic Engineers* 1990, S 120f.
[139] Vgl.: *Sommerville, I.* 2007, S. 117ff.

## 3.1 Definition und Klassifikation von Anforderungen

- *Das System muss 24 Stunden, 7 Tage pro Woche verfügbar sein.*
- *Das Programm muss auch von einem Laien ohne weitere Einweisung genutzt werden können.*

Um eine Analyse der Anforderungen vornehmen zu können, müssen die Systemgrenzen definiert werden. Sie trennen die veränderbaren Objekte des zu gestaltenden Systems von den unveränderlichen Objekten der Umwelt ab. Die Kommunikation des Systems mit den Benutzern oder mit anderen Systemen, geschieht über Schnittstellen. Bei Internet Projekten spielen insbesondere die Benutzerschnittstellen und deren Gebrauchstauglichkeit bzw. Usability eine sehr wichtige Rolle für den Projekterfolg.[140] In der Literatur wird die Usability jedoch dem nichtfunktionalen Bereich zugeordnet und daher häufig bei der Anforderungserhebung vernachlässigt, was ihrer Relevanz nicht gerecht wird.[141] Der Abschnitt 3.3.2 in daher der Usability von Web Anwendungen gewidmet.

In aktuellen Werken zum Requirements-Engineering findet sich eine alternative Einteilung von Anforderungen. *Pohl* sieht nichtfunktionale Anforderungen als unterspezifizierte funktionale Anforderungen, die zur Verwendung noch detailliert werden müssen. Er klassifiziert die Anforderungen in *funktionale Anforderungen*, *Qualitätsanforderungen* und *Rahmenbedingungen* für das Projekt. Qualitätsanforderungen definieren die Eigenschaften des Systems oder einer Systemkomponente hinsichtlich ihrer Güte, Rahmenbedingungen beschreiben technische oder organisatorische Gesichtspunkte, die die Art und Weise einschränken, in der das System entwickelt wird.[142]

Die Anforderungen und auch die Randbedingungen eines Softwareprojektes lassen sich nur mit Unterstützung der sog. Stakeholder finden. Dies sind Personen oder Organisationen, die von dem System betroffen sind und einen Input zu dessen funktionaler Entwicklung und Akzeptanz geben können. Neben den späteren Benutzern oder Kunden der Software können dies Administratoren, Geldgeber, Berater, Domänenexperten, Content Lieferanten oder auch die Entwickler sein.[143]

Bei Web Projekten führt die hohe Anzahl an Beteiligten sowie deren jeweils beschränkte Sicht häufig zu konfliktären Anforderungen. Um die Akzeptanz der

---

[140] Vgl.: *Kappel, G. / Pröll, B. / Reich, S. / Retschitzegger, W.* 2004, S. 266ff.
[141] Vgl.: *Ludewig, J. / Lichter, H.* 2010, S. 369ff.
[142] Vgl.: *Pohl, K.* 2008, S. 16ff.
[143] Vgl.: *Hindel, B., Hörmann, K., Müller, M., Schmied, J.* 2004, S. 11.

Software sicherzustellen, ist es wichtig, diese Konflikte während des Requirements-Engineering Prozesses zu identifizieren und aufzulösen. Auch die Frage, welche Anforderungen im Rahmen der Zeit- oder Budgetlimitierungen des Projektes umgesetzt werden können, stellt ein Beispiel für einen Konflikt dar, der möglichst früh im Projekt oder bereits vor dem Projektbeginn gelöst werden muss.

Die Anforderungen an ein System werden aus drei verschiedenen Perspektiven heraus beschrieben und dokumentiert. Diese Perspektiven sind bereits in den Arbeiten zur Strukturierten Analyse von *DeMarco* und *Yourdan* zu finden, haben aber auch in objektorientierten Modellen Relevanz.[144] Dort wird jedoch der Integration der Perspektiven eine höhere Bedeutung beigemessen.[145]

- **Daten- / Strukturperspektive**: Hier wird die statische Struktur der Daten betrachtet, also die zu verwaltenden Datentypen, deren Attribute und Beziehungen zueinander.

- **Funktionsperspektive**: In der Funktionsperspektive wird die Veränderung der Daten durch das Systems beschrieben.

- **Verhaltensperspektive**: In der Verhaltensperspektive werden Zustände, Zustandsänderungen oder erzeugten Ausgaben modelliert, die für ein System erlaubt sind.

Die Perspektiven sind nicht trennscharf voneinander abzugrenzen, sondern werden häufig miteinander vermischt. Zur Dokumentation der Perspektiven kann natürliche Sprache oder verschiedene modellbasierte Lösungsansätze verwendet werden.[146]

Die Datenperspektive wird traditionell über Entity Relationship Modelle oder Klassendiagramme abgebildet, für die Funktionsperspektive eigenen sich Datenflussdiagramme oder Aktivitätsdiagramme, die Verhaltensperspektive kann über Statecharts, Petrinetze oder Zustandsmaschinen dargestellt werden. Zur Integration der Sichten werden in der Objektorientierten Modellierung die Zusammenhänge zwischen Modellierungskonstrukten beschrieben.[147]

---

[144] Vgl.: *DeMarco, T.* 1979, S.15ff., *Yourdon, E.* 1999 S.21ff.
[145] Vgl.: *Coad, P. / Yourdon, E.* 1994, S. 34ff.
[146] Vgl.: *Pohl, K.* 2008, S. 184ff, *Pohl, K. / Rupp, C.* 2010, S. 45.
[147] Vgl.: *Pohl, K.* 2008, S. 205f.

## 3.2 Tätigkeiten und Dokumente der Anforderungserhebung

In den folgenden Abschnitten werden die im Rahmen dieser Arbeit relevanten Tätigkeiten des Requirements-Engineering vorgestellt. Sie unterteilen sich in die Gewinnung und die Dokumentation von Anforderungen. Weitere Tätigkeiten des Requirements-Engineering sind die Kalkulation und die Validierung der Anforderungen, die speziell in der Praxis der Projektumsetzung sehr wesentlich sind.

Im Rahmen der Vorstellung der Aktivitäten des Requirements-Engineering wird dabei speziell auf die Tauglichkeit der verwendeten Methoden im Rahmen der Vorbereitung der Projekte eingegangen.

### 3.2.1 Gewinnung von Anforderungen

Bevor mit der Gewinnung von Anforderungen begonnen werden kann, müssen zunächst die Informationsquellen ausfindig gemacht werden, über die die Anforderungen bestimmt werden können.

Die Quellen lassen sich in drei verschiedene Arten aufteilen, die jeweils unterschiedliche Herangehensweisen bei der Anforderungsanalyse erfordern: *Stakeholder*, *Dokumente* und *existierende Systeme*.[148]

In der Literatur wird vorgeschlagen, die Vorstellungen und das Wissen von Stakeholdern durch Gespräche, z.B. in Form von Interviews oder Workshops zu ermitteln. Bei einer großen Anzahl von Stakeholdern sollen schriftliche Befragungen zum Einsatz kommen. Auch durch die Beobachtung von Arbeitsabläufen oder Verhaltensweisen sollen wichtige Informationen zu einem Projekt erfasst werden. Weiterhin werden Kreativitätstechniken als Instrument für die Ermittlung der Anforderung angeführt, wie z.B. Brainstorming oder die 6-3-5 Methode als schriftliche Variante des Brainstormings in der 6 Teilnehmer jeweils 3 Ideen 5 mal zur Diskussion weiterreichen.[149]

Vorhandene Dokumente, wie Ausschreibungsunterlagen, Protokolle von Sitzungen, Workshops oder Interviews tragen dazu bei, Anforderungen aufzudecken. Gesetzestexte und Standards definieren häufig Randbedingungen, die vor der Umsetzung erfasst und ausgewertet werden müssen.

---

[148] Vgl.: *Pohl, K. / Rupp. C.* 2010, S. 29.
[149] Vgl.: *Partsch, H.* 2010, S. 41.

Ist ein existierendes System ganz oder in Teilen auszutauschen, so können die Anforderungen aus dem Verhalten und der Nutzung des Systems abgeleitet werden. Die Erfahrungen, die in der Planung, Entwicklung und Nutzung des bestehenden Systems gemacht wurden, helfen dabei Fehler zu vermeiden. Zudem kann z.B. eine Anlehnung an vorhandene Bedienkonzepte die Akzeptanz bei den Benutzern steigern.[150]

Die in der Literatur vorgestellten Vorgehensweisen zur Anforderungsermittlung bei den Stakeholdern lassen sich in *Befragungstechniken, Kreativitätstechniken* und *Beobachtungstechniken* unterteilen. Insbesondere die Befragungstechniken sind einfach anzuwenden und daher in der Praxis sehr beliebt.[151]

In der Vorvertragsphase eines Softwareprojekts stellen sie häufig die einzige Möglichkeit dar, Details zum potenziellen Projekt vom Auftraggeber zu erfahren. Fragebögen, Kreativitätstechniken oder Beobachtungen sind in dieser Phase für einen Auftragnehmer in der Erstellung und Durchführung zu aufwendig und auch für den Auftraggeber nicht zumutbar. Er steht einer Gruppe von potenziellen Projektpartnern gegenüber, der Aufwand für die Beantwortung von Fragebögen oder der Beobachtung von Mitarbeitern bei der Arbeit multipliziert sich mit der Anzahl potenzieller Auftragnehmer. Häufig bleibt daher in der Vorbereitungsphase eines Projektes der Dialog mit dem Kunden auf ein Meeting oder ein Telefongespräch beschränkt.

Ein wesentliches Problem beim Dialog mit dem Kunden ist seine Fähigkeit ausdrücken zu können, welche Anforderungen er tatsächlich hat. Viele Kunden sind erst dann in der Lage eine Anforderung zu definieren, wenn sie diese umgesetzt vor sich sehen. Daher werden häufig Prototypen, Gestaltungsvorschläge oder auch ähnliche Systeme oder Internet Seiten beim Dialog mit dem Kunden geöffnet und vorgeführt. Das beschriebene Problem ist auch als IKIWISI-Prinzip (I know it when I see it) bekannt.[152] Gemeint ist, dass die Stakeholder die Anforderungen an das zu entwickelnde System erst formulieren können, wenn sie Erfahrung damit gesammelt bzw. es gesehen haben. Anforderungen entstehen durch die Nutzung und durch das damit einhergehenden Verständnis für die Idee und lassen sich nur schwer im Voraus abstrakt formulieren.[153]

---

[150] Vgl.: *Pohl, K.* 2008, S. 311f.
[151] Vgl.: *Rupp, C. / Simon, M. / Hocker, F.* 2009, S. 98f.
[152] Vgl.: *Boehm, B.* 2000, S. 100.
[153] Vgl.: *Nuseibeh, B.* 2001, S. 2ff.

## 3.2 Tätigkeiten und Dokumente der Anforderungserhebung 71

Die Möglichkeit zur Analyse von Dokumenten beschränkt sich während der Vorbereitung eines Softwareprojekts meist auf die Ausschreibungs- oder Wettbewerbsunterlagen. Sind diese präzise formuliert und geben einen guten Überblick, dann sind sie sehr hilfreich für das Verständnis der Projektes. Sind sie dies jedoch nicht, stiften sie mehr Verwirrung als Nutzen.

Als dritte Quelle im Rahmen der Anforderungsgewinnung bleibt die Analyse von Altsystemen. Jedoch ist diese nur uneingeschränkt möglich, wenn die Systeme öffentlich verfügbar sind. Interne Anwendungen können im Rahmen der Vorbereitung eines Projektes meist nicht oder nur kurz eingesehen werden.

### 3.2.2 Dokumentation von Anforderungen

Ziel der Dokumentation im Rahmen des Requirements-Engineering ist es, die gewonnen Anforderungen festzuhalten und für den weiteren Projektverlauf verfügbar zu machen. Der Dokumentation kommt eine große Bedeutung zu, da sie eine notwendige Basis für die Kalkulation und Umsetzung eines Projektes ist. Die Anforderungen an das System oder das Projekt sollen möglichst vollständig erfasst werden. Es entsteht eine *gemeinsame Informationsbasis*, auf die alle Projektbeteiligten zugreifen können. Die gemeinschaftliche Dokumentation fördert die *Kommunikation* im Projekt und dient der *Objektivität*, da die Inhalte stabil festgehalten werden. Auch für die *Einarbeitung der Mitarbeiter* ist die Dokumentation förderlich, da diese sich schnell einen Projektüberblick verschaffen können, zudem wird die *Abhängigkeit von einzelnen Wissensträgern* vermindert. Zuletzt dient die Dokumentation auch der *Reflexion* der Anforderungen, da die Autoren während der Dokumentation zu einer Strukturierung gezwungen sind. Wer die Dokumentation der Anforderungen übernimmt ist in der Literatur nicht eindeutig festgelegt.[154] In der Praxis arbeiten Sales-Mitarbeiter gemeinsam mit Konzeptern und Projekt-Managern an der Dokumentation der Anforderungen.

Was die Qualität von Anforderungen angeht, so besteht in der Literatur darüber eine weitgehende Übereinstimmung. Die wichtigsten Qualitätskriterien für Anforderungen sollen im Folgenden kurz erläutert werden:

---

[154] Vgl.: *Pohl, K.* 2008, S. 217f.

- *Vollständigkeit*: Die Anforderung ist gemäß der festgelegten Kriterien und ohne inhaltliche Lücken erfasst.
- *Nachvollziehbarkeit*: Der Ursprung und die Evolution der Anforderung sind dokumentiert.
- *Korrektheit*: Die Anforderung wird vollständig im System umgesetzt und von den Stakeholdern bestätigt.
- *Eindeutigkeit*: Die Anforderung lässt nur eine gültige Interpretation zu.
- *Verständlichkeit*: Der Inhalt der Anforderung kann möglichst einfach erfasst werden.
- *Konsistenz*: Die Aussagen einer Anforderung sind nicht konfliktär und widersprechen sich nicht.
- *Überprüfbarkeit*: Das erstellte System kann daraufhin überprüft werden, ob die Anforderung umgesetzt wurde.
- *Aktualität*: Die Anforderung spiegelt die aktuelle Gegebenheit des Systems und der Umsetzung wider.
- *Atomarität*: Die Anforderung beschreibt einen isolierten Sachverhalt und hat keine Überschneidungen zu anderen Kriterien.[155]

Die in der Liste aufgeführten Kriterien sind in sich schlüssig und vollständig. Problematisch bleibt der Aufwand für die Ermittlung der Anforderungen in diesem Präzisionsgrad. Dieser ist in einer frühen bzw. nicht bezahlten Phase des Softwareprojekts kaum gerechtfertigt. Daher werden diese Maximalanforderungen in der Praxis nur selten eingehalten.

Zur Dokumentation der Anforderung werden natürliche Sprache, Modelle, semiformale Methoden oder auch Prototypen verwendet, wobei Mischformen häufig vorzufinden sind. Letztlich wird ein Modell oder ein Prototyp nur selten ohne eine zusätzliche Beschreibung in natürlicher Sprache auskommen, da die natürliche Sprache wegen ihrer einfachen Anwendbarkeit, Flexibilität und Universalität große Vorteile bietet.

---

[155] Vgl.: *Pohl, K.* 2008, S. 221ff.

## 3.2 Tätigkeiten und Dokumente der Anforderungserhebung

### 3.2.2.1 Dokumentation über natürliche Sprache

Die Dokumentation von Anforderungen in natürlicher Sprache überwiegt heute in der Praxis. Aus einem Angebot, einem Lastenheft oder einem Pflichtenheft ist die natürliche Sprache nicht weg zu denken. Die Verwendung von natürlicher Sprache zur Dokumentation von Anforderungen bietet die Vorteile, dass sich kein Stakeholder in die Methodik einarbeiten muss und der Requirements Engineer alle Arten von Anforderungen flexibel ausdrücken kann.[156] Die Qualität von Dokumentationen in natürlicher Sprache ist dabei jedoch in ganz erheblichem Maße abhängig von den Fähigkeiten des Verfassers.

Die Verwendung natürlicher Sprache hat nicht nur Vorteile, sondern auch erhebliche Nachteile. Natürliche Sprache ist inhärent mehrdeutig und lässt damit verschiedene Interpretationen durch die Stakeholder zu. Hauptursachen für die Mehrdeutigkeit sind die sog. *Unterspezifikation* sowie die in der natürlichen Sprache auftretenden *Defekte*.

Unterspezifikation tritt auf, wenn inhaltliche Details einer Anforderung Interpretationen für mögliche Vervollständigungen zulassen. Defekte in der natürlichen Sprache sind z.B. lexikalische Mehrdeutigkeiten in Form von Synonymen und Homonymen, syntaktische Mehrdeutigkeiten, semantische Mehrdeutigkeiten, referentielle Mehrdeutigkeiten oder die Vagheit bzw. Generalität von Begriffen.[157]

Zusätzlich zu den sprachlichen Problemen ist es sehr schwierig, Anforderungen so zu formulieren, dass die Stakeholder sie verstehen und die Entwickler sie umsetzen können. Hier sind meist unterschiedliche Spezifikationen nötig, wobei die Entwickler erst dann adressiert werden müssen, wenn ein Projekt gewonnen ist und umgesetzt werden kann. Vorher ist der Fokus bei allen Formulierungen auf die Stakeholder bzw. die Mitglieder des Buying Centers zu setzen.

Entwickler wünschen sich häufig formale Spezifikationen in Form von Modellen, da diese in der Regel eine präzisere Beschreibung technischer Sachverhalte zulassen und für geschulte Leser schneller zu verstehen sind.[158]

---

[156] Vgl.: *Pohl, K. / Rupp. C.* 2010, S. 45.
[157] Vgl.: *Pohl, K.* 2008, S. 239ff.
[158] Vgl.: *Broy, M. / Steinbrüggen, R.* 2004, S. 208ff.

### 3.2.2.2 Dokumentation über formale Modelle

Ein Modell ist ein abstrahierendes Abbild eines existierenden oder fiktiven Realitätsausschnitts. Gegenstand der Abbildung können materielle wie immaterielle Dinge sein. Der einem Modell zugrunde liegende Realitätsausschnitt wird häufig als Diskurswelt oder Gegenstandsbereich des Modells bezeichnet.[159] Unterschieden werden physikalische- und grafische Modelle. Physikalische Modelle sind z.b. maßstabsgetreue Abbildungen von Bauwerken oder Fahrzeugen die der Visualisierung oder der Messung von wesentlichen Eigenschaften, wie dem Luftwiderstand eines Fahrzeugs dienen. Physikalische Modelle werden im Software Bereich nicht verwendet, da es sich bei Software um einen abstrakten, nicht fassbaren Gegenstand handelt. In der Softwareentwicklung kommen hauptsächlich grafische Modelle, wie z.b. Mock-Ups zum Einsatz, die spezifische Eigenschaften des Gegenstandsbereichs anschaulich darstellen.

Da im Allgemeinen nicht alle Aspekte der untersuchten Realität in Modellen abbildbar sind und abgebildet werden sollen, wird Modellbildung oftmals als Reduktion, Konstruktion oder Abstraktion bezeichnet. *Balzert* bezeichnet die Abstraktion denn auch als das wichtigste Prinzip der Software Technik und stellen sie damit ins Zentrum des Software- und Requirements-Engineering.[160] In der Informatik und Wirtschaftsinformatik existiert entsprechend eine unüberschaubare Zahl an Methoden zur Erstellung abstrakter Modelle.

Heute dominieren *Objektorientierte-Methoden* die Modellierung, da sie eine weit reichende Integration der in Abschnitt 3.1 vorgestellten traditionellen Perspektiven ermöglichen und noch weitere Aspekte, wie Anwendungsfälle oder Kompositionsstrukturen berücksichtigen. Damit fördern sie das ganzheitliche Verständnis der Software Entwicklung. Die Unified Modeling Language (*UML*) definierte dabei den Industriestandard und ist die am weitesten verbreitete Methode.[161] In der UML Version 2.2 werden 14 verschiedene Diagrammtypen unterschieden, die alle Perspektiven und Aspekte einer Software abbilden können. Die wichtigsten Diagrammtypen sind *Anwendungsfalldiagramme* oder *Use-Cases*, *Klassen-*

---

[159] Vgl.: *Rautenstrauch, C. / Schulze, T.* 2003, S. 225f.
[160] Vgl.: *Balzert, H.* 2009, S. 27.
[161] Vgl.: *Hansen, H.R. / Neumann, G.* 2005, S. 214.

## 3.2 Tätigkeiten und Dokumente der Anforderungserhebung 75

*diagramme*, *Sequenzdiagramme* und *Aktivitätendiagramme*, welche die Nutzersicht und die klassischen Perspektiven abdecken.[162]

Alleine aus der großen Zahl der Diagrammtypen und darin verwendeten Symbole heraus, lässt sich auf die Komplexität und Mächtigkeit der UML schließen. Daher wird die UML auch durchaus kritisch betrachtet, da ihr Einsatz zu einer „Übermodellierung" in Softwareprojekten führen kann. Die Konzentration der Architekten und Entwickler darf sich nicht primär auf die zu erstellenden Modelle richten, sondern muss die zu entwickelnde Software im Fokus behalten.[163]

Modelle sollen die Kommunikation in Softwareprojekten vereinfachen, nicht verkomplizieren. Basis dafür ist jedoch das (intuitive) Verständnis der Modelle, wozu die Kenntnis der zugrundeliegenden Modellierungssprache notwendig ist. Diese zu erlernen und anwenden zu können ist in der UML selbst für IT-Profis zeit- und lernaufwendig. *Poesgen* und *Bock* schlussfolgern daher, dass die UML selbst so formalisiert und zugleich mächtig ist, dass ein normaler Anwender sie nicht mehr ohne zeitaufwändige Ausbildung verstehen kann.[164] Eine Umfrage unter Studierenden an der University of Brisbane bestätigt diese Aussagen am Beispiel der Business Process Model and Notation (BPMN), die eine ähnliche Komplexität wie die Methoden UML aufweist.[165]

Der Einsatz der UML und anderer formaler Methoden des Software und Requirements-Engineering kann daher im Rahmen der Vorbereitung von Softwareprojekten nur sehr eingeschränkt oder gar nicht erfolgen. Die Gefahr, dass für die Entscheidung relevante Stakeholder keine Methodenkompetenz besitzen und daher die Modelle nicht verstehen, ist zu groß.

Einen weiteren Kritikpunkt an den formalen Methoden des Requirements-Engineering liefert *Wirdemann*. Aus seiner Sicht entstehen über die formalen Modelle des Requirements-Engineering häufig keine Systeme die der Kunde wirklich benötigt, sondern solche, die vor langer Zeit spezifiziert wurden. Daher haben sich in den agilen Vorgehensmodellen, wie Scrum oder Extreme Pro-

---

[162] Vgl.: *Object Management Group* 2005, S. 19ff., *Schwaiger, M.* 2009, S. 146f., *Ruppach, M.*, S. 2ff.; *Schäling, B.* 2010.
[163] Vgl.: *Bell, A.E.* 2004, S. 1ff.
[164] Vgl.: *Poesgen, B. / Bock, B.* 2005, S. 15.; *Bell, A.E.* 2004, S 1ff.
[165] Vgl.: *Kruczynski, K.* 2008, S. 35.

gramming, semiformale Methoden zur Beschreibung von Anforderungen herausgebildet, die sog. „User Stories" oder „Benutzergeschichten".[166]

### 3.2.2.3 Dokumentation über semiformale Methoden

Eine User Story beschreibt eine Anforderung an ein Software System, das einen konkreten und sichtbaren Mehrwert für den Kunden bietet und für diesen von Bedeutung ist. Die User Story besteht aus drei Teilen, der Karte, der Konversation und den Akzeptanzkriterien.

Die Story Karte beschreibt möglichst mit einem Satz den Kern der umzusetzenden Anforderung an ein System. Die Story Karte dient somit der Repräsentation der Anforderung, nicht deren detaillierter Beschreibung. Sie ermöglicht es dem Kunden, das erwünschte Verhalten eines zu erstellenden Systems durch textuelle Kurzbeschreibungen zu spezifizieren. Dabei soll der Kunde die Anforderungen in seiner eigenen Sprache formulieren, damit er sich nicht mit dem Technikjargon der für die Realisierung zuständigen Fachleute auseinandersetzen muss.

Zur Detailbeschreibung der Anforderungen dient die Konversation. Die User Story soll keine präzise Beschreibung der Anforderung beinhalten, sondern stellt „a promise for a conversation" dar.[167] Im Gegensatz zum traditionellen Pflichtenheft, das vollständig alle Anforderungen bis ins Detail beschreiben soll, steht die kontinuierliche Zusammenarbeit und Kommunikation mit dem Kunden im Vordergrund.

Im Verlauf der Konversation werden die Anforderungen zwischen Kunden und Entwickler diskutiert und präzisiert. Dazu werden die Story Cards um notwendige Details erweitert. Dies kann in Form von handschriftlichen Anmerkungen, Skizzen oder auch Mock-Ups erfolgen. Wesentlich in diesem Rahmen sind die sog. Akzeptanzkriterien, sie legen den Leistungsumfang grob fest und grenzen ihn ab.

User Stories stellen eine interessante Möglichkeit zur Dokumentation von Anforderungen dar, da sie vom Nutzer keine Methodenkompetenz verlangen und intuitiv verwendbar sind. Im Rahmen der Vorbereitung von Softwareprojekten bleibt die Frage der Integrierbarkeit in das Angebotsdokument zu klären. Dazu müsste die User Story soweit präzisiert und formalisiert werden, dass ihr ein

---

[166] Vgl.: *Wirdemann, R.* 2009, S. 51.
[167] *Wirdemann, R.* 2009, S. 52.

## 3.2.2.4 Dokumentation über Mock-Ups und Prototypen

Aufwand zugeordnet werden kann, was wiederum im genauen Gegensatz zu ihrer intendierten Verwendung steht.

Mock-Ups und Prototypen werden häufig synonym verwendet, unterscheiden sich jedoch in einem wesentlichen Detail. Der Begriff des Mock-Up stammt aus dem Englischen, kann als „Attrappe" übersetzt werden und bezeichnet einen rudimentären Wegwerfprototyp der das Erscheinungsbild einer zu erstellenden Webseite oder Software demonstriert. Eine Mock-Up Variante stellt der sogenannte Papierprototyp dar, der Skizzen und Bilder der zu realisierenden Oberfläche beinhaltet.[168] *Robertson* und *Robertson* sprechen in diesem Zusammenhang auch von High- und Low-fidelity Prototypen.[169]

Mock-Ups werden häufig in frühen Entwicklungsphasen eingesetzt, um Anforderungen an die Benutzeroberfläche in Zusammenarbeit mit Auftraggeber und Anwendern besser ermitteln zu können. Es handelt sich um ein reines Grundgerüst der Bedienelemente ohne weitere Funktionalität.[170]

Im Gegensatz zu einem Mock-Up verfügt ein Prototyp, über Basisfunktionalitäten einer geplanten Anwendung. Es werden horizontale und vertikale Prototypen unterschieden, wie in Abbildung 8 zu sehen ist. Horizontale Prototypen realisieren eine funktionale Ebene des Systems, z.B. die Oberfläche oder die Datenbankschicht, während vertikale Prototypen einen Ausschnitt des Systems über alle Ebenen hinweg, von der Eingabe über die Verarbeitung bis zur Speicherung, realisieren.[171] Ein Mock-Up kann demnach auch als Oberflächenprototyp bezeichnet werden und ist den horizontalen Prototypen zugeordnet.

Im Rahmen der Vorbereitung von Softwareprojekten ist eine kompakte und möglichst präzise Beschreibung der Anforderungen gefordert, die vom Auftraggeber leicht zu verstehen ist und ihn von den Fähigkeiten des potenziellen Auftragnehmers überzeugt. Hier bieten Mock-Ups eine gute Möglichkeit zur Konversation mit dem potenziellen Kunden, da sie „anfassbar", „ausprobierbar" und damit „erlebbar" sind. Sie stellen die Konsequenz dar, die sich aus den Anforde-

---

[168] Vgl.: *Pohl, K.* 2008, S. 371.
[169] Vgl.: *Robertson, S. / Roberston, J.* 2006, S. 25.
[170] Vgl.: *Ludewig, J. / Lichter, H.* 2010, S. 165.
[171] Vgl.: *Pohl, K.* 2008, S. 370f.

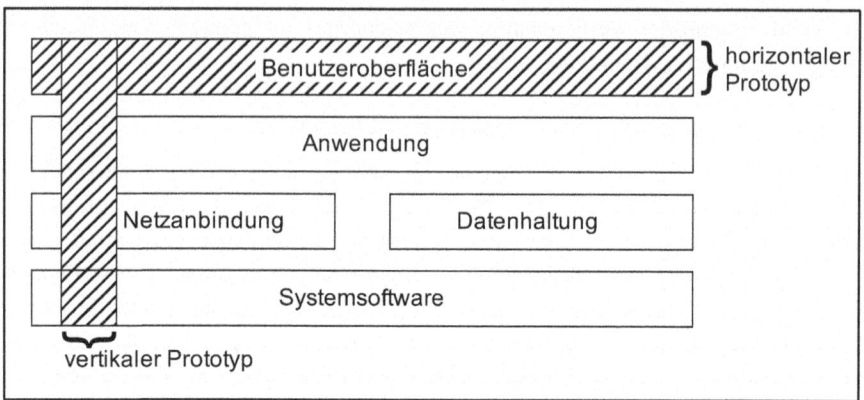

Abbildung 8: Horizontale und vertikale Prototypen.
Quelle: *Balzert, H.* 2008, S. 540.

rungen für die Stakeholder ergeben und können die Anmutung transportieren, die nur schwer über einen Text formuliert werden kann.[172] Daher ist eine prototypische Umsetzung, ein Screen oder einer Zeichnung des zu erstellenden Systems eine häufige Ergänzung zum Angebotstext.

Ein anderer wesentlicher Punkt, der für die Verwendung von Mock-Ups speziell bei der Konzeption dialogorientierter Anwendungen spricht, ist noch einmal das IKIWISI Phänomen. Die Stakeholder verstehen die Anforderungen an ein zu entwickelndes System erst dann, wenn sie deren konkrete Realisierung sehen. Abstrakte Modelle und Formulierungen werden häufig nicht verstanden und erzeugen sogar Widerstände bei den Stakeholdern, da diese ihre Anforderungen an die Einfachheit einer Dokumentation nicht erfüllt sehen.[173]

Die Verwendung von Prototypen oder Mock-Ups kann jedoch auch durchaus kritisch betrachtet werden. Ihre Erstellung kann im Falle von high-fidelity Prototypen sehr aufwendig und damit teuer werden, weshalb in den frühen Phasen eines Softwareprojektes Papierprototypen verwendet werden.[174] Deren Qualität ist jedoch stark abhängig von den „zeichnerischen" Fähigkeiten des Requirements-Analysten.

---

[172] Vgl.: *Robertson, S. / Roberston, J.* 2006, S. 440.
[173] Vgl.: *Nuseibeh, B.* 2001, S. 3.
[174] Vgl.: *Sommerville, I.* 2007, S. 381ff.; *Olsen, H.* 2007.

## 3.2 Tätigkeiten und Dokumente der Anforderungserhebung

Außerdem können Prototypen die Stakeholder über den tatsächlichen Fertigstellungsgrad eines Projektes täuschen, da sie den Eindruck einer fertigen Software erwecken, obwohl lediglich eine Visualisierung der Oberfläche existiert.

### 3.2.3 Anforderungsdokumente

Im Rahmen der schriftlichen Fixierung von Anforderungen werden in der Literatur und der Praxis insbesondere zwei Dokumente unterschieden, das *Lastenheft* und das *Pflichtenheft*. Diese werden in der Vorvertragsphase durch ein *Angebot* ergänzt, wobei die Abgrenzung zwischen Angeboten und Pflichtenheften nicht trennscharf ist. Ein ausgefeiltes Angebot mit vielen Detailbeschreibungen kann durchaus den Charakter eines Pflichtenheftes haben.

Ein *Lastenheft* beschreibt die Gesamtheit der Forderungen eines Auftraggebers an die Lieferungen und Leistungen eines potenziellen Auftragnehmers. Ein *Pflichtenheft* beschreibt, wie der Auftragnehmer die Anforderungen im Lastenheft zu lösen gedenkt. Der wesentliche Unterschied zwischen einem Lastenheft und einem Pflichtenheft besteht darin, dass das Lastenheft vom Auftraggeber erstellt wird und diesem gehört, das Pflichtenheft jedoch vom potenziellen Auftragnehmer erstellt wird und damit in dessen Besitz ist. Dieser Aspekt ist auch für den Auftragnehmer relevant, da er Konzepte aus Angeboten oder Pflichtenheften nicht ausgewählter Anbieter weder verwenden noch weitergeben darf.[175] Inhaltlich formuliert definierte das Lastenheft „Was" umzusetzen ist und das Pflichtenheft „Wie" dies geschieht, wobei das Lastenheft bereits Einschränkungen hinsichtlich der Handlungsfreiheiten der Umsetzung beinhalten kann.

Lastenhefte werden z.B. in Ausschreibungen verwendet und an mehrere mögliche Auftragnehmer versendet. Die potenziellen Auftragnehmer erstellen dann Lösungsvorschläge in Form von Pflichtenheften. Der Auftraggeber wählt dann aus den Vorschlägen den für ihn geeignetsten aus, wie bereits in Abschnitt 2.2.2.1 angeführt wurde. Alternativ zu Lastenheften werden in Web Projekten häufig Briefing Dokumente eingesetzt. Diese haben denselben Zweck wie ein Lastenheft sind aber meist deutlich unpräziser und lassen damit mehr kreative Freiräume für die Wettbewerbspräsentation.[176]

Das Angebot hat in der Vorvertragsphase eines Projektes eine ähnliche Aufgabe wie das Pflichtenheft im Projekt, liefert jedoch nicht dessen vollständigen Detail-

---

[175] Vgl.: *Balzert, H.* 2000, S. 63ff. und 111ff.
[176] Vgl.: *Jacobsen, J.* 2011, S. 24f.

lierungsgrad. Ferner haben Angebotsdokumente einen erweiterten Adressatenkreis verglichen mit Pflichtenheften, da sich ihre Inhalte an das gesamte Buying-Center richten, wie bereits in Abschnitt 2.1.2.2 ausgeführt wurde. Angebote dienen dazu, ein Projekt zu gewinnen und gehen daher nicht auf alle potenziellen Probleme und Risiken eines Softwareprojektes ein. Des Weiteren werden Angebote vor der Unterzeichnung eines Vertrages zwischen den potenziellen Projektpartnern erstellt und daher nicht vergütet. Alleine dieser Umstand macht deutlich, warum Angebote nicht mit Pflichtenheften gleichgesetzt werden können wie auch bereits in Abschnitt 2.3.2.5 beschrieben wurde.

Das Angebot soll daher im Rahmen dieser Arbeit als Grobkonzeption des Pflichtenheftes verstanden werden, welches soweit detailliert ist, dass es das Projekt für die Stakeholder verständlich erläutert und eine qualifizierte Kostenschätzung beinhaltet. Ist der Auftrag unterzeichnet, dann dient das Angebot als Basis für die weitere Ausgestaltung bzw. als Vorlage zur Präzisierung des Pflichtenheftes.[177]

Angebote und Pflichtenhefte werden auch nicht immer als Antwort auf ein Lastenheft definiert, da nicht in allen Umsetzungsprojekten Lastenhefte die Basis für eine Ausschreibung oder Wettbewerbspräsentation dienen. Häufig sind die Vorgaben für eine Umsetzung sehr vage und über die Angebote sollen Ideen für die Umsetzung ausgelistet und diskutiert werden. In diesen Fällen sind die Angebote eher als Ideensammlungen für eine Umsetzung zu verstehen, die dann im Projekt präzisiert werden müssen.

Im Folgenden soll noch einmal detailliert auf die Struktur und den Inhalt der drei verschiedenen Dokumente eingegangen werden.

### 3.2.3.1 Lastenhefte

Am Anfang des Softwareentwicklungsprozesses steht die Idee eines Projekts. Aufbauend auf dieser Idee werden in einer ersten Planungsphase grundlegende Anforderungen an das zu entwickelnde System erhoben und zusammengefasst. Das daraus resultierende Dokument wird als Lastenheft bezeichnet und beschreibt die "... vom Auftraggeber festgelegte Gesamtheit der Forderungen an die Lieferungen und Leistungen eines Auftragnehmers innerhalb eines Auftrags".[178]

---

[177] Vgl.: *Jacobsen, J.* 2011, S. 20ff.
[178] *Stolle, R. / Herrmann, M.* 2006, S. 80.

## 3.2 Tätigkeiten und Dokumente der Anforderungserhebung

Das Lastenheft fixiert die Ergebnisse der Planungsphase und gilt als das erste Dokument, das die Anforderungen an das neue Produkt skizziert. Seine Struktur ist in Abbildung 9 zu sehen. Es wird vom Auftraggeber formuliert und dient dem Auftragnehmer als Grundlage für ein konkretes Angebot und eine Aufwandsschätzung. Der Fokus des Lastenhefts liegt auf der: „…bewusste[n] Konzentration auf die fundamentalen Eigenschaften des Produkts und ihre Beschreibung auf einem ausreichend hohen Abstraktionsniveau, das die Anforderungen präzise beschreibt, ohne sich in Details zu verlieren".[179] Eine in der Praxis gebräuchliche Gliederung des Lastenhefts liefert *Balzert*, wie Abbildung 9 zu entnehmen ist. Der Fokus liegt nicht auf dem „Wie", sondern auf dem „Was" und dem „Wofür". Da das Lastenheft in einer frühen Phase des Entwicklungsprozesses erstellt wird, kann es auch noch vage, unvollständige und teilweise widersprüchliche Anforderungen enthalten.[180] Diese müssen im späteren Verlauf des Projekts unter Einbeziehung des Auftraggebers entweder genauer spezifiziert oder verworfen werden.

Das Lastenheft beginnt mit einer Zielbestimmung, um den Einsatz des Produktes zu konkretisieren. Im Kapitel Produkteinsatz werden der Anwendungsbereich und die Zielgruppen skizziert, für die das Produkt vorgesehen ist. Anschließend ist eine Übersicht über die Produktumgebung vorgesehen. Sie kann unter anderem auch einen Überblick über den Ist- und Zielzustand enthalten.

---

**Gliederung eines Lastenheftes**
1. Zielbestimmung
2. Produkteinsatz
3. Produktübersicht
4. Produktfunktionen
5. Produktdaten
6. Produktleistungen
7. Qualitätsanforderungen
8. Ergänzungen

---

Abbildung 9: Struktur eines Lastenheftes
Quelle: *Balzert, H.*, S. 62.

---

[179] *Balzert, H.* 2000, S. 63.
[180] Vgl.: *Kollmann, T. / Häsel, M.* 2007, S.81.

Im Abschnitt Produktfunktionen werden die Funktionen, die das zu erstellende Produkt erfüllen soll, auf einer hohen Abstraktionsebene beschrieben. Darunter fallen auch alle Eigenschaften, die zum Zeitpunkt der Erstellung des Lastenhefts noch nicht auf Realisierbarkeit überprüft werden können. Neben einer reinen Beschreibung der Funktionalität werden an dieser Stelle auch die an dem jeweiligen Arbeitsablauf beteiligten Akteure sowie die benötigten Schnittstellen charakterisiert. Im darauf folgenden Kapitel Produktdaten werden die Anforderungen an die zu speichernden Daten beschrieben. Darunter fällt zum einen der voraussichtlich anfallende Umfang der Daten, zum anderen der geplante Ort, an dem diese abgelegt werden sollen. Im nächsten Gliederungspunkt werden anschließend, sofern in diesem frühen Stadium bereits möglich, konkrete Leistungen beschrieben, die an die jeweiligen Produktfunktionen gestellt werden. Diese bestehen z.B. aus einzuhaltenden Zeit-, Mengen und Genauigkeitsvorgaben. Bei Bedarf muss überprüft werden, ob die Leistungen durch die im Kapitel Produktdaten beschriebenen Datenmengen erreicht werden können. Im weiteren Verlauf werden die Qualitätsanforderungen aufgeführt. Zu diesem Zweck werden verschiedene Qualitätsmerkmale an das zu entwickelnde Produkt wie beispielsweise Robustheit, Zuverlässigkeit, Korrektheit, Benutzerfreundlichkeit, Effizienz, Portierbarkeit und Kompatibilität identifiziert. Im letzten Kapitel des Lastenhefts ist schlussendlich Platz für wichtige Ergänzungen oder ungewöhnliche Anforderungen, die nicht sinnvoll in den vorherigen Kapiteln beschrieben werden konnten.[181]

Dem Lastenheft wird in der Regel ein Glossar beigelegt, das alle relevanten Begriffe die der Beschreibung des zu erstellenden Produkts dienen und eine genauere Definition benötigen, aufführt. Auf diese Weise wird sichergestellt, dass der Auftraggeber und der potenzielle Auftragnehmer über die gleiche sprachliche Wissensbasis verfügen. Dementsprechend sollten, um konkrete Sachverhalte während der Kommunikation zwischen den beiden Parteien im Rahmen des Annäherungsprozesses zu beschreiben, möglichst die im Glossar angegebenen Begriffe verwendet werden. Neben dem Glossar enthält das Lastenheft zudem eine Titelseite, auf der der Ersteller, Adressat, Datum und Versionsnummer verzeichnet ist.

---

[181] Vgl.: *Balzert, H.* 2000, S. 62ff.

## 3.2.3.2 Angebote

Angebote dienen dazu, den Auftraggeber von den Stärken des potenziellen Auftragnehmers im konkreten Projekt zu überzeugen und dadurch einen Auftrag zu sichern. Daher sollten Angebotsdokumente so aufgebaut sein, dass der Auftraggeber sich möglichst schnell in dem Dokument zurecht findet, seine Probleme bzw. seine Aufgabenstellung erkennt und ein klarer Weg für die Lösung vorgegeben wird.

Die Gliederung und Struktur von Angebotsdokumenten ist nicht normiert, sondern abhängig vom anbietenden Unternehmen, dem angebotenen Produkt oder der Vorgabe des Auftraggebers. Die Gliederung von Angeboten kann grundsätzlich zwei Mustern folgen, die auch bei der Gliederungen von Arbeitsabläufen oder Organisationsstrukturen in der betriebswirtschaftlichen Literatur Verwendung finden, nämlich nach *Objekten* und *Verrichtungen*.[182]

Eine *Gliederung nach Objekten* stellt die umzusetzenden Elemente eines Systems in den Fokus der Strukturierung. Eine Software wird z.B. anhand der Masken, Schnittstellen und Reports beschrieben. Eine *Gliederung nach Verrichtung* stellt die zur Verwirklichung des Systems notwendigen Tätigkeiten in den Mittelpunkt der Betrachtung, also z.B. die zur Umsetzung einer Schnittstelle notwendigen konzeptionellen Arbeiten und die Programmierung. Auch Mischformen, in denen auf einer ersten Ebene nach Objekten gegliedert wird und in einer zweiten Ebene nach Verrichtungen sind in der Praxis häufig zu finden.

Angebote sind so aufzubauen, dass der potenzielle Kunde sie möglichst leicht versteht. Daher sollten Angebote die auf einem Lastenheft basieren, auch der vorgegebenen Gliederung desselben folgen, bzw. es sollte ersichtlich oder definiert werden, warum von der vorgegebenen Gliederung abgewichen worden ist. Ist ein Lastenheft nicht vorgegeben, dann kann das Angebot an die Struktur eines Pflichtenheftes angelehnt werden, wie sie z.B. in der DIN Norm 69905 vorgegeben ist. Dabei bleibt natürlich zu beachten, dass in Projekten Besonderheiten auftreten können, die ein Abweichen von der Norm erforderlich und sinnvoll machen. Außerdem sind Erweiterungen der Pflichtenheftstruktur notwendig, z.B. im Bereich der Referenzen oder der Unternehmensvorstellung. Abbildung 10

---

[182] Vgl.: *Arnold, G.* 1967, S. 20ff.

## Gliederung eines Angebotes

1. Unternehmensdarstellung
2. Referenzprojekte
3. Problemstellung / Ausgangssituation
4. Ziel des Projekts
5. Funktionale Realisierung des Projekts
   a. Gliederung nach Objekten
   b. Gliederung nach Verrichtung
   c. Mischformen
6. Wichtige nicht funktionale bzw. Qualitätsanforderungen
7. Zeit- und Ressourcenplanung
8. Kalkulation / Schätzung
9. Geschäftsbedingungen / Rahmenbedingungen

Abbildung 10: Struktur eines Angebotes
Quelle: Eigene Darstellung.

zeigt die Strukturierung eines Angebotes, die bei den Projektpartnern Verwendung findet.[183]

Zunächst stellt sich das anbietende Unternehmen in einem Angebot kurz vor und nennt Referenzprojekte die für den Auftraggeber relevant sein können. Vielfach werden diese Referenzen in Ausschreibungen explizit gefordert, um die Befähigung des Auftragnehmers besser einschätzen zu können. Teilweise werden sogar Ansprechpartner auf Seiten der Referenzkunden gefordert, die Auskunft über die Zuverlässigkeit des Anbieters und die Qualität der Projektumsetzung geben können. Dieser Teil entfällt, wenn der Anbieter und sein Leistungsspektrum dem Auftraggeber bereits bekannt sind.

Danach erfolgt eine kurze Darstellung der Ausgangssituation bzw. der Problemstellung. Hier soll möglichst knapp und präzise das Grundverständnis des Auftragnehmers bezüglich des umzusetzenden Projekts definiert und die Probleme bzw. Herausforderungen fixiert werden. Dieser Abschnitt dient bereits der Validierung der Anforderungen, da nur anhand einer präzisen Problemstellung eine Lösung gefunden werden kann.

---

[183] Vgl.: *Hickmann, J.* 2010.

## 3.2 Tätigkeiten und Dokumente der Anforderungserhebung

Die Zieldefinition folgt der Problemstellung und versucht in wenigen präzisen Sätzen zu definieren, was im Projekt bzw. durch das Projekt erreicht werden soll. Eine bekannte Methode für die systematische Zieldefinition ist die sog. SMART-Analyse.[184] Die einzelnen Buchstaben stehen für:

S = Spezifisch: Ziele müssen eindeutig definiert sein
M = Messbar: Ziele müssen messbar sein
A = Angemessen: Ziele müssen erreichbar sein
R = Relevant: Ziele müssen bedeutsam sein
T = Terminiert: klare Terminvorgabe

Ziele lassen sich nur dann präzise definieren, wenn alle fünf Bedingungen erfüllt sind.[185] Auch die Zieldefinition dient dem Abgleich der Vorstellungen des Auftraggebers mit denen des Auftragnehmers. Sowohl die Problemstellung als auch die Zielformulierung sollte bereits vor der Angebotsabgabe im Rahmen der Anforderungsermittlung mit dem Kunden abgestimmt sein, um im Angebot keine falschen Argumentationsketten aufzubauen.

Danach erfolgt die funktionale Spezifikation der Umsetzungen, also die Frage was im Projekt wie realisiert werden soll. Dieser Bereich entspricht der Dokumentation der Anforderungen, wie sie bereits in Abschnitt 3.2.2 diskutiert wurde.

Die nicht funktionalen Anforderungen definieren, wie gut ein System eine bestimmte Funktion leisten soll, sie sind also qualitativ spezifizierbar. Wesentliche Kriterien bei Web Anwendungen sind Fragen der Performanz, Zuverlässigkeit, Sicherheit, Skalierbarkeit und Flexibilität. Anhand der Problemstellung und der Zieldefinition sollten die kritischen nicht funktionalen Anforderungen abgeleitet und möglichst genau spezifiziert werden.

Im Zeit- und Ressourcenplan wird zum einen das Team für die Umsetzung vorgestellt und zum anderen eine grobe Zeitplanung für die Realisierung des Projekts vorgegeben. Bei der Teamvorstellung kann abstrakt vorgegangen werden, indem lediglich die zu definierenden Rollen im Projekt mit einer Anzahl an Personen gelistet werden, oder es werden konkrete Personen für die Umsetzung definiert. In Ausschreibungen wird dies immer häufiger gefordert, da die Mitarbeiter der vielleicht wesentlichste Erfolgsfaktor für ein Umsetzungsprojekt sind und diese vom Angebot bis zur Umsetzung nicht ausgetauscht werden sollen. In

---

[184] SMART steht für Specific Measurable Accepted Realistic Timely.
[185] Vgl.: *Missal, S.* 2008.

der Zeitplanung sollten die wesentlichen Meilensteine eines Projekts definiert werden, soweit diese bereits absehbar sind. Ferner sollten die Mitwirkungspflichten des Auftraggebers festgelegt werden, insbesondere dann, wenn die Erfüllung von Meilensteinen an seine Mitarbeit gekoppelt ist. Die Feinkonzeption des Pflichtenheftes vor der Umsetzung ist eine solche Phase, die ohne Mithilfe des Auftraggebers nicht zu leisten ist, die jedoch bereits vor der Implementierung eine Verzögerung im Projekt hervorrufen kann.

Die Kalkulation beinhaltet die für die Realisierung geschätzten Kosten, so wie im vorigen Abschnitt definiert. Da in der Angebotsphase das Softwareprojekt nie zu 100% durchdrungen werden kann, bleiben hier immer Unsicherheiten und Risiken.

Zum Abschluss eines Angebotes werden die Geschäftsbedingungen angeführt. Dort sind z.B. Lieferbedingungen, Zahlungsziele, Abnahmekriterien und Gültigkeitsdauern des Angebotes definiert.

### 3.2.3.3 Pflichtenhefte

Das Pflichtenheft beschreibt laut der DIN-Norm 69905 die: „... vom Auftragnehmer erarbeiteten Realisierungsvorgaben aufgrund der Umsetzung des vom Auftraggeber vorgegebenen Lastenhefts".[186] Die VDI-Richtlinie 2519 definiert das Pflichtenheft als die: „... Beschreibung der Realisierung aller Kundenanforderungen, die im Lastenheft gefordert werden".[187] Der Inhalt des Pflichtenheftes ist eine Konkretisierung der Lastenheft-Inhalte. Während im Lastenheft definiert wird „Was" für eine Aufgabe zu lösen und „Wofür" diese Aufgabe zu lösen ist, wird im Pflichtenheft detailliert beschrieben „Wie" und „Womit" die geforderten Anforderungen zu realisieren sind.[188]

Im Gegensatz zum Lastenheft wird das Pflichtenheft vom Auftragnehmer erstellt. Die dort beschriebenen Anforderungen nehmen Bezug auf die im Lastenheft beschriebenen Forderungen und müssen möglichst präzise, vollständig und überprüfbar sein. Im Rahmen der Pflichtenhefterstellung sollten neben der Präzisierung bestehender Punkte auch erste Angaben über den geplanten technischen Lösungsansatz sowie die vorgesehene Produktumgebung aufgezeigt werden.

---

[186] *Osterrieder, H.* 2008, S. 36.
[187] *o.V., VDI-Gesellschaft Entwicklung Konstruktion Vertrieb* 2001, S. 3.
[188] Vgl.: *Lauber, R. / Göhner, P.* 1999, S. 367.

## 3.2 Tätigkeiten und Dokumente der Anforderungserhebung

Darüber hinaus können Wartungsmodalitäten und Testszenarien beschrieben werden.[189]
Das Pflichtenheft ist als Ergebnisdokument der Definitionsphase zu betrachten. Es muss vom Auftraggeber genehmigt werden und dient anschließend als verbindliche Vereinbarung zwischen Auftraggeber und Auftragnehmer bezüglich der Realisierung und Abwicklung des Projekts. *Engeln* liefert eine prägnante Definition über Aufgabe und Detailgrad des Pflichtenhefts. "Es beschreibt die prinzipielle Lösung für die Aufgabenstellung, lässt aber gleichzeitig Raum für die detaillierte Ausgestaltung der Lösung im Rahmen der Produktgestaltung".[190] *Balzert* macht auch zum Pflichtenheft einen Gliederungsvorschlag, der die bereits vorgestellte Lastenheft Gliederung ergänzt, wie in Abbildung 11 zu sehen ist.

Im Rahmen der Zielbestimmung wird im Pflichtenheft in der Regel zwischen Muss-, Wunsch- und Abgrenzungs- bzw. Kann-Kriterien unterschieden. Erstere geben an, welche Ziele definitiv erreicht werden müssen, damit das Projekt er-

---

**Gliederung eines Pflichtenheftes**
1. Zielbestimmung
2. Produkteinsatz
3. Produktübersicht
4. Produktfunktionen
5. Produktdaten
6. Produktleistungen
7. Qualitätsanforderungen
8. Benutzeroberfläche
9. Nichtfunktionale Anforderungen
10. Technische Produktumgebung
11. Anforderungen an die Entwicklungsumgebung
12. Gliederung in Teilprojekte
13. Ergänzungen

---

Abbildung 11: Struktur eines Pflichtenheftes
Quelle: *Balzert, H.*, S. 115ff.

---

[189] Vgl.: *Köhler, P.T.* 2005, S. 36.
[190] *Engeln, W.* 2006, S. 36.

folgreich abgeschlossen werden kann. Unter Wunschkriterien fallen all die Anforderungen, die nicht zwangsläufig erfüllt werden müssen, deren Umsetzung allerdings erwünscht ist. In den Abgrenzungskriterien werden die Aufgaben zusammengefasst, die nicht durch das Projekt realisiert werden sollen. Dieser Punkt dient vornehmlich der besseren Einordnung und Abgrenzung der zu realisierenden Vorgaben.

Im Kapitel Produkteinsatz wird der Anwendungsbereich beschrieben, der für das Produkt vorgesehen ist. Des Weiteren werden die entsprechenden Zielgruppen aufgeführt, soweit diese zu bestimmen sind. Darunter fallen auch die zugehörigen Qualifikationsvoraussetzungen der Nutzer. Getrennt davon werden die späteren Betriebsbedingungen aufgeführt. Dazu gehören unter anderem die physikalische Produktumgebung sowie die tägliche Betriebszeit des zu entwickelnden Programms.[191]

Im Rahmen der Produktübersicht wird ein Überblick hinsichtlich des Produktes inklusive der relevanten Geschäftsprozesse gegeben. Im darauf folgenden Gliederungspunkt erfolgt eine Konkretisierung der im Lastenheft beschriebenen Produktfunktionen. Neben den Produktfunktionen sind auch die zu speichernden Daten, die Produktleistungen und die Qualitätsanforderungen weiter zu spezifizieren. Im Punkt Benutzeroberfläche hingegen werden grundlegende Anforderungen an den grafischen Aufbau und das Layout des Produktes definiert. Darunter fallen sowohl Dialogstruktur, Menüführung und Fensterlayout als auch eine Beschreibung der Zugriffsrechte.[192]

Im Kapitel „Nichtfunktionalen Anforderungen" sollen all die Anforderungen aufgelistet werden, die nicht die eigentliche Funktionalität des Produktes betreffen. Dazu gehören zum Beispiel Angaben über einzuhaltende Normen und Gesetze, Vorgaben zur Sicherheit sowie die Aufführung der zu erfüllenden Lizenzverträge. Anschließend wird die technische Produktumgebung beschrieben.

Ist ein Projekt besonders umfangreich, wird es meist in Teilprojekte untergliedert. Ist dies der Fall, sind die entsprechenden Teilprojekte aufzuführen. Zudem muss die Bearbeitungsreihe festgelegt werden. Im letzten Kapitel werden die Ergänzungen des Lastenhefts näher betrachtet und konkretisiert. Hier finden sich Punkte, die nicht eindeutig den vorangegangenen Kapiteln zugeordnet werden konnten.

---

[191] Vgl.: *Balzert, H.* 2000, S. 115.
[192] Vgl.: *Balzert, H.* 2000, S. 116.

## 3.2 Tätigkeiten und Dokumente der Anforderungserhebung

Der wesentliche Unterschied zwischen einem Angebot und einem Pflichtenheft ist die Präzision, in der die Anforderungen definiert werden können. Das Pflichtenheft präzisiert das Angebotsdokument und lässt möglichst wenige Interpretationsspielräume für die spätere Umsetzung offen. Diese idealtypische Anforderung wird jedoch nur sehr selten erfüllt und entspricht auch nicht mehr den Vorstellungen des modernen Projektmanagement, das auf agile Vorgehensweisen setzt. Daher sind in den Projekten Change-Requests, also Änderungen an den ursprünglichen Anforderungen, an der Tagesordnung.[193]

### 3.2.4 Aufwandsschätzung und Angebotserstellung

Ein Angebot ist das erste offizielle Dokument, das von einem potenziellen Auftragnehmer an einen Auftraggeber heraus geht. Als wesentlichen Bestandteil enthält das Angebotsdokument eine Aufwands- bzw. Kostenschätzung für die Umsetzung des Projektes. Dieser liegt die Problematik aller Schätzungen zugrunde, da die Messung des Umfangs unter Unsicherheit erfolgt und einmalig für jedes Projekt ist. Daher fehlen empirische Daten, auf die bei der Schätzung zurückgegriffen werden kann.[194] Der Anbieter steht zusätzlich vor der Problematik, ein für beide Parteien *verbindliches* Angebot kalkulieren zu müssen, ohne dass zu diesem Zeitpunkt alle Leistungsmerkmale des Auftrags festgelegt bzw. bekannt sind. Die Schätzung hat aufgrund der Verbindlichkeit eher den Charakter einer Kalkulation.[195]

Im Folgenden soll zunächst auf die gängigen Methoden der Aufwandschätzung eingegangen werden, bevor die Besonderheiten und der Aufbau von Angebotsdokumenten sowie deren Erstellungsprozess beschrieben werden.

#### 3.2.4.1 Methoden zur Aufwandsschätzung

Als Aufwandsschätzung wird die Vorhersage über den erforderlichen Aufwand bezeichnet, um ein Software-Projekt umsetzen zu können. Dabei werden Näherungswerte ermittelt, die eine möglichst geringe Toleranz aufweisen. Der Aufwand definiert die Dauer und daraus resultierend die Kosten, die erforderlich sind, um das Projekt realisieren zu können.[196]

---

[193] Vgl.: *Hindel, B. / Hörmann, K. / Müller, M. / Schmied, J.* 2004, S. 104.
[194] Vgl.: *Bundschuh, M. / Fabry, A.* 2004, S. 25.
[195] Vgl.: *Thesmann, S.* 2010, S. 143f.
[196] Vgl.: *Bundschuh, M. / Fabry, A.* 2004, S. 30ff.

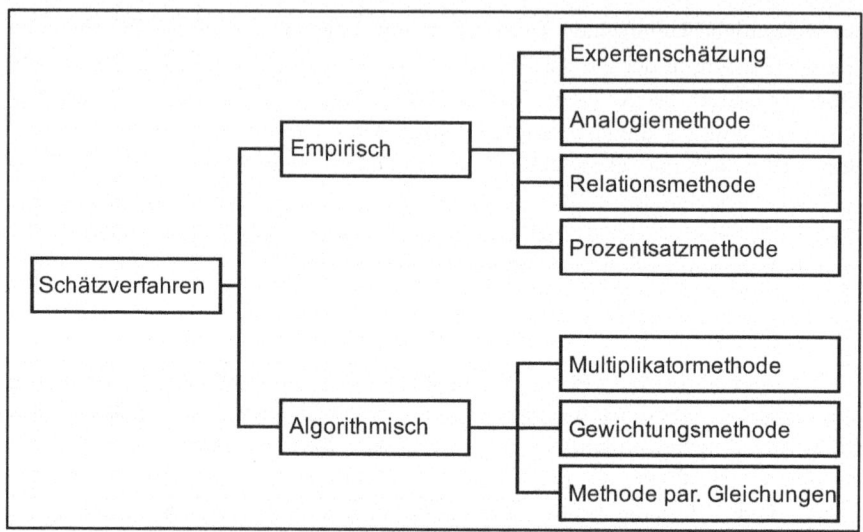

Abbildung 12: Klassifikation bekannter Schätzverfahren.
Quelle: Eigene Darstellung.

Eine Schätzung macht erst dann Sinn, wenn das zu erreichende Ziel und die Voraussetzungen, von denen der Schätzer ausgehen kann, soweit wie möglich geklärt sind. Im konkreten Fall müssen die Anforderungen an das Softwareprojekt soweit bekannt sein, dass eine möglichst präzise Schätzung überhaupt erfolgen kann. Je genauer die Anforderungen definiert sind, desto genauer kann die Aufwandsschätzung erfolgen.

In der Literatur existiert eine ganze Reihe von Methoden für Aufwandschätzungen in Softwareprojekten. Die wichtigsten Methoden werden in Abbildung 12 dargestellt und grob klassifiziert.

Empirischen Verfahren verursachen im Rahmen der Schätzung weniger Aufwand als algorithmische Verfahren und sind daher in der Praxis der Angebotserstellung gebräuchlicher.[197] In der Konsequenz liefern sie jedoch auch unpräzisere Ergebnisse. Im Folgenden sollen die Methoden kurz vorgestellt werden.

---

[197] Vgl.: *Plewan, H.-J.* 2006, S. 2.; *Jorgensen, M.* 2004, S. 55f

## Empirische Methoden

Empirische Schätzungen basieren auf der systematischen Erhebung und Auswertung von bereits kalkulierten und abgewickelten Projekten. Die Schätzung basieren auf den Erfahrungen der Schätzer.

- **Expertenschätzung**: Einer oder mehrere Experten einer Domäne geben eine Schätzung zu den Kosten für die Umsetzung eines Projektes auf Basis ihrer Erfahrungen ab.

- **Analogiemethode:** Anhand von bereits abgeschlossenen und vergleichbaren Projekten wird der Aufwand aufgrund von Ähnlichkeiten mehr oder weniger intuitiv geschätzt.

- **Relationsmethode**: Bei der Relationsmethode zieht man wie bei der Analogiemethode ebenfalls abgeschlossene und vergleichbare Projekte heran, doch werden die Ähnlichkeiten bezüglich des Aufwands formal herausgearbeitet. Der Aufwand des zu schätzenden Projekts wird im direkten Vergleich mit anderen Entwicklungen unter Verwendung von bewährten Faktorenlisten und Richtlinien angepasst.

- **Prozentsatzmethode**: Aus abgeschlossenen Entwicklungen wird ermittelt, wie der Aufwand sich auf die einzelnen Entwicklungsphasen (Entwurf, Definition, Codierung, Test) verteilt hat. Bei neuen Entwicklungen schließt man entweder eine Phase zunächst vollständig ab und ermittelt aus dem Ist-Aufwand dann anhand der Aufwandsverteilung den Soll-Aufwand für die restlichen Phasen. Oder man führt eine detaillierte Schätzung einer Phase durch und schließt hieraus dann auf den Gesamtaufwand.[198]

## Algorithmische Methoden

Algorithmische oder auch als parametrische Schätzmethoden verwenden mathematische Formeln, die eine Beziehung zwischen quantifizierbaren Projektkenngrößen, wie z.B. die Anzahl von Ein- / Ausgabeschnittstellen eines Softwareprogramms, sowie den Aufwandsgrößen wie z.B. den Personentage für die Umsetzung herstellen.

- **Multiplikatormethode:** Das zu entwickelnde System wird soweit in Teilprodukte zerlegt, bis jedem Teilprodukt ein bereits feststehender Aufwand

---

[198] Vgl.: *Biethahn, J. / Mucksch, H. / Ruf, W.* 2004, S. 374ff.

zugeordnet werden kann. Die Anzahl der Teilprodukte, die einer Kategorie zugeordnet sind, wird mit dem Aufwand dieser Kategorie multipliziert. Die erhaltenen Werte für eine Kategorie werden dann addiert, um den Gesamtaufwand zu erhalten.[199]

- **Gewichtungsmethode**: Zunächst werden Faktoren festgelegt, die für die Schätzung relevant sind. Sie sind subjektiv (z.b. Qualifikation des Personals) oder objektiv (z.b. verwendete Programmiersprache) zu bewerten. Den Faktorausprägungen sind Werte zugeordnet. Die Werte aller Faktoren werden nach einer vorgegebenen mathematischen Formel verknüpft und ergeben dann den Gesamtaufwand. Der bekannteste Vertreter der Gewichtungsmethode ist die von der IBM entwickelte Function–Point–Methode.[200]

- **Methode der parametrischen Gleichungen**: Durch Korrelationsanalysen wird ermittelt, welche Faktoren welchen wertmäßigen Einfluss auf den Gesamtaufwand haben. Solche Analysen müssen mit einer großen Anzahl von abgeschlossenen Entwicklungen und einer Vielzahl von Faktoren durchgeführt werden. Die Faktoren, die die höchste Korrelation besitzen, werden zu einer Gleichung zusammengefasst. Der zu jedem Faktor gehörende Koeffizient repräsentiert die Stärke des Einflusses auf den Gesamtaufwand.[201]

Daneben existieren noch anderer Methoden, die jedoch eine sehr präzise Kenntnis der Anforderungen bedingen und daher für die Aufwandskalkulation im Rahmen der Angebotserstellung eher ungeeignet erscheinen.

Um die notwendige Kenntnis der Anforderungen als Basis für die Schätzung zu erlangen kann Top-Down oder Bottom-Up vorgegangen werden. Beim Top-Down-Vorgehen wird das Projekt als Ganzes im Vergleich zu vergangenen Projekten bewerten. In der Bottom-Up-Vorgehensweise wird das Projekt in seine Bestandteile zerlegt, um diese dann detaillierter Schätzen zu können.[202]

In der Praxis ist die Qualität der Aufwandschätzung in ganz erheblichem Maße abhängig von der Erfahrung des Schätzers und der Schwierigkeit das Mengengerüst für die Schätzung festzulegen.[203] Für frühzeitige, grobe Schätzungen müssen

---

[199] Vgl.: *Bundschuh, M. / Fabry, A.* 2004, S. 157.
[200] Vgl.: *Poesgen, B./Bock, B.*, S. 10.
[201] Vgl.: *Bundschuh, M. / Fabry, A.* 2004, S. 153f.
[202] Vgl.: *Plewan, H.-J.* 2006, S. 6f.; *Hindel, B., Hörmann, K., Müller, M., Schmied, J.* 2004, S. 50.
[203] Vgl.: *Hummel, O.* 2011, S. 35.

## 3.2 Tätigkeiten und Dokumente der Anforderungserhebung

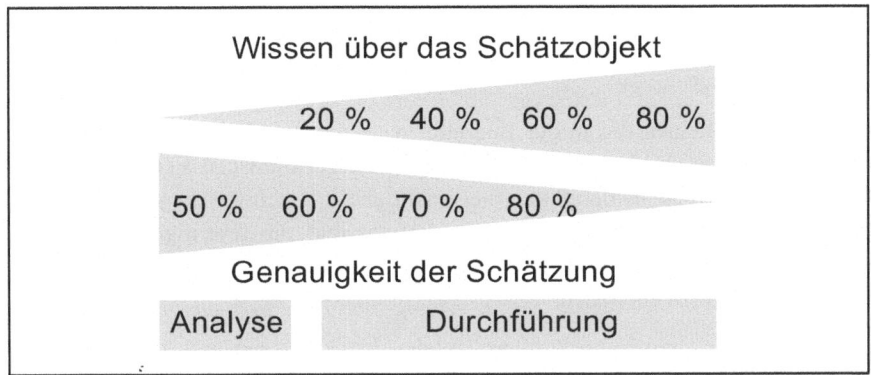

Abbildung 13: Das Dilemma der Schätzung.
Quelle: Eigene Darstellung in Anlehnung an *Bundschuh, M. / Fabry, A.* 2004, S. 34.

daher empirische Schätzverfahren eingesetzt werden, da die Parameter für algorithmische Verfahren fehlen. Diese Methoden setzen jedoch voraus, dass es bereits abgeschlossene Projekte in einem Bereich gibt, die vom Schätzer herangezogen werden können und die dieser möglichst genau kennt. Bei innovativen Projekten scheitern diese Methoden und auch erfahrene Schätzer kommen an ihre Grenzen. Hier helfen dann nur Risikozuschläge, die auf bis zu 50% der geschätzten Umsetzungszeit hoch gehen können.

Des Weiteren ist hier das wesentliche Dilemma der Kalkulation von Angeboten ersichtlich. Schätzungen sind nie präzise. Eine präzise Kalkulation ist erst nach einer vollständigen Durchdringung des Projektes möglich, was erst nach dem Abschluss desselben im Controlling erfolgen kann, da bis zuletzt Unwägbarkeiten, Verzögerungen und Fehler auftreten können. Abbildung 13 verdeutlicht das Problem. Zu Beginn eines Projektes sind die Kosten und die Zeit beinflussbar, die Anforderungen jedoch weitgehend unbekannt. Dies ändert sich im Projektverlauf; zum Ende der Durchführung sind alle Anforderungen bekannt, das Budget ist jedoch weitgehend verbraucht.

Somit bleibt in Angeboten lediglich die Möglichkeit Bereiche (von – bis) für die Preisfindung anzugeben, wenn sich der Schätzer nicht sicher ist. Ein Auftraggeber gibt sich jedoch in den seltensten Fällen mit einem definierten Bereich für die Kostenschätzung zufrieden bzw. interpretiert den Mittelwert als voraussichtlichen Schätzwert. Ist ein solcher Bereich in einem Angebot definiert, dann wird ein vorsichtiger Auftraggeber immer den Maximalwert als Basis für die Kostenvergleiche mit den Mitbewerbern heranziehen, um bei der späteren Umsetzung des Projektes keine ungedeckten Kosten zu haben. Auf diese Weise wird aus einer Intervallschätzung ein fester Wert und ein vorsichtig und fair kalkuliertes Angebot zu teuer.

Insgesamt erscheinen die in der Literatur verwendeten Methoden aus Sicht der Praxis ein wenig „hilflos" und zu einseitig auf algorithmische Verfahren fokussiert. Daher werden in der Praxis bei wichtigen und schwer zu kalkulierenden Projekten meist verschiedene Schätzer befragt und die jeweiligen Ergebnisse gemittelt. Jedoch können auch auf diese Weise erhebliche Unterschiede in den Kostenschätzungen entstehen.

Dies bestätigen empirische Studien, welche von *Molokken* und *Jorgensen* ausgewertet wurden.[204] In den zitierten Studien wurden 781 Softwareprojekte mit dem Ergebnis untersucht, dass die Expertenschätzung die am weitesten verbreitete Methode in der Praxis ist:

- Nutzung der Expertenschätzung: 70–80%
- Nutzung algorithmischer Verfahren: 10–20%
- Nutzung sonstiger Verfahren: 10–20%

Die Erkenntnisse der Studien stehen in einem fast umgekehrt proportionalen Verhältnis zur Verbreitung der Schätzmethoden in Publikationen.[205] In einer statistischen Erhebung findet *Jorgensen* heraus, dass nur 17% der Papiere, die in relevanten IT-Zeitschriften publiziert werden, einen Bezug zu Expertenschätzungen aufweisen. Der überwiegende Teil der Beiträge beschäftigt sich mit algorithmischen Schätzverfahren.[206] Die Diskrepanz zwischen Theorie und Praxis wird hier sehr gut deutlich!

Das Problem algorithmischer Schätzverfahren liegt in der Schwierigkeit begründet, dass die Ermittlung des für die Schätzung notwendigen Mengengerüsts bzw. der Parameter fast so aufwendig ist, wie die komplette Schätzung. Letztlich helfen diese Methoden lediglich bei der Berechnung des Aufwands, jedoch nicht bei der Bestimmung desselben. Die MbE-Methode geht an dieser Stelle anders vor, indem die im Rahmen der Mock-Up Definition erstellten Masken als Basis für die Kalkulation verwendet werden können und im Sinne der Analogiemethode bereits kalkulierte Module in die Mock-Ups und damit die Angebote integriert

---

[204] Vgl.: *Molokken, K. / Jorgensen, M.* 2003, S. 223ff.
[205] Vgl.: *Plewan, H.-J.* 2006, S. 4f.
[206] Vgl.: *Jorgensen, M.* 2004, S. 40ff.

## 3.2 Tätigkeiten und Dokumente der Anforderungserhebung

werden können. Die Kalkulation soll dadurch eine höhere Präzision erhalten, da ein Mengengerüst für die Schätzung ohne Mehraufwand für den Schätzer abgeleitet wird.

### 3.2.4.2 Erstellung von Angeboten

Die Erstellung von Angeboten ist ein arbeitsteiliger Prozess. Speziell bei komplexen Angeboten mit einem hohen Volumen sind viele Beteiligte zu koordinieren. Die einzelnen Prozessschritte reichen dabei von der Erfassung von Anfragen über die Prüfung und Bewertung der Anfrage bis zur Planung, Kalkulation und Ausarbeitung des Angebotes. Der Prozess kann grob in die Phasen der Entscheidung zur Abgabe eines Angebotes, der Erstellung desselben und dem Nachfassen unterteilt werden.

Im Rahmen dieses Kapitels wurden bisher auf die Tätigkeiten im Rahmen des Erstellungsprozesses eingegangen, ohne jedoch die beteiligten Rollen, Personen und Werkzeuge näher zu spezifizieren. Dies soll im folgenden Abschnitt geschehen. Basis für die Ausarbeitungen sind Interviews mit Vertriebsmitarbeitern ausgewählter Unternehmen sowie Erfahrungen des Autors in mehr als 10 Jahren Vertrieb und Konzeption von IT-Projekten.[207]

Zunächst sollen die Personen und Rollen im Rahmen der Angebotserstellung vorgestellt werden. In der folgenden Liste finden sich die wichtigsten Projektbeteiligten an einem Internet Projekt, ihre Expertise kann auch bereits während der Angebotserstellung relevant sein. Die aufgeführten Personen müssen nicht vollständig an allen Angebotsprozessen beteiligt sein, einfachere Angebote bedürfen nicht aller Beteiligten.

- **Vertriebsmitarbeiter**: Übernimmt die Angebotserstellung und den Dialog mit dem potenziellen Kunden. Er ist auch verantwortlich für die Kostenschätzung bzw. die Kalkulation und leitet die Vorvertragsphase.

- **Konzepter**: Unterstützt den Vertriebsmitarbeiter im Rahmen der fachlichen Analyse des Projektes. Er ist verantwortlich für die Anforderungsanalyse und Dokumentation. Er erstellt die fachliche Konzeption des Angebotes.

- **Projekt Manager**: Nimmt die sich aus der Analyse des Projekts ergebende Ressourcenplanung vor, Verteilt die Arbeitspakete auf die Mitarbeiter, setzt Meilensteine und gibt damit die Zeitplanung vor. Im späteren Projekt über-

---

[207] *Hickmann, J.* 2010.

nimmt er die Kommunikation zum Team und leitet dieses. Im laufenden Projekt ist er für das Controlling verantwortlich.

- **Grafiker**: Unterstützt den Konzepter bei der Ausgestaltung der fachlichen Lösungsansätze und liefert Layouts und Entwürfe für die Umsetzung. Er ist dabei für den wichtigen Punkt der Usability verantwortlich. Zusätzlich liefert er mediale Inhalte im Projekt und definiert die Bildwelt.

- **HTMLer**: Zum Teil ist in Internet Projekten noch eine Rolle zwischen dem Grafiker und dem Programmierer zu finden, die z.B. die Erstellung des HTML Codes von Templates sowie die Ausarbeitung der Stylesheets übernehmen. Die Tätigkeiten sind weniger komplex als die eigentliche Programmierung.

- **Redakteur**: Neben dem Layout und der Usability spielen auch die Inhalte bei Internet Projekten eine wichtige Rolle. Sie müssen sich dem Leseverhalten am Bildschirm anpassen, damit kurz sein und einen schnellen inhaltlichen Zugang ermöglichen. Der Redakteur ist für die Erstellung der Inhalte verantwortlich.

- **Programmierer**: Er ist für die Implementierung der Anwendung verantwortlich und hilft im Rahmen der Vorbereitung dabei, die technische Machbarkeit im definierten Zeitrahmen sicherstellen zu können bzw. den Aufwand für die Umsetzung zu beziffern.

- **Software Architekt**: Ist für das Grundlegende Design der Anwendung verantwortlich und dabei insbesondere der Findung, Beschreibung und Begründung der für die Umsetzung gewählten technischen Ansätze. Darüber hinaus unterstützt der Architekt das Team bei der Aufwandsschätzung.

- **Kunde**: Der Kunde liefert die Basisanforderungen und stellt die oberste fachliche Instanz dar. Die Einbindung des Kunden ist jedoch schwierig, da er nur mit einem eng begrenzten Zeitbudget zur Verfügung steht.[208]

Die Tätigkeiten im Rahmen der Angebotserstellung wurden bereits in den vorangegangenen Abschnitten dargestellt und sollen daher an dieser Stelle nur kurz zusammengefasst werden.

---

[208] Siehe dazu auch: *Jacobsen, J.* 2011, S. 26f.

## 3.2 Tätigkeiten und Dokumente der Anforderungserhebung

- **Anforderungserhebung**: Zusammenstellen der funktionalen und nichtfunktionalen Eigenschaften des zu erstellenden Systems.
- **Visualisierung**: Erstellung von Mock-Ups und Prototypen zur Unterstützung und Validierung der Anforderungsermittlung.
- **Angebotsformulierung**: Erstellung der Angebotsdokumentes und der mit dem Angebot einhergehenden Präsentationen.
- **Zeitplanung**: Festlegung Arbeitspakete und zeitliche Verteilung auf die Mitarbeiter.
- **Kalkulation**: Ermittlung der Aufwände für die Umsetzung des Projektes.
- **Architekturfestlegung**: Definition der technischen Basis für die Realisierung.
- **Präsentation**: Aufbereitung und Vorstellung des Projektes beim Kunden.

Als Werkzeuge werden im Rahmen der Vorbereitung der Projekte eine ganze Reihe verschiedener Systeme verwendet:

- **Papier und Bleistift**: Handschriftliche Notizen im Rahmen von Besprechungen und Meetings.
- **Textverarbeitung**: Basissoftware für die Integration von Texten, Bildern und Tabellen.
- **Tabellenkalkulation**: Flexibles Werkzeug für Berechnungen aller Art.
- **Bildverarbeitung**: Oberbegriff für vielerlei Arten von Programmen, die im Grafikbereich zur Erstellung und Bearbeitung von Bildern eingesetzt werden.
- **HTML Editoren**: Spezielle Anwendung zur Erstellung von Internetseiten mit HTML-Code.
- **Präsentationssoftware**: Computerprogramm, das die Erarbeitung und Präsentation eines Vortrages oder Referats unterstützt.
- **Requirements-Engineering Tool**: Spezielle Werkzeuge zur Erfassung und Verwaltung von Anforderungen in komplexen Projekten.
- **Modellierungswerkzeug**: Programme zur Planung, zum Entwurf und zur Dokumentation von Software-Systemen über Modellierungsmethoden wie z.B. UML.
- **Projektmanagementsoftware**: Software, die den oder die Anwender bei der Planung und Durchführung von Projekten unterstützt.

Berücksichtigt man den Zeit- und Kostendruck unter dem die Angebotserstellung stattfindet, dann ist die Fülle an Aufgaben, Beteiligten und Anwendungen sehr problematisch. Ineffizienzen entstehen insbesondere an den Schnittstellen zwischen den Disziplinen. Fragen der Realisierbarkeit von grafischen Entwürfen an die Entwickler, Änderungen an Grafikkonzepten aufgrund von Missverständnissen aus den Beschreibungen der Konzepter oder Auswirkungen von technischen Problemstellungen auf das Budget, behindern einen stringenten Ablauf.

Aber auch auf der Werkzeug Ebene lassen sich Ineffizienzen finden. Zu nennen sind die Schnittstellen zwischen den verwendeten Anwendungen, die ein effektives Arbeiten erschweren. So ist z.b. die Übernahme von Grafiken oder Kalkulationen in Präsentationen immer wieder mit Korrekturen und Überarbeitungen verbunden, was auch die Ergebnisse des Experiments in Abschnitt 6.2.2 gezeigt haben. Ferner entstehen durch den Werkzeugmix immer wieder Redundanzen, da die Ergebnisse sowohl in einer Textverarbeitung als Angebot und einer Präsentationssoftware, zur Vorstellung bei Kunden eingefügt, vorgehalten und erläutert werden müssen. Eine Optimierung des Vorgangs auf Basis des Mobex-Tools erfolgt in Abschnitt 6.1.

### 3.2.5 Validierung von Anforderungen

Als Validierung wird der Nachweis bezeichnet, dass ein vermuteter oder behaupteter Sachverhalt wahr ist. Im Rahmen des Requirements-Engineering geht es darum zu klären, ob die Anforderungen eines potenziellen Auftraggebers korrekt verstanden und interpretiert wurden.[209]

Basis für die Validierung sind z.B. das Lastenheft einer Ausschreibung, ein Briefing Dokument oder auch nur eine Besprechungsnotiz, für den Fall, dass der Kunde lediglich eine vage Vorstellung des Projektes hat und diese noch nicht konkret formulieren kann. Zunächst gilt es daher, die vorhandenen Materialien zu sichten und zu verstehen. Dabei bleiben offene Fragen, Unschärfen und Interpretationsspielräume übrig, die es vor der Einreichung eines Angebotes mit dem potenziellen Auftraggeber zu klären gilt. Die Validierung der Anforderungen verläuft daher verzahnt mit der Anforderungsermittlung und der Anforderungsdokumentation.

Da es sich in dieser Phase um eine Wettbewerbssituation handelt, ist sowohl das Zeitkontingent des potenziellen Auftragnehmers als auch das Zeitkontingent des

---

[209] Vgl.: *Dzida, W / Freitag, R.* 1998, S. 1184.

## 3.2 Tätigkeiten und Dokumente der Anforderungserhebung

Auftraggebers äußerst beschränkt. Der Auftraggeber hat es mit mehreren Bietern zu tun, die individuelle Fragen stellen, die es zu beantworten gilt. Der potenzielle Auftragnehmer ist mit der Akquise mehrerer Projekte beschäftigt und kann sich damit nicht ausschließlich einem einzigen Projekt widmen.

Die Validierung findet über den Austausch von Dokumenten, Treffen oder durch Telefonate statt. Bei formalen Verfahren, wie der offenen Ausschreibung, ist die Schriftform gesetzlich festgelegt, dort ist eine gute Vorbereitung der Fragen die Basis für Ihre korrekte Beantwortung. Aber auch bei Treffen oder Telefonaten gilt es, durch eine möglichst genaue Vorbereitung der Fragen, schnell die gewünschten Ergebnisse zu erhalten. Hierbei spielt wieder die Abstraktionsfähigkeit der Kunden eine wichtige Rolle für die Vorbereitung. Sind die Kunden in der Lage und willens abstrakte Modelle zu analysieren und zu verstehen oder verlangen sie eine konkrete Ausarbeitung und Präsentation der Problemstellung zusammen mit den offenen Fragen. In einem Meeting oder einem Telefonat werden dann die Fragen besprochen und es wird eine mögliche Lösung diskutiert. Diese wird jedoch in den seltensten Fällen direkt zu Papier gebracht. Dies erfolgt bei der Nachbereitung der Besprechung. Diese Nachbereitungen sind schwierig, da auch hier wieder Missverständnisse auftreten können und damit Abstimmungsrunden nötig werden. Besser ist es, die Lösung direkt fixieren und präsentieren zu können, was heute an den eingesetzten Werkzeugen scheitert. Die Anpassung einer Maske in einem Meeting ist nur durch eine einfache Zeichnung möglich, die dann auch wieder interpretiert und in eine formale Konzeption überführt werden muss.

Die Vorbereitung eines Softwareprojekts läuft auf die Einreichung eines Angebotes hinaus. Mit der Abgabe des Angebotes beginnt für den Auftraggeber die Auswahl eines Bieters. In informellen Verfahren hat der Auftraggeber die Möglichkeit offene Fragen zu einem Angebot zu klären, die formellen Verfahren verbieten dies.[210] Insgesamt ist es jedoch als problematisch anzusehen, wenn ein Angebot vom Kunden nicht vollständig verstanden wird, da dies die Chancen auf eine Auftragserteilung verschlechtert. Ein überzeugendes Angebot ist verständlich formuliert, lässt keine Fragen zur Umsetzung offen und enthält eine möglichst präzise Kalkulation. Eigenschaften, die mit den aktuellen Vorgehensweisen nur schwer in Einklang zu bringen sind.

---

[210] Vgl.: *o.V., Bundesministerium für Wirtschaft und Technologie* 2009, S. 35.

## 3.3 Anforderungserhebung bei Web Anwendungen

Bisher wurden in diesem Kapitel die Instrumente des Requirements-Engineering vorgestellt und auf ihre Anwendbarkeit in der Vorbereitungsphase von Softwareprojekten hin überprüft.

Oberflächlich betrachtet, scheint der Unterschied zwischen dem Requirements-Engineering für Web-Anwendungen und dem für konventionelle Software-Systeme nicht sehr groß zu sein. Bei genauerer Betrachtung stellt man jedoch fest, dass bei der Ermittlung von Anforderungen an Web Anwendungen einige Charakteristika besondere Berücksichtigung finden müssen.

In diesem Abschnitt sollen daher die Charakteristika von Web Anwendungen betrachtet werden, aus denen sich die Besonderheiten beim Requirements-Engineering ableiten lassen.

### 3.3.1 Charakteristika von Web Anwendungen

*Kappel et al.* unterteilen die Charakteristika von Web Anwendungen in *produktorientierte*, *entwicklungsorientierte* und *nutzungsorientierte* Eigenschaften, die sie aus dem ISO/IEC-9126-1 Standard ableiten.[211] Dieser Einteilung soll hier gefolgt werden, wobei jedoch zusätzlich aktuelle Entwicklungen im Bereich sozialer Netzwerke bzw. des sog. Web 2.0 Berücksichtigung finden.

#### 3.3.1.1 Produktbezogene Charakteristika

Web Anwendungen sind *Hypertext-Systeme*, über die *Inhalte* transportiert werden sollen. Diese Inhalte sind in *Benutzerschnittstellen* eingebunden, die eine besonders wichtige Rolle bei der Erschließung der Inhalte spielen, weshalb sie in Abschnitt 3.3.2 noch einmal ausführlicher besprochen werden.

**Dokumentencharakter von Web Anwendungen**

Web-Anwendungen bzw. Internet Seiten werden von den Nutzern ursächlich wegen der zur Verfügung gestellten Inhalte aufgesucht und verwendet. Somit ist das Erzeugen, die Bereitstellung, die Integration und die Aktualisierung der Inhalte ein entscheidender Faktor für die Qualität einer Web-Anwendung. Inhalte

---

[211] Vgl.: *Kappel, G. / Pröll, B. / Reich, S. / Retschitzegger, W.* 2004, S. 10ff.

## 3.3 Anforderungserhebung bei Web Anwendungen

werden heute multimedial zur Verfügung gestellt und bestehen aus strukturierten Texten, Grafiken, Animationen, Sounds und Videos.[212] Die Benutzer stellen dabei hohe Qualitätsansprüche an die Inhalte und deren Aufbereitung bzw. Struktur. Die Qualitätsansprüche an Inhalte sind dabei vom jeweiligen Anwendungsgebiet abhängig und ein besonders kritischer Faktor für die Akzeptanz einer Web-Anwendung. So ist der Anspruch an Aktualität, Genauigkeit, Konsistenz, Verlässlichkeit und Umfang in den jeweiligen Anwendungsbereichen mitunter verschieden. News-Sites zeichnen sich beispielsweise durch eine hohe Änderungshäufigkeit und Aktualität des jeweiligen Content aus, während einfache Unternehmensseiten hier geringere Ansprüche haben.

**Hypertext basierter Aufbau von Web Anwendungen**

Der Hypertext basierte Aufbau des World Wide Web stellt einen wesentlichen Unterschied zum Aufbau herkömmlicher Anwendungen dar. Im World Wide Web wird ein recht einfaches Hypertext-Modell verwendet, welches aus Knoten, Links und Ankern besteht. Knoten stellen eindeutig identifizierbare Informationseinheiten dar (z.B. eine Textstelle), Link sind Verweise auf Konten und Anker, über Anker können Sprungmarke innerhalb eines Knotens angelegt werden, die direkt angesprochen werden können.[213]

Wesentliches Merkmal von Web Seiten ist die Nicht-Linearität. Ein Benutzer kann sich abhängig von seinem Interesse und Vorwissen im Informationsraum frei bewegen und folgt keiner direkt vorgegebenen oder beeinflussbaren Reihenfolge.[214] Da der Hypertext nichtlinear ist, besteht aber die Gefahr, den Orts-und Richtungssinn innerhalb einer Webseite zu verlieren, was als Desorientierung bezeichnet wird. Um die möglichen Wege und Aufgaben überblicken zu können, muss sich der Nutzer konzentrieren, wodurch eine kognitive Belastung entsteht, die schon durch die Struktur der Seite gering gehalten werden muss. Infolgedessen stellt der Hypertext basierte Aufbau besondere Anforderungen an die Entwicklung. Eine durchgängige und einfach zu verstehende Navigation und eine gleich bleibender Aufbau des Hypertexts helfen diese Probleme zu mindern.[215] Zudem stellen z.B. Übersichtsdiagramme (Sitemaps) und Wiederholungen des Pfades zum aktuellen Element (Breadcrumbs) eine Unterstützung bei der Orien-

---

[212] Vgl.: Dumke, R. / Mathias, L. / Wille, C. / Zbrog, F. 2003, S. 35f.
[213] Vgl.: Schneidermann, B. 2002, S. 631ff.
[214] Vgl.: Butz, A. / Hussmann, H. / Malaka, R. 2009, S 148.
[215] Vgl.: Jacobsen, J. 2011, S. 163.

tierung dar. Eine intelligente und verständliche Benennung der Links tun ihr übriges. Zusätzlich hat es sich bewährt, auf Grundmuster für die Strukturierung der Seiten zurückzugreifen, die Markführer wie Google oder Amazon als Standard etabliert haben.[216]

**Bedeutung der Präsentationsebene**

Besondere Bedeutung bei Web-Anwendungen hat die Präsentationsebene, da oftmals der erste Eindruck einer Web-Anwendung über Akzeptanz oder Ablehnung entscheidet. Wer sich beim ersten Blick auf einer Webseite nicht zu Recht findet, verlässt diese häufig wieder, ohne Inhalte wahrzunehmen oder Funktionen zu nutzen.

Die Ästhetik bzw. das „look and Feel" einer Seite ist daher ein entscheidender Faktor und häufig Modetrends unterworfen, welche insbesondere für E-Commerce-Anwendungen und Soziale-Netzwerke erfolgsentscheidend sind.[217] Darüber hinaus sollte die Benutzungslogik über die gesamte Web-Anwendung hinweg deutlich gestaltet bzw. selbsterklärend sein, um Routine und Vertrauen zu schaffen. Dabei ist es wiederum sinnvoll, sich an etablierte Standards zu halten, wie den Check-Out Mechanismus bei Amazon oder den Aufbau von Trefferlisten bei Google.[218]

### 3.3.1.2 Nutzungsbezogene Charakteristika

Web Anwendungen können von Nutzern aller Kulturkreise auf unterschiedlichsten Endgräten genutzt werden, daher haben nutzungsbezogene Merkmale seit jeher einen großen Einfluss auf den Entwicklungsprozess beim Erstellen von Web-Anwendungen. Besonders bei ubiquitären Web-Anwendungen ist die ständige Anpassung an konkrete Nutzungssituationen notwendig.[219] Die Anpassungen können dabei alle Bestandteile, d.h. Content, Hypertext und Präsentation gleichermaßen tangieren.

Die Nutzung von webbasierten Anwendungen zeichnet sich im Gegenzug zu reinen Software-Anwendungen durch einen hohen Grad an Heterogenität aus. Der Grad an Heterogenität spiegelt sich im sozialen Kontext durch die Benutzer

---

[216] Vgl.: *Bucher, H.-J. / Jäckel, M.* 2002, S. 38f.
[217] Vgl.: *Laudon, K. C. / Laudon, J. P. / Schoder, D.* 2010, S. 573ff.
[218] Vgl.: *Puscher, F.* 2009, S. 123ff.
[219] Vgl.: *Jacobsen, J.* 2011, S. 162f.

## 3.3 Anforderungserhebung bei Web Anwendungen

wieder, im technischen Kontext durch Netzwerke und Endgeräte und im natürlichen Kontext durch nicht festlegbare Orte und Zeiten der Nutzung.

**Die Benutzer einer Web Anwendung**

Das hohe Maß an Heterogenität wird besonders durch den Benutzer selbst erzeugt. Dieser entscheidet, welche Seiten er besucht, wie er sich dort verhält und wann er diese wieder verlässt. Die Nutzer sind immer nur einen Klick von der potenziellen Konkurrenz entfernt, dadurch wenig loyal und spontan. Zudem ist die Anzahl der Nutzer, im Vergleich zu traditionellen Anwendungen nur schwer, respektive gar nicht vorhersagbar, da Web-Anwendungen in der Regel nicht für einen geschlossenen Benutzerkreis konzipiert sind, sondern für anonyme Nutzer mit unterschiedlichen Fähigkeiten (z.b. Behinderung), Wissen und Präferenzen. Webseiten mit einem begrenzten Nutzerkreis, die Firmenintranets oder Extranets bilden hier eine Ausnahme und sind am ehesten mit konventionellen Anwendungen vergleichbar. Intra- und Extranets sind nicht öffentlich zugänglich und nur für einem begrenzten Nutzerkreis bestimmt, z.b. für die unternehmensinterne Kommunikation oder die mit Geschäftspartnern.[220] Somit müssen Annahmen über die Benutzerkontexte und Gruppen getroffen werden, um beispielsweise Informationen bereitzustellen, die einen persönlichen Bezug zum Nutzer der Web-Anwendungen haben.[221] Als Personalisierung werden Funktionen bezeichnet, mit denen die Nutzer das Aussehen und die Inhalte einer Webseite selbst bestimmen können.[222]

**Orte und Zeiten der Web Nutzung**

Um z.B. ortsabhängige Dienste breitzustellen, ist die Ermittlung des Standorts entscheidend. Regionale, kulturelle und linguistische Unterschiede müssen bei der Internationalisierung von Web-Anwendungen beachtet werden und ergeben sich aufgrund der geografischen Position. Zeitabhängige Dienste sind natürlich nur dann möglich, wenn der Zugriffszeitpunkt (z.B. über die Systemzeit) ermittelt werden kann. Entsprechend dieser Faktoren können sich Web-Anwendungen auch an den natürlichen, nicht explizit vom Benutzer anzugebenden Kontext anpassen.

---

[220] Vgl.: *Stahlknecht, P. / Hasenkamp, U.* 2005, S. 109.
[221] Vgl.: *Kappel, G., Pröll, B., Reich, S., Retschitzegger, W.* 2004, S. 15f.
[222] Vgl.: *Jacobsen, J.* 2011, S. 77.

**Verwendete Netzwerke und Endgeräte**

Unter diesen Aspekt fallen sowohl Aspekte der Netzwerkverbindung, wie z.B. die Dienstgüte oder die Bandbreite als auch die Art der verwendeten Endgeräte, mit denen auf eine Web-Anwendung zugegriffen wird. Um eine entsprechende Dienstgüte zu gewährleisten, werden beispielsweise Bilder und Videos für die vorliegende Bandbreite komprimiert und angepasst. Dieses Vorgehen gilt auch für die verschiedenen Leistungsmerkmale der Endgeräte, welche sich durch Bildschirmgröße, Speicher oder installierte Software unterschieden. Auch die autonome Konfiguration seitens der Nutzer, innerhalb der Vielzahl verschiedener Browsertypen, muss bereits bei der Entwicklung von Web-Anwendungen beachtet werden. Aktuell stellt die immer intensivere Nutzung des Internets mit mobilen Endgräten, wie Smartphones oder Tablets neue Anforderungen an die Konzeption der Systeme.[223] Dies ist auf die Bedienung der mobilen Geräte über berührungsempfindliche Displays zurück zu führen, die zudem durch ihre sehr unterschiedlichen Auflösungen, das klassische Webdesign an seine Grenzen bringt.

### 3.3.1.3 Entwicklungsbezogene Charakteristika

Die entwicklungsbezogenen Merkmale werden besonders durch die notwendigen Ressourcen wie Projektmitarbeiter und technische Infrastruktur, durch den eigentlichen Prozess als solches und durch die Integration bestehender Lösungen und Systeme geprägt.[224]

**Einfluss der Projektmitarbeiter und der technischen Infrastruktur**

Web-Anwendungen erfordern in der Regel das Fachwissen aus verschiedenen Disziplinen, welches je nach Art der Anwendung mehr oder minder zum Einsatz kommen muss. Ebenso sind die Entwickler bei Web-Anwendungen im Schnitt deutlich jünger und unerfahrener als Entwickler von traditioneller Software. Das Interesse an neuen Technologien, Methoden und Werkzeugen ist hier besonders hoch und muss teilweise sogar gebremst werden, um stabile Umgebungen und Technologien zu verwenden. Die Idee der sog. Mashups integriert sogar die Benutzer in den Entwicklungsprozess von Internetanwendungen.[225]

---

[223] Vgl.: *Rißka, V.* 2010.; *König, A.* 2010.
[224] Vgl.: *Kappel, G., Pröll, B., Reich, S., Retschitzegger, W.* 2004, S. 17ff.
[225] Vgl.: *Alby, T* 2008, 142ff.

## 3.3 Anforderungserhebung bei Web Anwendungen

Web Anwendungen werden von *Powell et al.* als eine Mischung aus Printpublishing, Software Entwicklung, Marketing, Informatik, Kunst und Technologie charakterisiert, weshalb zu deren Entwicklung unterschiedlichstes Know-how nötig ist, welches es im Projekt zu koordinieren gilt.[226]

Die technische Infrastruktur wird entscheidend durch die Inhomogenität der verwendeten Komponenten charakterisiert. Auf der einen Seite befindet sich der Web-Server, der durch die Entwickler konfigurierbar ist, auf der anderen Seite die Web-Browser, die nur vom Nutzer einstellbar sind und auf verschiedensten Plattformen, wie PCs, Notebooks und Handys betrieben werden.

**Einfluss des Entwicklungsprozesses**

Der Entwicklungsprozess stellt den Rahmen für alle entwicklungsbezogenen Charakteristika dar. Die Entwicklung von Web-Anwendungen erfordert ein möglichst flexibles und paralleles Vorgehen. Durch das Verwenden typischer autonomer Komponenten (Suchfunktion, Newsticker, etc.) können Kosten- und Zeiteinsparungen erreicht werden. Dennoch erfordert gerade diese Form der Zusammenarbeit ein besonderes Web-Projekt-Management, welches die Koordination zwischen den einzelnen, zum Teil autonomen Teams übernimmt und zeitliche Vorgaben definiert. Agile Methoden der Software Entwicklung, wie Extreme Programming, Scrum etc. finden hier Anwendung.[227]

**Integration verschiedener Dienste und Komponenten**

Die Integration von bereits bestehenden Lösungen und Systemen umfasst neben technischen auch inhaltlichen und organisatorische Aspekte. Sie erfolgt zum einen intern, also beispielsweise durch Berücksichtigung von bereits bestehenden Produktkatalogsystemen innerhalb des Unternehmens. Weitaus problematischer stellt sich die externe Integration von Diensten und Inhalten fremder Web-Anwendungen dar. Die hohe Anzahl von Quellen mit meist unbekannten funktionalen Fähigkeiten und die sich ständig verändernde Verfügbarkeit, erschweren das Einbinden in das eigene System.

---

[226] Vgl.: *Powell, T.A. / Jones, D. / Cutts, D.* 1999, S. 135ff.
[227] Siehe dazu: *Wolf, H. / Roock, S. / Lippert, M.* 2005; *Wirdemann, R.* 2009.

## 3.3.2 Usability von Web-Anwendungen

Die Usability beschreibt, „wie adäquat ein Produkt in der Handhabung zu den Bedürfnissen, Fähig- und Fertigkeiten sowie Wünschen seiner Nutzer passt."[228] Sie steht für die Bedienungsfreundlichkeit und die Gebrauchstauglichkeit eines interaktiven Systems (Schnittstelle zum Benutzer) und ist heute ein wesentlicher Bestandteil der Softwareergonomie. Die Usability bestimmt das Ausmaß, in dem ein Produkt durch seine Benutzer in einem Nutzungskontext verwendet werden kann, um seine Ziele effektiv, effizient und zufriedenstellend zu erreichen. Die jeweiligen Ziele der Nutzer sind individuell.[229]

Usability hat bei Web Anwendungen einen besonderen Stellenwert, da die Internet Nutzer die völlige Wahlfreiheit haben, eine Internet Seite aufzurufen oder nicht. Verwandte Angebote sind immer nur eine Suchanfrage entfernt und damit bei nicht gefallen direkt erreichbar. Sowohl die Entwickler von Web-Anwendungen, als auch die verwendeten Prozesse und Methoden müssen daher den erfolgskritischen Faktor Usability bei der Erstellung und Implementierung der Anwendung beachten und unterstützen.[230] Experimente mit der Anordnung von Elementen an ausgefallenen Positionen (z.B. Menü unten oder rechts) sind problematisch. Korrekturen von Usability Fehlern können die Umgestaltung des gesamten Web Auftritts nach sich ziehen, sind damit kostspielig und gefährden den gesamten Projekterfolg.

**Erwartungskonforme Webseitengestaltung**

Die erwartungskonforme Gestaltung ist ein wichtigstes Akzeptanzkriterium für bei Web-Anwendungen, das meist erst bei Abwesenheit zur Kenntnis genommen (vgl. menschliche Gesundheit). Die Wahlfreiheit im Netz, die ständige Verfügbarkeit von Alternativen und die hohe Transparenz bei der Nutzung, führen zur sofortigen Nutzungsverweigerung bei Missachtung.[231] Kriterien für die erwartungskonforme Gestaltung von Webseiten sind nach DIN EN-ISO 9241 wie folgt definiert:

- **Aufgabenangemessenheit**: Die Seite soll den Benutzer dabei unterstützen, seine Aufgabe effektiv und effizient erledigen zu können.

---

[228] *Niegemann, H.M. et al.* 2008, S. 421.
[229] Vgl.: *von Gizycki, V. / Beier, M.* 2002, S. 62f.
[230] Vgl.: *Puscher, F.* 2009, S. 45ff.
[231] Vgl.: *Dahm, M.* 2006, S. 256.

## 3.3 Anforderungserhebung bei Web Anwendungen

- **Selbstbeschreibungsfähigkeit**: Angebote müssen ohne zusätzlichen Anmerkungen, Hilfen oder Beschreibungen verständlich sein und präzise anzeigen, welche Handlungsoptionen und Interaktionsmöglichkeiten zur Verfügung stehen.

- **Steuerbarkeit**: Die Informationsselektion und -präsentation muss an die Bedürfnisse des Nutzers anpassbar sein.

- **Erwartungskonformität**: Seiten müssen so aufgebaut werden, dass sie vorhersehbare Ergebnisse liefern und anerkannten Konventionen entsprechen.

- **Fehlerrobustheit**: Funktionen sollen möglichst fehlertolerant sein und den Nutzer aktiv davor schützen Fehler zu machen, z.b. durch automatische Korrekturen falscher Eingaben.

- **Individualisierbarkeit**: Die Darstellung von Informationen soll änderbar sein, um sie an die individuellen Fähigkeiten und Bedürfnisse der Nutzer anpassen zu können.

- **Lernförderlichkeit**: Die Nutzer sollen beim Erlernen des Systems unterstützt und angeleitet werden.[232]

Der gesamte Entwicklungsprozess einer Web-Anwendung muss daher das Kriterium Usability unterstützen, um so ein durchgängiges Konzept zu ermöglichen. Usability ist nicht einmalig erreichbar. Benutzer, Ziele und Nutzungskontext müssen durch Interaktionen im Entwicklungsprozess immer wieder berücksichtigt, getestet und eingebunden werden.[233]

**Webseiten-Schemata, charakteristische Komponenten und Standards**

Jeder Nutzer einer Web-Anwendung hat Erwartungen bezüglich ihrem Aufbau und ihrer Struktur. Blickverlaufsstudien haben gezeigt, dass Navigations- und Orientierungselemente von den Nutzern einer Webseite frühzeitig und intensiv beachtet werden. Dadurch verschaffen sie sich einen schnellen Überblick über den Inhalt des Angebots. Die Blicke wandern dabei häufig von der Seitenmitte hin zur Navigationsleiste. Diese typische Blicksequenz ist vor allem bei erfahrenen Webnutzern zu beobachten und insbesondere dann, wenn sich die Navigationsleiste am linken Bildschirmrand befindet. Eine Erklärung hierfür liegt in der

---

[232] Vgl.: *Niegemann, H.M. et al.* 2008, S. 423ff.; *o.V., ISO - International Organization for Standardization* 2012.; *Strauß, F.* 2003, S. 68ff.
[233] Vgl.: *Beschnitt, M.* 2010.

Aktivierung innerer Bilder zum Aufbau von Web-Anwendungen, sog. Webseiten-Schemata.[234]

Diese inneren Bilder unterscheiden sich zwar von Nutzer zu Nutzer, dennoch lassen sich besonders bei erfahrenen Webnutzern relativ konkrete und einheitliche Vorstellungen bzgl. der Anordnung zentraler Seitenelemente feststellen. Demnach ordnen Nutzer auch weitere website-spezifische Elemente und Komponenten nach inneren Bildern. In einer Studie von *Bernard* wurden die Elemente respektive Komponenten wie z.b. Logo, Warenkorbfunktion, Login, Registrierung und Suchmöglichkeit von den Probanden durchgängig sehr ähnlich in einem vordefinierten Raster angeordnet.[235] Diese Ergebnisse wurden in einer erneuten Untersuchung von *Albert, Mast, Burmester* im Jahr 2009 bestätigt.[236]

Neben Webseiten-Schemata wirken sich auch Standards auf die Gestaltung von Web Anwendungen aus. Der Common User Access (CUA) ist eine von der Firma IBM seit 1987 festgelegte Richtlinie für die Gestaltung der Benutzeroberflächen von Computerprogrammen. Ziel dieser Standards war es, MS-DOS basierte Anwendungen zu vereinheitlichen, damit nicht jede Anwendung eine individuelle Benutzeroberfläche hat und mühsam erlernen werden muss. Heute reagieren Anwendungen unterschiedlichster Hersteller auf eine Vielzahl von Befehlen gleich und besitzen ein ähnliches „Look & Feel". Die Menüleiste ist am oberen Bildschirmrand, es existiert eine kontextsensitive Hilfe die durch drucken der F1 Taste aktiviert wird, Symbole und Metaphern werden einheitlich verwendet, wie z.B. das Diskettensymbol als Zeichen für die Speicherung von Daten. Diese Standards haben sich bei der klassischen Softwareentwicklung vollständig durchgesetzt und werden teilweise auch in Web-Anwendungen verwendet.[237]

Aus diesem Grund sollten Entwickler von Web-Anwendungen hochgradig innovative Ideen bzgl. Navigation und Anordnung von Elementen nur sparsam einsetzten. Eine völlig ungewohnte Umgebung, in der sich der Nutzer nicht zu Recht findet, wird keinen Erfolg haben.

### 3.3.3 Besonderheiten der Anforderungserhebung

Aus den genannten Charakteristika von Web Anwendungen und der hohen Bedeutung der Usability lassen sich Besonderheit für das Requirements-Enginee-

---

[234] Vgl.: *Wilhelm, T. / Yom, M. / Wohlfahrt, J.* 2011.
[235] Vgl.: *Bernard, M. L.* 2000.
[236] Vgl.: *Albert, D. / Mast, M. / Burmester, M.* 2009.
[237] Vgl.: *O.V., IBM* 1991.

ring von Web Anwendungen ableiten, die im Folgenden dargestellt werden sollen. Die Ausarbeitungen basieren auf den Erkenntnissen von *Grünbacher*.[238]

**Multidisziplinarität**

Web-Anwendungen sind multimediale Systeme, bei denen Aspekte der informatischen Umsetzung genauso wichtig sind wie Gestaltungsaspekte, die inhaltliche Aufbereitung oder auch die Performance. Nur wenn alle Qualitätsmerkmale erfüllt sind, wird eine Web Anwendung als qualitativ hochwertig wahrgenommen. Demnach muss auch die Entwicklung von Web-Anwendungen als multidisziplinärer Prozess verstanden werden, in dem Fachexperten aus verschiedenen Bereichen ihr Wissen einbringen, wie in Abbildung 14 zu sehen ist.[239]

Während beispielsweise die IT-Experten die Verantwortung für die Umsetzung der Funktionalität des Systems übernehmen, werden Designer für die Gestaltung der Website beauftragt. Weitere Beispiele für einzelne im Web-Engineering vertretene Disziplinen können der obigen Abbildung entnommen werden.

Die unterschiedlichen Disziplinen und deren Fachvertreter erschweren jedoch auch die Kommunikation innerhalb von Web Projekten, da speziell das technische Verständnis sehr heterogen ausgeprägt ist. Es muss daher in den Projekten auf eine für alle verständliche Beschreibung geachtet werden.

**Unbekannte Stakeholder**

Die wichtigste Quelle für die Ermittlung von Anforderungen sind die Stakeholder einer Anwendung. Leider sind die zukünftigen Nutzer der Anwendung beim Requirements-Engineering von Web-Anwendungen meist unbekannt und werden daher durch Stellvertreter repräsentiert. Deshalb ist es notwendig aus den möglichen Benutzergruppen genau diese herauszufiltern, die als Vertreter der tatsächlichen Stakeholder angesehen werden können. Der so ausgewählte Vertreterkreis soll nun möglichst realistische Anforderungen einbringen. Dieses Vorhaben ist jedoch aufgrund des großen Spektrums möglicher Benutzergruppen äußerst schwierig.

---

[238] Vgl.: *Grünbacher, P.* 2003, S. 29ff.
[239] Vgl.: *Rossi, G. / Pastor, O. / Schwabe, D. / Olsina, L.* 2008, S. 15ff.

110               3 Anforderungserhebung in der Vorvertragsphase

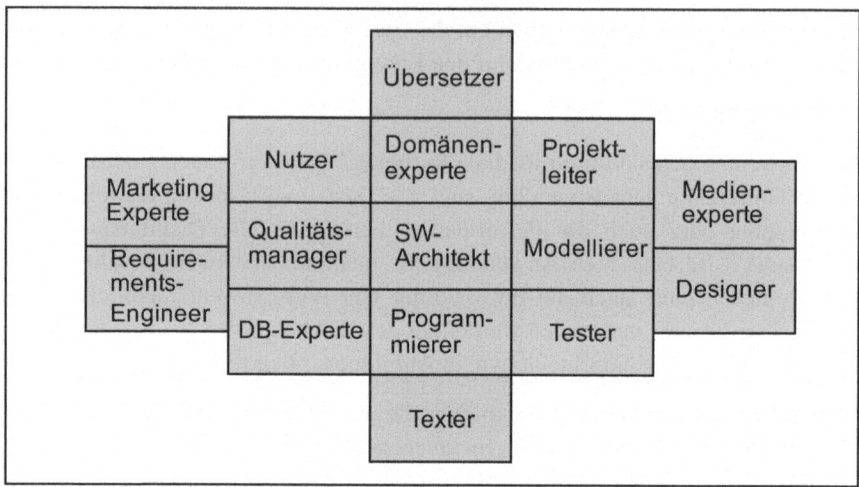

Abbildung 14: Fachexperten in Web Projekten.
Quelle: Eigene Darstellung.

**Dynamik von Anforderungen, Randbedingungen und Einsatzumgebung**

Die Internet Technologien unterliegen sehr kurzen Änderungszyklen, wie z.B. die aktuelle Entwicklung im Smartphone Markt oder bei den Tablet-Computern zeigt. Webseiten müssen sich neuen Bedienphilosophien anpassen und neue Technologien unterstützen. Aufgrund dieser hohen Dynamik des Webs, bei Plattformen, Endgeräten oder Standards, können die Anforderungen und Randbedingungen durchaus als instabil bezeichnet werden. Deshalb ist es für die Entwickler oft unmöglich, entscheidende Qualitätsfaktoren für die Web-Anwendungen unter Kontrolle zu bringen. Hierzu zählen unter anderem die unterschiedlichen oder wechselnden Bandbreiten und die Software-Konfiguration der Benutzer.[240]

**Einfluss existierende Lösungen**

Aufgrund der Existenz vieler, oft frei verfügbarer, über das Internet erhältlicher Software-Komponenten ist die Entwicklung von Web-Anwendungen durch deren interne oder externe Integration stark geprägt. Die Integration umfasst hierbei jedoch nicht nur technische, sondern ebenso inhaltliche und organisatorische Aspekte.

---

[240] Vgl.: *Grünbacher, P.* 2003, S. 35.

## 3.3 Anforderungserhebung bei Web Anwendungen

Von interner Integration spricht man, wenn bereits existierende Legacy-Systeme mit der zu erstellenden Web-Anwendung verknüpft werden, um bereits existierende Inhalte zukünftig über die Web-Anwendung zugänglich zu machen. Des Weiteren ist es möglich Inhalte und Dienste externer Web-Anwendungen zu integrieren, was jedoch mit einer Reihe von Besonderheiten verbunden ist. Neben der großen Anzahl von möglichen Quellen, stellen die nur in geringem Maße vorhandenen Detailinformationen über deren Eigenschaften, wie z.b. Inhalt oder funktionale Fähigkeiten nur zwei dieser Besonderheiten dar. Hinzu kommt, dass sich die Quellen meist durch Heterogenität auf unterschiedlichen Ebenen auszeichnen. Von der Datenebene, über die Schemaebene bis hin zur Datenmodellebene können Unterschiede bestehen, wodurch eine standardisierte Vorgehensweise bei der Integration nicht möglich ist.

Um eine für die Anwendung adäquate Systemarchitektur aufbauen zu können, sollte diese aus den aufgestellten Anforderungen abgeleitet werden. Dies ist jedoch im Web Bereich nicht immer möglich, da häufig die Anforderungen an die Möglichkeiten bereits existierender Lösungen angepasst werden müssen. Folglich müssen bei der Definition der Anforderungen die vorhandene Architekturen und Architekturstile berücksichtig werden.[241]

**Bedeutung der Qualität**

Die Qualität einer Web-Anwendung darf nicht nur nach funktionalen Aspekten beurteilt werden, denn erfolgsentscheidend sind zusätzliche Kriterien wie Sicherheit, Performance, Usability oder Verfügbarkeit, sprich die nichtfunktionalen Aspekte.

Jedoch sind hier, trotz der erkannten Wichtigkeit, in der Phase der Anforderungserhebung dieser Qualitätsaspekte erhebliche Probleme auszumachen, denn Spezifikationen der einzelnen Anforderungen sind beispielsweise wegen der bereits erwähnten unterschiedlichen oder wechselnden Brandbreiten und Software-Konfigurationen der einzelnen Benutzer nur schwer möglich. Eine wichtige Maßnahme während der Erhebung der Qualitätsanforderungen stellt deshalb die Definition für ein methodisch fundiertes, systematisches Testen der einzelnen Qualitätskriterien dar. So kann später im Rahmen des Abnahmetests die Erfüllung der aufgestellten Anforderungen überprüft und sichergestellt werden.

---

[241] Vgl.: *Grünbacher, P.* 2003, S. 35.

**Bedeutung der Benutzerschnittstellen**

Einen weiteren erfolgskritischen Aspekt stellt die Qualität der Benutzerschnittstellen von Webanwendungen dar, denn in der Regel ist es den Benutzern erst möglich die Web-Anwendung zu verstehen, zu beurteilen und zu benutzen, wenn sie diese zu Gesicht bekommen, was bereits als IKIWISI-Problem eingeführt wurde. Folglich ist es unbedingt notwendig die Festlegung und Beschreibung der Anforderungen durch Prototypen wichtiger Anwendungsszenarien zu ergänzen.[242]

**Bedeutung des Contents**

Der für die Akzeptanz von Web-Anwendungen ausschlaggebende Bereich des Contents wird in traditionellen Methoden des Requirements-Engineering überwiegend vernachlässigt. Die Aktualität des Contents von Web-Anwendungen muss stets gewährleistet sein, um so die Benutzer bezüglich Neuigkeiten und Informationen auf den neuesten Stand zu halten, denn Aktualität sorgt für wiederholte Besuche und Kundenbindung. Folglich gewinnen im Zuge von höheren Änderungsfrequenzen und höherem Aktualitätsanspruch Content-Management-Systeme zur Erstellung und Wartung des Contents zunehmend an Bedeutung. Jedoch sind neben dem eigentlichen Inhalt auch Qualitätsmerkmale des Content festzulegen. Zu diesen Merkmalen gehören Genauigkeit, Objektivität, Glaubwürdigkeit, Relevanz, Aktualität, Vollständigkeit und Verständlichkeit sowie Prägnanz und Konsistenz der Darstellung.[243]

**Fehlende Technologieerfahrung**

Da die Technologien, auf denen Web-Anwendungen beruhen, meist noch relativ neu sind, sind die am Projekt beteiligten, im Vergleich zu herkömmlichen Software-Projekten jungen Entwickler häufig noch unerfahren im Umgang mit diesen. In Folge dessen können Fehleinschätzungen in Bezug auf Umsetzung und Bewertung der einzelnen Anforderungen zustande kommen.

**Fixe Fertigstellungstermine**

Bei Web-Projekten kann es vorkommen, dass sich alle Aktivitäten und Entscheidungen an einem vorgegebenen Endtermin ausrichten. Das heißt, dass das zu entwickelnde System eine Architektur benötigt, die eine nach Prioritätskriterien

---

[242] Vgl.: *Strauß, F.* 2004.
[243] Vgl.: *Grünbacher, P.* 2003, S. 36.

gegliederte, modularisierte Fertigstellung ermöglicht. Diese Projekte werden auch „Design-to-Schedule-Projekte" genannt. Bei ihnen sollte das Hauptaugenmerk auf der Verhandlung und Auswahl von Anforderungen an die Web-Anwendung liegen.[244]

## 3.4 Vorvertragliche Anforderungserhebung im Praxisbeispiel

In Abschnitt 2.5 wurde ein Praxisbeispiel eingeführt, das die Problematik der Projektvorbereitung im Rahmen einer Wettbewerbspräsentation darstellt. Dabei handelt es sich um ein Finanzportal, dessen Umsetzungsbudget im Vorfeld angegeben wurde. Das Portal ist in Abbildung 15 zu sehen. Zur Präsentation wurden 10 Unternehmen geladen. Im folgenden Abschnitt soll auf das Requirements-Engineering und dessen Schwierigkeiten eingegangen werden.

### 3.4.1 Projektbeschreibung

Basis für das Requirements-Engineering im gegeben Projekt war eine ca. 40 Seiten umfassende Präsentation sowie die vorhandene Webseite des Auftraggebers (vgl. Abbildung 15).

Die Dokumenten- und Systemanalyse waren damit als Methoden im Rahmen der Anforderungsanalyse gesetzt. Wie bei Wettbewerbspräsentationen üblich, war das Briefing Dokument sehr offen verfasst und ließ einen weiten Interpretationsspielraum für die Umsetzung zu.

Ziel des Projekts war die grundlegende Überarbeitung (Relaunch) der Webseite zusammen mit einem Wechsel der technischen Infrastruktur und der Integration eines Servicebereichs. Dazu fanden sich im Dokument Zielformulierungen in der ersten Kurzbeschreibung, die Abbildung 16 zu entnehmen sind.

Darauf aufbauend wurden dann weitere Ansatzpunkte für die Neugestaltung ausgeführt, über die die Ziele der Umsetzung verdeutlicht werden sollten. Auszüge des Dokumentes finden sich in Abbildung 17.

In den Ansatzpunkten für die Neugestaltung sind zu erreichende Ziele, funktionale Anforderungen, redaktionelle Bedürfnisse und Rahmenbedingungen ver-

---

[244] Vgl.: *Grünbacher, P.* 2003, S. 36.

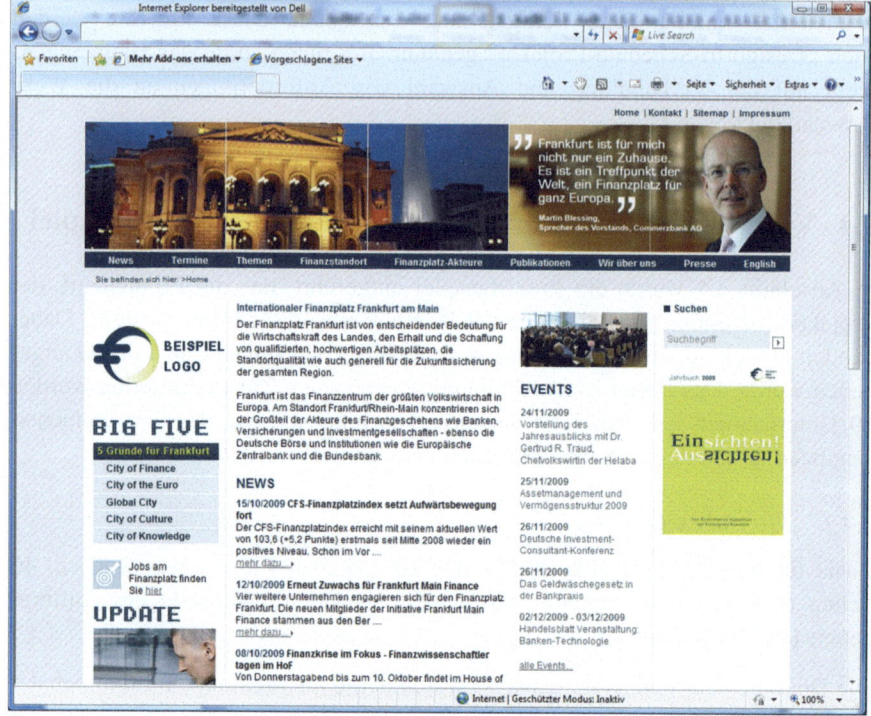

Abbildung 15: Die Webseite des Auftraggebers.
Quelle: Eigene Darstellung.

mischt. In der Anforderungsanalyse wurde versucht, auf die Punkte einzugehen und Ihnen Lösungsansätze im Rahmen der Gestaltung und der technischem Umsetzung gegenüber zu stellen.

Im Zentrum des Portals befindet sich ein persönlicher Bereich für jeden User, der als User-Desktop bezeichnet wird. Auf diesem virtuellen Schreibtisch sollen sich die User ihre gewünschten Funktionen selbst zusammenstellen können. Als „Best Practice Beispiele" für die Umsetzung wurden „iGoogle", „Pageflakes" und „Netvibes" genannt. Im Detail sollte ein persönlicher Veranstaltungskalender, ein News-Channel, ein Notizblock, eine Stellenbörse und eine Visitenkarte mit Blogging-Funktion in das Portal integriert werden.

Eine Vorgabe bei der Realisierung dieses User-Desktops besteht darin, dass die Personalisierung sowohl ohne Registrierung möglich sein muss als auch über

## 3.4 Vorvertragliche Anforderungserhebung im Praxisbeispiel 115

**Kurzbeschreibung des Vorhabens:**

- Die Seite soll einem vollständigen Relaunch unterzogen werden
- Der Relaunch umfasst die Inhalte, das Design und die Funktionen
- Die Seite muss laufend in enger Absprache mit dem Auftraggeber gepflegt werden, dazu ist ein leistungsfähiges Redaktionssystem nötig
- Zentral ist die Abstimmung der Seite auf die Themen und Standpunkte des Auftraggebers

Abbildung 16: Kurzvorstellung des Projektes.
Quelle: Eigene Darstellung.

**Ansatzpunkte für die Neugestaltung:**

- Steigerung von Aktualität und Interaktivität > Nutzbarkeit und Erlebbarkeit des Auftritts erhöhen
- Ausbau des Funktions- und Inhaltsumfangs als Anreiz für den Besuch des Portals
- Erhöhung der Zugriffszahlen und -frequenzen
- Eine insgesamt modernere, dynamischere Gestaltung der Homepage
- Trennung zwischen Redaktion und Webentwicklung/ -support bleibt aufrecht erhalten
- Das neue Portal hat öffentliche sowie nicht-öffentliche Bereiche
- Ausbau der technischen Infrastruktur: Leistungsfähiges und pflegeleichtes Redaktionssystem / Datenbanken > medienneutrales Datenformat
- Zugang zum Redaktionssystem / Datenbanken für Content-Partner schaffen
- Schnittstellen zur Datenaktualisierung und zum Datenaustausch einrichten
- Verbessertes Usability-Konzept
- Generelle Anforderung an das Portal: leichte Pflege der Inhalte
- Integration der Nutzer / Interaktion der Nutzer
- Nutzerverwaltung / Rechtemanagement
- Nutzbarkeit des Portals in kritischen Sicherheitsumgebungen der User (Banken / Finanzdienstleister) muss gewährleistet sein

Abbildung 17: Ansatzpunkte für die Neugestaltung.
Quelle: Eigene Darstellung.

eine Registrierung bzw. einen Login erfolgen kann. Als Grund dafür nennt der Auftraggeber die engen Sicherheitsbestimmungen in den Unternehmen vieler User und Akteure.

Die Kalkulation und Umsetzung der in diesem Bereich geforderten Funktionen sind als sehr problematisch einzustufen, da ohne eine konkretere Beschreibung der geforderten Anforderungen ein sehr hohes Risiko bei der Kostenabschätzung besteht. Daraus ergab sich der problematischste Bereich der Umsetzung und es wurde beschlossen, den Funktionsumfang mit dem Auftraggeber zu diskutieren.

### 3.4.2 Präsentationsvorbereitung

Die Vorbereitung von Präsentationen ist in den meisten Unternehmen ein strukturierter, iterativer Prozess, in dessen Verlauf eine Idee soweit konkretisiert wird, dass sie den Vorstellungen der beteiligten Personen entspricht und damit präsentabel ist. Der Prozess setzt sich aus einer Abfolge von Meetings und Ausarbeitungsrunden zusammen. Treten während der Ausarbeitung Fragen auf, dann werden diese intern oder mit dem Kunden geklärt. Im Verlauf des Prozesses entstehen die Projektskizze, die Visualisierung, die Präsentation und das Angebot inklusive der Kalkulation.

In einem ersten Kick Off Meeting werden die Anforderungen und Ziele definiert, für die die grafische Umsetzung realisiert werden soll. Dabei kommt es darauf an, eine ansprechende Gestaltung mit den Anforderungen des potenziellen Auftraggebers in Einklang zu bringen. Zentrale Anforderungen des Auftraggebers waren im Beispiel die Steigerung von Aktualität und Interaktivität sowie eine Vereinfachung der Nutzbarkeit bei gleichzeitigem Ausbau des Funktions- und Inhaltsumfangs. Dies bei der Nebenbedingung einer modernen, dynamischen Gestaltung des gesamten Auftritts.

Im Kick Off sind die Beteiligten verschiedene Finanzportale durchgegangen, um eine eigene Interpretation der Anforderungen festlegen zu können. Im Rahmen des Meetings verständigte man sich darauf, nicht dem gängigen Muster der Webseiten von Finanzdienstleistern zu folgen, sondern ein eigenständiges Layout zu entwickeln. Dies sollte sich durch eine graphische Reduktion auszeichnen, keine aufwendige Bildwelt enthalten und damit der Seite den Charakter eines interaktiven News Portals verleihen.

## 3.4 Vorvertragliche Anforderungserhebung im Praxisbeispiel

**Tätigkeiten im Rahmen der Präsentationsvorbereitung:**

- Ermittlung und Aufbereitung der Anforderungen
- Ausarbeitung des Grafikkonzepts
- Diskussion / Abnahme des Grafikkonzeptes
- Festlegung benötigter Detailbereiche
- Konzeption und Umsetzung der Detailbereiche
- Beschreibung des Grafik Konzepts / Fachkonzepts
- Beschreibung des technischen Konzepts
- Schätzung / Grobkalkulation der Kosten für die Umsetzungen
- Erstellung des Angebotes und der Präsentation

Abbildung 18: Tätigkeiten zur Vorbereitung von Präsentationen.
Quelle: Eigene Darstellung.

Als wesentliches Grafikelement sollte eine Illustration der Frankfurter Skyline verwendet werden, die Seite wurde als Dreispalter mit einer horizontalen Navigation auf der ersten Ebene und einer vertikalen Navigation auf der zweiten Ebene geplant.

Die Farbwelt der Seite sollte das Logo des Auftraggebers widerspiegeln und die darin enthaltenen Grundfarben verwenden, wie in Abbildung 19 zu sehen ist. Auf Basis des Meetings wurden verschiedene Layouts für die Startseite ausgearbeitet und in einem zweiten Meeting präsentiert.

Nach einer gemeinsamen Bewertung der Entwürfe wurde die untere Variante aus Abbildung 19 ausgewählt und eine Animation für die Frankfurter Skyline definiert. Diese sollte sich dem Tagesverlauf anpassen und jeweils unterschiedlich aussehen. Als Ergebnis wurden drei verschiedene Silhouetten für die Präsentation erstellt, auf eine Animierung wurde Aufgrund des hohen Aufwands verzichtet, wie in Abbildung 20 zu sehen ist.

Nachdem der Grafikentwurf für die Startseite festgelegt war, wurden die notwendigen Detailseiten definiert. Insgesamt wurden fünf Bereiche festgelegt, für die eine Visualisierung notwendig erschienen. Darunter zwei Varianten der Startseite, eine Detailseite, der Veranstaltungskalender, die Karriereseite und eine Idee für den User Desktop. Die Visualisierung der Seiten erfolgt in Abstimmung zwischen Konzepter und Grafiker in Photoshop. Vom Konzepter wurden Scribbles gezeichnet, die dann in der Grafik umgesetzt und angepasst wur-

118  3 Anforderungserhebung in der Vorvertragsphase

Abbildung 19: Evolution der Entwürfe.
Quelle: Eigene Darstellung.

den. Die erzeugten Scribbles können als User Stories bezeichnet werden, wobei der Dialog im Rahmen der Umsetzung zwischen Konzepter und Grafiker stattgefunden hat. Danach erfolgt die Übernahme der Visualisierungen in eine Powerpoint Präsentation, um den Entwurf und seine Funktionen zu erläutern.

Auch die erste Grobkalkulation wurde in die Powerpoint Datei eingearbeitet und sollte zu einem späteren Zeitpunkt um ein detailliertes Angebot erweitert werden. Zur Kalkulation der Aufwände wurde ein Excel Sheet verwendet. Dort wurden die umzusetzenden Seiten als Basis für die Kalkulation herangezogen und die für deren Realisierung notwendigen Personentage geschätzt. Für jeden Bereich wurden die Aufwände für die Konzeption, Gestaltung, technische Realisierung und das Projektmanagement definiert und mit einem individuellen Risikozuschlag versehen. Grundlage für die Kalkulation waren Erfahrungen aus ähnlichen Projekten, die im Unternehmen kalkuliert und umgesetzt wurden.

## 3.4 Vorvertragliche Anforderungserhebung im Praxisbeispiel

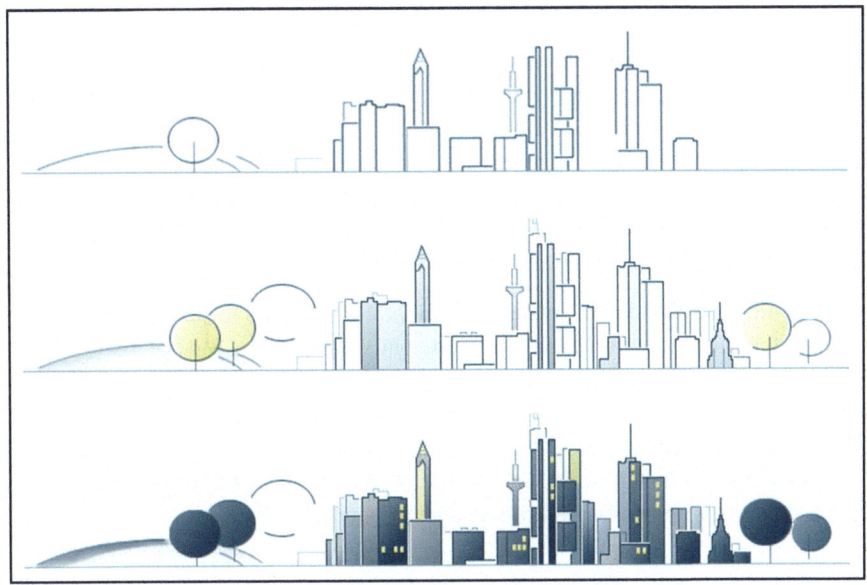

Abbildung 20: Schattenverlauf der Silhouette.
Quelle: Eigene Darstellung.

Für die Umsetzung sollte ein Content Management System verwendet werden. Die technischen Möglichkeiten des Systems wurden ebenso in die Präsentation aufgenommen, wie Hinweise zur Integration des Projekts in das System.

Zur Klärung offener Fragen gab es für jeden Teilnehmer eine Telefonkonferenz, in der in Abstimmung mit dem Auftraggeber der User Desktop aus der Kalkulation heraus genommen wurde, da die Anforderungen noch nicht präzise genug formuliert werden konnten. In der Präsentation sollten jedoch Ideen dazu enthalten bleiben. Der User Desktop wurde daher nur sehr grob fachlich und technisch umrissen und die Risiken seiner Umsetzung wurden diskutiert.

An dieser Stelle wird deutlich, wie eingeschränkt die Methoden des Requirements-Engineering in der Praxis eingesetzt werden können. Die Telefonkonferenz hatte eine Dauer von ca. 45 Minuten und war die einzige Interaktionsmöglichkeit mit dem Auftraggeber vor der Abgabe der Präsentationen. Es bestand somit kein Raum für Interviews, Beobachtungen, Fragebögen oder User Stories. Die Ausarbeitungen beruhen zum größten Teil auf den Auswertungen des Briefing Dokumentes sowie selbst getroffenen Annahmen und Überlegungen.

Im Rahmen der Ausarbeitungen entstand eine erste Projektskizze, die dem Auftraggeber für die Auswahl der vier zur Präsentation einzuladenden Unternehmen zugesendet wurde. Die Skizze wurde in die Runde der letzten vier Unternehmen aufgenommen, wodurch die Möglichkeit zur Präsentation des Projekts vor dem Auswahlgremium des Auftraggebers gegeben war. Das Buying Center des Auftraggebers war mit 7 Personen besetzt. Um ein fachlich und personell entsprechendes Team aufzustellen wurde die Präsentation von drei Personen vorgenommen, die Grafik- Technik und Konzeptions-Know-how aufwiesen.

Leider wurde die Runde der letzten vier nicht erreicht. Als Grund für das Scheitern wurden zum einen die deutlich weiter ausgearbeiteten Mock-Ups der Mitbewerber genannt, die klickbar waren und einen besseren Überblick der Umsetzungen gaben. Zusätzlich fehlte es unserer Präsentation laut Aussage des Auftraggebers an Dynamik und Details. Zum zweiten wurde die Unvollständigkeit der Kalkulation bemängelt, da wir uns nicht an den User Desktop heran gewagt hatten, den die Mitbewerber kalkuliert und ausgearbeitet hatten.

### 3.4.3 Probleme im Praxisbeispiel

Insgesamt spiegelt das vorgestellt Projekt die Probleme der Praxis im Rahmen der Vorbereitung von internetbasierten Softwareprojekten sehr gut wieder. Zum einen ist der enorme Aufwand für die Vorbereitung professioneller Präsentationen und Angebote zu nennen. Im Rahmen der Ausarbeitungen sind ca. 30-35 verschiedene Seiten in der Bildverarbeitung Adobe Photoshop gestaltet worden. Für jede Seite kann im Schnitt von einem Aufwand von 1-2 Stunden ausgegangen werden, woraus etwa 5-7 Personentage für die Entwicklung des Grafikkonzeptes und die Erstellung der Mock-Ups resultieren. Zusätzlich kommen noch einmal 1-2 Personentage für die Konzeption der Seiten hinzu.

Im Rahmen der Vorbereitung wurden die fertig gestalteten Seiten zur Absicherung noch einmal einem externen Fachmann zur Beurteilung vorgelegt. Dem Experten fehlte in der vorgelegten Ausarbeitung die Tiefe und er schlug einige Änderungen vor, um dieses Manko zu beheben.

Die vorgeschlagenen Änderungen bewegten sich zwar auf einer Detailebene, hatten jedoch Auswirkungen auf alle erstellten Seiten, weshalb diese noch einmal vollständig angepasst werden mussten. Hier erschwert die Ineffizienz einer Bilderverarbeitungssoftware im Screen Design ganz erheblich eine schnelle Bearbeitung, da es dort kein Template Konzept gibt, über das globale Änderungen

## 3.4 Vorvertragliche Anforderungserhebung im Praxisbeispiel

Abbildung 21: Feinkonzeption des Layouts.
Quelle: Eigene Darstellung.

an einer Grafik, wie die oben zu sehenden Hintergrundanpassungen, automatisch auf alle Detailseiten übertragen werden können. Dies ist nur eine von verschiedenen Ineffizienzen von Bildbearbeitungen im Bereich des Screen Designs, weitere finden sich in der mangelhaften Textbearbeitung und der hohen Komplexität im Umgang mit Vektoren und Masken. Trotzdem ist Photoshop, aus Sicht vieler Grafiker, eine gute Alternativen zu HTML-Editoren oder Vektororientierten-Programmen.[245]

Eine Untersuchung zur Werkzeugnutzung im Rahmen der Prototyperstellung hat Olsen vorgenommen. Seine Ergebnisse decken sich mit den praktischen Erfahrungen. Abbildung 22 zeigt unterschiedliche Tools, die zum Erstellen von Prototypen eingesetzt werden. Es überwiegt der Einsatz von Programmen, die eine Darstellung der Seite im finalen Design ermöglichen. Die Erstellung des Layouts und eine einfache Präsentation der Prototypen stehen im Vordergrund.[246] Keines der untersuchten Systeme ermöglicht eine integrierte Anforderungserhebung, Dokumentation und Kalkulation.

Als zweites Problem ist die Schnittstelle zwischen Konzepter und Grafiker zu nennen. Durch unklare Skribbles und unpräzise Beschreibungen bzw. Missverständnisse entstehen immer wieder Doppelarbeiten und Korrekturen. Dies kann vermieden werden, wenn die Konzepter mit entsprechenden Hilfsmitteln in die Lage versetzt werden, die Detailseiten, bei denen es auf eine fachliche und nicht

---

[245] Vgl.: *Kalenborn, A. / Fetzer, K.* 2012.
[246] Vgl.: *Olsen, H.* 2002.

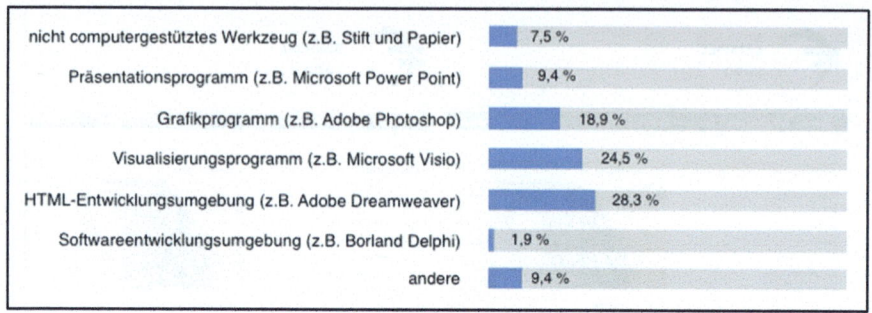

Abbildung 22: Werkzeuge für das Prototyping im Web Engineering.
Quelle: *Olsen, H.* 2002.

graphische Konzeption ankommt selbst zu erstellen. Mit einer entsprechenden Werkzeugunterstützung können sie in die Lage versetzt werden, weite Teile der Umsetzung vorzunehmen, wodurch signifikant Doppelarbeiten eingespart werden können. Ein weiterer Vorteil liegt in der Fokussierung der Grafiker auf Ihren Kernbereich, sie können sich der graphischen Konzeption intensiver widmen und werden von Routinetätigkeiten entlastet.

Als dritter Punkt ist das Problem der Wiederverwendbarkeit der Elemente zu nennen. Jede Webseite beinhaltet eine Navigation, Infoboxen oder auch ein Suchfeld. Häufig werden ganze Module, wie eine Bildergalerie oder ein Forum in eine Seite integriert. Dies bereitet mit den konventionellen Werkzeugen ganz erheblichen Aufwand, da die Wiederverwendbarkeit der Komponenten nicht gewährleistet werden kann. Diese müssen in jeder neu zu erstellenden Seite stark angepasst oder auch komplett neu entwickelt und integriert werden.

Als letzter Punkt ist die fehlende Unterstützung durch die Werkzeuge im Rahmen der Angebotserstellung, Präsentation und Kalkulation zu nennen. Alle drei Tätigkeiten laufen manuell ab, obwohl mit einem Mock-Up eine gute Grundlage für die Kalkulation vorhanden ist, die mit mehr semantischer Aufbereitung in die Angebote einfließen könnten und als interaktiver Klick-Prototyp ideal im Rahmen einer Präsentation eingesetzt werden können.

## 3.5 Defizite der Anforderungserhebung in der Vorvertragsphase

Bei der Vorstellung der Methoden des Requirements-Engineering und deren Anwendung auf das Praxisbeispiel konnten bereits einige Probleme bei der Vorbereitung von Softwareprojekten verdeutlicht werden. An dieser Stelle soll noch einmal ein Fazit gezogen, Defizite zusammengefasst und grundlegende Anforderungen an eine Methode zur verbesserten Unterstützung des Prozesses gestellt werden.

Bei der Gewinnung der Anforderungen ist der Hauptkritikpunkt im *Aufwand* zu sehen, den die Methoden des Requirements-Engineering und ihre korrespondierenden Assistenztechniken verursachen. In der Angebotsphase stehen einem Auftraggeber mehrere Auftragnehmer gegenüber, die mit Informationen versorgt werden müssen. Gewinnungstechniken wie die Beobachtung, die schriftliche Befragung oder auch ein Workshop sind nur selten bis gar nicht verwendbar. Für Interviews steht in der Regel wenig Zeit zur Verfügung, die effizient genutzt werden muss. Bleibt die Analyse der angebotsbegleitenden Unterlagen und der vorhandenen Systeme. Das Ergebnis dieser Analysen ist von den Qualität der Dokumente und Erreichbarkeit der Systeme abhängig.

*Pohl* klassifiziert den Aufwand für die Gewinnung der Anforderungen mit Hilfe der beschriebenen Methoden durchweg als hoch bis sehr hoch und attestiert lediglich der Befragung einen mittleren bis geringen Aufwand.[247] Dies sollte jedoch kritisch betrachtet werden, da auch die Vorbereitung und Durchführung einer strukturierten Befragung erhebliche Aufwände verursachen kann. Eine verbesserte Methode zur Unterstützung der Anforderungserhebung in der Angebotsphase muss daher effizienter sein als die konventionellen Methoden. Diese Effizienzsteigerungen sollen durch eine Werkzeugunterstützung sowie die Wiederverwendung von Anforderungen erreicht werden.

Im Rahmen der Dokumentation der Anforderungen ist der Aspekt der *Verständlichkeit* maßgeblich in der Angebotsphase, da mehrdeutige oder unklare Anforderungen Risiken nach sich ziehen.[248] Was dabei für einen Auftraggeber verständlich ist, hängt in erster Linie von seinem fachlichen Hintergrund ab. In einem Buying Center werden verschiedene Sichten auf das zu vergebende Pro-

---

[247] Vgl.: *Pohl, K.* 2008, S. 309ff.
[248] Vgl.: *Recknagel, M. / Rupp, C.* 2006, S. 20f.

jekt betrachtet, die für die Mitglieder individuell aufzubereiten sind. Gleichzeitig sind die in Abschnitt 3.3.3 angeführten Besonderheiten im Rahmen der Web Entwicklung, wie Multidisziplinarität oder unbekannte Stakeholder, zu berücksichtigen.

Die Methoden, die zur Dokumentation der Anforderungen zur Verfügung stehen, müssen auf die Stakeholder und deren fachlichen Hintergrund abgestimmt werden. Die Dokumentation in natürlicher Sprache ist aufwendig und unpräzise, wodurch viele Interpretationsspielräume entstehen. Sie bleibt aber unverzichtbar für jedes Angebot. Formale Modelle sind für die Diskussion unter IT-Spezialisten sehr gut geeignet, werden aber von den fachfremden Stakeholdern nicht verstanden und eignen sich daher nur beschränkt für die Aufbereitung von Angeboten.[249] Die Dokumentation über Mock-Ups und Prototypen ist mit konventionellen Werkzeugen zu aufwendig, stellt aber eine präzise und verständliche Möglichkeit dar, dem Kunden ein Projekt zu erläutern und es für ihn bereits sehr früh erlebbar und diskutierbar zu machen. Das Mobex-Werkzeug soll die Erstellung und Beschreibung von Mock-Ups deutlich vereinfachen.

Ein weiterer Kritikpunkt stellt die Abkopplung der Angebotserstellung und Kalkulation vom Requirements-Engineering und insbesondere der Kalkulation der Projekte dar. Dies ist darauf zurück zu führen, dass die Phase des Requirements-Engineering in der Literatur durchgängig im bereits gewonnen Projekt integriert ist und nicht vor dem eigentlichen Projekt stattfindet, so wie es in der Angebotspraxis der Fall ist.[250] Hier müssen zwei Phasen der Anforderungsanalyse unterschieden werden, damit Aspekte der Angebotsgestaltung im Requirements-Engineering Berücksichtigung finden können und damit den Anforderungen der Praxis gerecht zu werden. Der geschätzte Aufwand für die Umsetzung einer Anforderung ist ein wesentlicher Aspekt, der bei der Gewinnung, Dokumentation und Validierung der Anforderungen Berücksichtigung finden muss. Die Aufwandschätzung soll daher als fester Bestandteil der Anforderungserhebung werden und vom Werkzeug berücksichtigt werden.

Insgesamt fehlt eine integrierte Vorgehensweise für die Angebotserstellung bzw. das frühe Requirements-Engineering von Web Projekten. Eine solche Methode soll die Vorteile des Prototyping nutzen jedoch den Aufwand für die Erstellung von Mock-Ups minimieren.

---

[249] Vgl.: *Kastens, U., Kleine-Büning, H.* 2005, S. 23ff.
[250] Vgl.: *Partsch, H.* 2010, S. 2ff; *Pohl, K.* 2008, S. 30ff; *Pohl, K. / Rupp. C.* 2010, S. 13; *Sommerville, I.* 2007, S. 63ff.

# 4 Die werkzeugbasierte Modeling by Example Methode

In den bisherigen Ausarbeitungen wurde auf die Probleme im Rahmen der Vorbereitung von Softwareprojekten eingegangen und es wurden Defizite in den Methoden des Requirements-Engineering in dieser Phase eines Softwareprojekts beschrieben. Die im Folgenden vorgestellte Methode stellt die visuelle Aufbereitung eines Web Projektes in das Zentrum des Requirements-Engineering und der Modellierung. Der Kunde soll bereits in der Angebotsphase eine möglichst präzise Vorstellung seiner Anwendung bekommen und diese erleben können. Dem Motto von Albert Einstein folgend, *„If I can't picture it, I can't understand it!"*, wird ein Abbild der Anwendung als Basis für die fachliche und technische Beschreibung der Anforderungen sowie deren Kalkulation verwendet.

Der Anspruch besteht darin, den Aufwand für die Erstellung eines einfachen Mock-Ups mit dem Nutzen eines hochwertigen Prototyps zu verbinden und zusätzlich kalkulatorische Aspekte zu integrieren.[251] Die beschriebene Methode soll die Bedürfnisse von Dienstleistungsunternehmen, die im Kundenauftrag Web-Anwendungen entwickeln, stärker in den Vordergrund rücken als dies die in der Literatur beschriebenen Methoden tun. Zusätzlich soll das Requirements-Engineering um den Problembereich der Angebotserstellung erweitert werden.

Im Rahmen der Angebotserstellung müssen einerseits verständliche Darstellungen für Stakeholder ohne Erfahrung im Software-Engineering generiert werden, damit diese die dokumentierten Anforderungen verstehen und validieren können. Andererseits müssen die Informationen präzise genug erfasst werden, um eine Kalkulation und wirtschaftliche Umsetzbarkeit der Anwendung zu ermöglichen.

Zunächst werden in diesem Kapitel die sog. „by Example" Ansätze vorgestellt und deren Idee auf die Modellierung von internetbasierten Systemen angewendet. Danach werden die Ziele und die Anforderungen an die MbE-Methode vorgestellt und es werden die zentralen Konzepte der Methode eingeführt. Diese sind in der semantischen Anreicherung der Mock-Ups, der Wieder- und Mehrfachverwendung der Artefakte sowie der integrierten Anforderungserhebung zu sehen.

---

[251] Vgl.: *Robertson, S. / Roberston, J.* 2006, S. 408.

In Kapitel 5 erfolgt dann die Vorstellung des Mobex-Werkzeugs, das der Umsetzung der Anforderungen und Konzepte der MbE-Methode dient. Dazu wird die Architektur, der Aufbau und die Benutzeroberfläche des Werkzeugs vorgestellt. Danach folgen die Funktionen, durch die die in der Methode geforderten Ziele und Konzepte in der Software umgesetzt sind. Zum Abschluss des Kapitels werden die Schnittstellen der Software vorgestellt und es wird kurz auf das Datenmodell der Anwendung eingegangen.

In Kapitel 6 erfolgt dann die Evaluation der Methode. Dazu wird der Prozess der vorvertragliche Anforderungserhebung in der MbE-Methode eingeführt. Danach wird ein Experiment vorgestellt, das der Effizienzmessung der Methode und seines Werkzeugs dient. Das Kapitel schließt mit den Grenzen der Methode.

## 4.1 Die "by Example" Ansätze

Die sog. "by example"-Ansätze wurden im Kontext von Datenbanken als „*Query by Example (QbE)*" eingeführt.[252] Der QbE Ansatz stellt eine Alternative zur Datenbankabfragesprache SQL dar und wird in abgewandelter Form in vielen Anwendungen verwendet. Datenbanken wie Microsoft Access oder Corel Paradox ermöglichen beispielsweise den Wechsel zwischen einer QbE Sicht und einer äquivalenten SQL Darstellung von Abfragen. Die QbE Technik ermöglicht es auch Laien ohne Erfahrung mit Datenbanksprachen, komplexe Auswertungen oder Änderungen in relationalen Datenbanken durchzuführen.

Um Daten aus einer oder mehreren Tabellen abzufragen, werden konstante und variable Werte in Beispielzeilen der Tabellen eingesetzt. Wird eine Variable mehrfach verwendet, dann werden die Tabellen an Hand der entsprechenden Spalten verknüpft. Als Ergebnis werden alle möglichen Kombinationen von Zeilen des Kreuzproduktes der Tabellen, die sich unter Einhaltung der durch die Konstanten und Variablen gegebenen Restriktionen erstellen lassen, ausgegeben.

Ein anderer Ansatz aus diesem Bereich ist das „*Programming by Example*". Es ermöglicht Benutzern eine Anwendung innerhalb der gewohnten Benutzeroberfläche ihrer jeweiligen Anwendung zu programmieren. Die Makrofunktionen der gängigen Office-Lösungen sind ein Beispiel hierfür. Ein Programm wird erstellt, indem der Benutzer beispielhaft durchführt, was das Programm später machen

---

[252] Vgl.: *Zloof, M. M.* 1977, S. 5ff.

## 4.1 Die "by Example" Ansätze

soll. Die Schwierigkeit besteht darin, die Intention des Benutzers zu erkennen und das konkrete Beispiel entsprechend zu generalisieren. *Myers* beschreibt entsprechende Ansätze prägnant mit dem Titel „*Do What I Mean*".[253]

Die Idee, Programme oder Programmteile aus Beispielen heraus zu erstellen, findet im Web-Engineering häufig Anwendung. So werden die Designs von Webseiten häufig von Agenturen erstellt und als HTML-Beispielseiten an den Dienstleister für die Implementierung weitergegeben. Dieser erstellt dann ein Template, indem er Beispieldaten durch Platzhalter ersetzt und die statischen Seiten damit dynamisiert.[254]

Auch im Bereich der Visualisierung findet sich ein ähnlicher Ansatz. So verwenden *Funkhouser et al.* auch den Begriff "*Modeling by Example*" bei einem Lösungsansatz zur einfachen und schnellen Generierung von 3D-Objekten.[255] Das dort beschriebene Problem besteht darin, dass kommerzielle 3D-Modellierungsprogramme oftmals sehr komplex sind und ihr Einsatz dadurch lediglich auf Experten beschränkt ist. Einfachere Programme ermöglichen zwar ein leichteres Modellieren von 3D-Objekten und sind so einer breiteren Masse zugänglich, sie scheitern jedoch aufgrund ihrer mangelnden Funktionalität an der Darstellung von komplexeren Gebilden. Ziel ist es ein Werkzeug zu schaffen, mit dem ein einfaches Modellieren von komplexen 3D-Objekten möglich wird.

Dies soll durch die Wiederverwendung bestimmter Teile von zuvor erstellten Objekten realisiert werden, so wie dies in Abbildung 23 zu sehen ist. Dabei steht eine Datenbank zur Verfügung in der zahlreiche Formen gespeichert sind. Aus dieser Datenbank kann der Nutzer ohne großen Aufwand benötigte Teile auswählen und diese zu einem neuen Objekt zusammensetzten. Ein ähnlicher Ansatz findet sich auch bei Zelinka.[256]

Allen Ansätzen gemein ist, dass konkrete Ausprägungen, also Beispiele, verallgemeinert werden. Auf diese Weise kann der Anwender die Aufgabe intuitiver formulieren, indem er seine Vorstellung des Ergebnisses angibt. Er ist nicht darauf angewiesen, grundlegend neue Konzepte zu erlernen.

---

[253] Vgl.: *Myers, B. A.* 1986, S. 60f.
[254] Vgl.: *Lechner, S.* 2004, S. 30f.
[255] Vgl.: *Funkhouser T. et al.* 2004, S. 1ff.
[256] Vgl.: *Zelinka, S. D.* 2005, S. 11ff.

Abbildung 23: Zusammensetzung von 3D Objekten.
Quelle: *Funkhouser T. et al.* 2004, S. 1.

Die MbE-Methode soll diesen Gedanken auf die Modellierung von Web-Anwendungen übertragen. Anstatt vom Benutzer zu fordern, abstrakte Methoden oder Darstellungsformen zu erlernen, wird das Ergebnis, also die Ansicht der Benutzeroberfläche, als Ausgangspunkt für die Konzeption der Anwendung benutzt. Das Erfassen zusätzlicher Informationen ermöglicht es, das Modell später durch versiertes Fachpersonal zu verfeinern und zu vervollständigen.

## 4.2 Ziel der Modeling by Example Methode

Ziel der MbE-Methode ist die Effizienzsteigerung bei der Angebotserstellung und Vorbereitung von internetbasierten Projekten sowie eine Verbesserung des Dialogs mit den fachfremden Stakeholdern im Rahmen der Vorvertragsphase und dem Projektverlauf.

## 4.2 Ziel der Modeling by Example Methode

In der Anbahnungsphase müssen die Anforderungen an die umzusetzende Software so präzise erfasst werden, dass daraus ein konkurrenzfähiges Angebot entstehen kann, welches den Kunden überzeugt.[257] Das wahrgenommene Risiko des Kunden muss durch geschickten Informationsaustausch soweit minimiert werden, dass die Offerte als attraktive Alternative eingestuft wird. Die Überzeugung des Kunden von den Fähigkeiten des Auftragnehmers ist daher das primäre Ziel des Angebotes. Daher sprechen *Kotler et. al.* vom Angebot als geschicktes Marketing Dokument, das in der Begriffswelt des Kunden zusammenfasst, welchen Nutzen, Wert und Vorteil in einem Produkt oder einer Dienstleitung zu finden ist.[258]

Leider ist es in dieser Phase unmöglich, eine vollständige Anforderungsanalyse durchzuführen, da die Kosten dafür zu hoch sind und in keinem Verhältnis zur Wahrscheinlichkeit stehen, den Auftrag tatsächlich zu erhalten. Das entstehende Angebot kann somit lediglich als Grobkonzeption eines Pflichtenheftes verstanden werden, das präzisiert werden muss, wenn das Projekt gewonnen wurde und sich in der Umsetzungsphase befindet.

Basis für die Anforderungserhebung ist abhängig vom Vergabeverfahren ein mehr oder weniger präzises Lastenheft oder Briefing Dokument. Zusätzlich sind im Rahmen der freihändigen Vergabe und der Wettbewerbspräsentation Besprechungen üblich, in Ausschreibung sind strukturierte Fragerunden vorgesehen.

Es muss also mit wenig Input und unter Zeitdruck eine Beschreibung des umzusetzenden Projektes entstehen, das den Auftraggeber überzeugt. Dabei ist die möglichst einfache und bildhafte Dokumentation der Anforderung wichtig, um IT fremde Entscheider zu überzeugen, so wie es der IKIWISI-Ansatz fordert.[259]

Wie bereits in Abschnitt 2.1.2.2 ausführlich behandelt, werden Entscheidungen über die Vergabe von Softwareprojekten in der Regel in Gremien, den sog. Buying Centern gefällt. Die Teilnehmer der Buying Center haben unterschiedliche Sichtweisen auf das Projekt, wie die Kostensicht, die Anmutung oder die technische Realisierung. Um möglichst alle Mitglieder des Buying Center überzeugen zu können, wird ein Angebot meist um zusätzliche Dokumente erweitert, wie eine technische Spezifikation oder ein Grafikkonzept. Das bedeutet, dass ein

---

[257] Vgl.: *Kleinaltenkamp, M.* 1999, S. 44ff.
[258] Vgl.: *Kotler, P. / Keller, K.L. / Bliemel, F.* 2007, S. 339f.
[259] Vgl. *Boehm, B.* 2000., S. 101ff.; *Gordon, V.S. / Bieman, J.M.* 1995, S. 100ff.

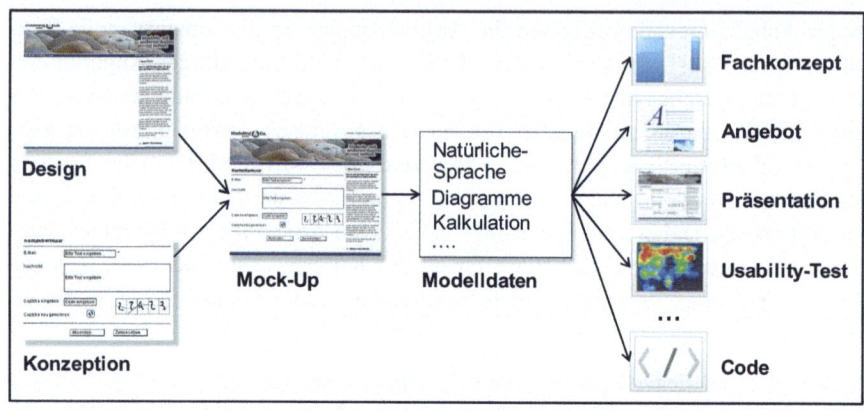

Abbildung 24: Die MbE-Methode.
Quelle: Eigene Darstellung.

Dokument in der Regel nicht ausreicht, um alle Sichten gleichermaßen einarbeiten zu können, was bei der Konzeption der MbE-Methode berücksichtigt werden muss, was in Abbildung 24 dargestellt ist.

Basis für die Vertragsunterzeichnung ist das Angebotsdokument, das die Art und Weise beinhaltet, wie der Auftragnehmer das Projekt zu welchem Preis umzusetzen gedenkt. Das Angebot wird dem Kunden in der Regel vorgestellt, was ein weiteres Dokument in Form einer Präsentation erfordert. Gängig sind weiterhin klickbare Prototypen bzw. Mock-Ups, die dem Kunden die Anwendung verdeutlichen.

Heute werden diese Outputs manuell in Grafikprogrammen, Textverarbeitungen, Tabellenkalkulationen und Präsentationssystemen erstellt, wodurch ein hoher Aufwand verursacht wird. An dieser Stelle setzt die MbE Idee an, die durch effiziente Mock-Ups ein signifikantes Einsparungspotenzial ermöglichen soll.

Um die Ziele der MbE Idee umsetzen zu können, müssen Mock-Ups effizienter erstellt und semantisch angereichert werden. Die Erstellung soll möglichst im Dialog mit dem Kunden erfolgen, um ein direktes Feedback zu der Umsetzung erhalten und aufwendige Protokolle und Abstimmungen zu vermeiden.

## 4.3 Anforderungen an die Modeling by Example Methode

Aus den bisherigen Erkenntnissen und den vorgestellten Zielen lassen sich Anforderungen an die MbE-Methode ableiten. Dazu sollen die in den Kapiteln 2 und 3 abgeleiteten Erkenntnisse, sowie die Abschnitt 2.4 eingeführten Gestaltungsparameter der Angebotserstellung herangezogen und mit den Defiziten der klassischen Anforderungsanalysemethoden im Rahmen der Vorbereitung von Softwareprojekten abgeglichen werden. In diesem Abschnitt werden die Anforderungen zunächst grob definiert und dann im weiteren Verlauf des Kapitels verfeinert.

**Qualität von Angeboten**

Angebote müssen präzise, detailliert und für die Stakeholder verständlich formuliert werden. Dazu ist ein hohes Know-how in der Anwendungsdomäne notwendig sowie ein genauer Kenntnisstand bezüglich der Anforderungen des Kunden. Die Beziehungen zwischen Auftraggeber und Auftragnehmer determinieren dabei maßgeblich die Dialogmöglichkeiten zwischen den Partnern. Eine formelle, unpersönliche Beziehung erschwert den Dialog, während eine vertrauensvolle Beziehung diesen erleichtert. Alle in Abschnitt 2.4 eingeführten Gestaltungsparameter beeinflussen den in ein Angebot zu investierenden Aufwand. Eine weitere wesentliche Determinante für den Erstellungsaufwand eines Angebotes sind die verwendeten Methoden der Anforderungsanalyse und Dokumentation, wie bereits in Abschnitt 3.5 dargelegt wurde. Diese müssen der Angebotssituation entsprechen ausgewählt werden und damit möglichst wenig Aufwand verursachen. Außerdem müssen sie eine Dokumentation liefern, die nicht nur von fachfremden Stakeholdern verstanden wird, sondern diese auch noch von den Fähigkeiten des potenziellen Auftragnehmers überzeugt. Der Begriff der „Lieferung" einer Dokumentation ist hier bewusst gewählt, da die Anforderungserhebung und Dokumentation nicht getrennt voneinander betrachtet werden sollen. Der klassische Zyklus der Erhebung, Dokumentation und Validierung ist für den Angebotsprozess zu aufwendig und fehlerträchtig, die Dokumentation muss zumindest teilautomatisiert im Rahmen der Erhebung erfolgen und möglichst direkt im Dialog mit dem Kunden verifiziert werden.

Damit sind drei wesentliche Anforderungen an die Methode und das Werkzeug definiert. Sie muss möglichst *wenig Aufwand* verursachen und einen für IT-fremde Anwender *verständlichen Output* generieren, der *direkt verifiziert* werden kann. Um den Aufwand zu minimieren müssen Methode und Werkzeug integriert werden, so wie dies generell im Rahmen des Requirements-Engineering gefordert wird.[260] Eine rein manuelle Vorgehensweise oder die weitergehende Verwendung unzusammenhängender Werkzeuge kann keine signifikante Aufwandsreduzierung nach sich ziehen.

Das Werkzeug muss die systematische Erhebung und Erfassung der Anforderungen ermöglich und diese verständlich dokumentieren. Dem IKIWISI Ansatz folgend, soll die Dokumentation im Rahmen von Web Projekten möglichst visuell vorgenommen werden. Zu diesem Zweck eignen sich die am Markt verfügbaren Rapid Prototyping Werkzeuge. Ihnen fehlt jedoch die Sicht auf die Kalkulation der Aufwände für die Projektumsetzung, die im Zentrum der Angebotserstellung steht. Die Integration der Kosten für die Umsetzung eines Projektes stellt somit eine weitere Kernanforderung an das Werkzeug dar, worauf später noch eingegangen werden soll.

**Direkte Interaktion mit dem Kunden**

Der Analogie zur Küchenplanung und Architektur folgend, muss die Möglichkeit bestehen, die Anforderungen interaktiv im Kundendialog zu ermitteln und zu dokumentieren. Die sich daraus ergebende Forderung an das Werkzeug ist die Fähigkeit, möglichst schnell präsentable und diskutierbare Ergebnisse zu liefern. Dies ist zum einen durch die Wiederverwendbarkeit von Bestandteilen vorhandener Angebote (Angebotsartefakte) zu erreichen und zum anderen durch eine gute Usability, die den Modellierer bei der Anforderungserhebung unterstützt und den Kunden in den Dialog integriert.

Insbesondere der zeitkritischen Dialogsituation mit dem Kunden muss Rechnung getragen werden. Dazu werden verschiedene Wizards bzw. Unterstützungsfunktionen in das Werkzeug integriert, mit denen z.B. Vorlagen abstrakt beschrieben werden können, um dann vorgefertigte Seiten mit bereits platzierten Standardelementen generieren zu können.

**Wiederverwendbarkeit**

Bei der Wiederverwendbarkeit werden zwei Ideen berücksichtigt, zum einen die Speicherung von Angebotsartefakten in einer Vorlagenbibliothek und zum zweiten der Import von Seiten aus vorhandenen Internet Auftritten, die als Basis für die Repräsentation im konkreten Angebot dienen können. Die Vorlagenbibliothek beinhaltet komplett beschriebene und kalkulierte Module die sehr einfach in

---

[260] Vgl.: *Pohl, K. / Rupp. C.* 2010, S. 253ff.; *Pohl, K.* 2018, S. 685ff.

## 4.3 Anforderungen an die Modeling by Example Methode

ein Angebot übernommen werden können. Da sich in Internet Auftritten häufig ähnliche Funktionen wiederfinden, wie Bildergalerien, Kontaktformulare oder Foren, ist eine Vorlagenbibliothek eine wichtige Basis für eine effizientere Angebotsgestaltung. Ferner müssen die Module so nur einmal kalkuliert und beschrieben werden.

Die Möglichkeit zum Import vorhandener Seiten erleichtert die Modellierung mit dem Kunden erheblich. Internet affine Kunden kennen häufig Seiten, die ähnliche Funktionen wie die im Projekt umzusetzenden bereitstellen. Mit deren Übernahme ist ein Teil der Anforderungen bereits modelliert, die Präzisierung kann schneller und damit effizienter erfolgen. Zusätzlich macht sich der Modellierer das gesamte Internet als Basis für Vorlagen nutzbar.

**Kostenermittlung**

Die Ermittlung der Kosten für die Umsetzung eines Projektes berücksichtigt bereits kalkulierte Angebotsartefakte, ist aber nicht darauf beschränkt. Auch manuell erstellte bzw. auf Basis eines Imports überarbeitete Seiten müssen schnell und präzise kalkuliert werden, wozu die Bestandteile des Mock-Ups herangezogen werden sollen. Ein Mock-Up repräsentiert die Oberfläche eines Anwendungssystems inklusive aller Elemente, wie Felder, Buttons, Bildelemente oder Auswahlboxen. Somit steht ein Mengengerüst für eine Kalkulation zur Verfügung. Die Kalkulation kann dann analog zu einer Kalkulation im Fertigungsbereich erfolgen. Dort wird ein Bauteil auf Basis der Summe seiner Bestandteile zuzüglich der Kosten für die Montage bzw. Integration berechnet. Wie bei der Fertigung physischer Bauteile, ist dabei natürlich zu berücksichtigen, wie komplex die Integration der Elemente bzw. Module ist oder welche Sicherheitsstandards dabei eingehalten werden müssen. Diese und andere Aspekte wirken sich auf die Kalkulation aus und werden z.B. durch prozentuelle Aufschläge auf die Basiskalkulation berücksichtigt.

**Multipersonalität in der Beschaffung**

Auch aus der Multipersonalität im Buying Center ergeben sich Anforderungen an die werkzeugbasierte MbE-Methode.[261] Im Buying Center ergänzen sich die Mitglieder, indem sie unterschiedliches Wissen einbringen, um dadurch das Ergebnis der Einkaufsentscheidung zu optimieren.[262] Wenn sich Wissen und

---

[261] Vgl.: *Pepels, W.* 2005, S. 174.
[262] Vgl.: *Brennan, R./Canning, L./McDowell, R.* 2008, S. 39ff.; *Backhaus, K., Voeth, M.* 2010, S 44ff.

Erfahrung ergänzen sollen, dann sind verschiedenen Sichten auf ein Projekt nötig, die speziell aufbereitete Dokumente für die Mitglieder des Buying Centers erfordern. Für den Benutzer aus der Fachabteilung sind die Bedienungsaspekte der Software von höchster Relevanz. Er muss das Angebot verstehen und von seiner Aufgabenangemessenheit und Bedienbarkeit überzeugt sein. Für den Einkäufer ist die komprimierte und strukturierte Sicht auf die Umsetzungs- und Betriebskosten des Projektes relevant, da er diese über alle vorliegenden Angebote vergleichen muss. Die Unternehmensleitung sieht den Nutzen des Projektes vor dem Hintergrund des zu erwartenden Return on Investment und muss schnell einen Gesamtüberblick erhalten, ohne mit zu vielen Details konfrontiert zu werden. Diesen unterschiedlichen Anforderungen kann mit einem einzigen Dokument nur schwer Rechnung getragen werden, weshalb das Werkzeug dem Single Source Publishing Gedanken entsprechend, multiple Outputs, wie einen HTML Prototypen, ein Angebot, ein Lastenheft eine Kalkulation oder auch ein Produktvideo als alternative Präsentationsform liefern soll.

**Unterstützung Mobiler-Endgeräte**

Zusätzliche Komplexität im Rahmen der Umsetzung von Web Projekten bereitet die Berücksichtigung Mobiler-Endgeräte. Zwischen einer optimierten Darstellung auf Desktop-PCs bzw. Notebooks und Mobilen-Endgeräten, wie Smartphones oder Tablet-PCs bestehen signifikante Unterschiede. Hauptproblem Mobiler-Endgeräte sind die erheblich kleineren Displays und die damit verbundenen niedrigeren Auflösungen. Besucht man mit einem Smartphone desktopoptimierte Webseiten, kann dies zu Darstellungsschwierigkeiten und Informationsverlust durch mangelnde Übersichtlichkeit führen. Dies wird durch die Tatsache verschärft, dass Mobile-Endgeräte sowohl vertikal als auch horizontal gehalten werden können und die angezeigten Inhalte automatisch an den Anzeigemodus angepasst werden müssen. Auch die Touchscreen-Technologie bietet neuartige Probleme, da zusätzliche Funktionalitäten wie Zoom-, Wisch- und Scroll-Gesten zur Verfügung stehen und das Display gleichzeitig Tastatur und Maus vereint. Letzteres hat weitreichende Auswirkungen nicht nur bei der Eingabe von Text. So kommt es auch zu Problemen bei Image-Maps, die von dem Benutzer teilweise gar nicht erst als solche erkannt werden. Eine weitere Konsequenz eines fehlenden Mauszeigers sind die somit nicht umsetzbaren Mouseover-Effekte. Die sich aus diesen Aspekten ergebenden Anforderungen und ihre Auswirkungen auf die Aufwände sollten bereits in Rahmen der Angebotserstellung berücksichtigt werden.

## 4.3 Anforderungen an die Modeling by Example Methode

**Multimediale Inhalte**

Die zunehmende Bedeutung multimedialer Inhalte lässt sich recht gut aus der Entwicklung von YouTube ableiten. YouTube wurde im Jahr 2005 gegründet und ist bereits im Jahr 2008 das am dritthäufigsten aufgerufene Portal im Internet. Die Webseite verzeichnete 2008 etwa 100 Millionen Views und 65.000 Video Uploads pro Tag, die Tendenz ist bis heute steigend.[263] Auch wenn Videos nur eine Möglichkeit sind, multimediale Inhalte zu erstellen, so zeigt sich in der intensiven Nutzung doch sehr gut, wie die Internet Nutzer Informationen aufbereitet haben möchten. Um diesem Trend gerecht zu werden und auch multimediale Objekte präzise beschreiben zu können, ist die Integration von Story Boards und Drehbüchern im Werkzeug vorgesehen.

**Weiterverwendung und Verfeinerung der Anforderungen**

Ein weiterer wichtiger Aspekt der Methode ist die Weiterverwendbarkeit bzw. Übergabe der im Rahmen der Angebotserstellung ermittelten Anforderungen in die Umsetzungsphase des Projektes. Sobald der Auftrag gewonnen wurde, beginnt die Feinkonzeption, in der alle Methoden des Requirements-Engineering verwendet werden können. Basis für die Feinkonzeption sind die bereits ermittelten und dokumentierten Anforderungen aus der Angebotsphase. Um diese effizient weiterverwenden zu können, sind zwei Wege geplant.

Zum einen wird eine Exportschnittstelle entwickelt, über welche die Anforderungen in gängige Werkzeuge zum Requirements Management übertragen werden können. Zum zweiten soll die Möglichkeit bestehen, dass die Anforderungen auch im MbE Werkzeug präzisiert und verfeinert werden können. Um dies zu erreichen, ist eine Anbindung ausgewählter UML Diagramme vorgesehen, durch die die Prototypen strukturiert um Umsetzungsaspekte erweitert werden können.

**Integration von Usability Tests**

Eine weitere Anforderung stellt die Integration von Usability Tests in die Projektabwicklung dar. Auf Basis der erstellten Mock-Ups kann eine Überprüfung der Usability einfach und kostengünstig im Rahmen einer Evaluation durchgeführt werden. Die Evaluation stellt die wichtigste Methode zur Überprüfung der Usability dar und gilt in der Literatur als unersetzbar.[264] Ob die Evaluation von den

---

[263] Vgl.: *Szabo, G. / Huberman, B.A.* 2010, S. 80.
[264] Vgl.: *Costabile, M.F.* 2000, S. 9f.

späteren Nutzer oder Usability Experten durchgeführt wird, ist dabei zunächst zweitrangig. Ziel ist es, die Integration von Usability Tests in die Projektumsetzung als Standard-Projektschritt aufzunehmen, so wie dies bereits im Star-Life-Cycle-Modell von 1993 gefordert wird und bisher vor allem an der Existenz evaluierbarer Prototypen oder Mock-Ups in vielen Projekten gescheitert ist.[265]

## 4.4 Konzeption der Modeling by Example Methode

Zur Realisierung der MbE-Methode wird eine Vorgehensweise zur Anforderungsanalyse sehr eng mit einem korrespondierenden Werkzeug verknüpft, das zur Erhebung und Verwaltung der Anforderungen und Kalkulationsgrundlagen im Angebotsprozess dient.

In Abgrenzung zu den gängigen Web Engineering Methoden, wie dem UML-based Web Engineering[266], der Web Modeling Language[267] oder auch dem Rational Unified Process[268], soll die Modellierung sehr konkret auf Basis von Prototypen erfolgen, da die Konstruktion abstrakter Modelle insbesondere die fachfremden Nutzer überfordert und damit im Angebotsprozess die Entscheider nicht hinreichend integriert. Daher dienen die Prototypen nicht nur der Präsentation einer bestimmten Funktion oder zur Veranschaulichung des „Look & Feel", sondern werden semantisch angereichert, um sie als Basis für die Angebotserstellung verwenden zu können.

Zur Konstruktion dienen daher konsequenterweise die Komponenten einer Web Anwendung, die in der Präsentationssicht vorzufinden sind, erweitert um Strukturelemente zur systematischen Aufbereitung der Mock-Ups. Im Folgenden werden zunächst die Bestandteile einer Web Anwendung vorgestellt, bevor dann die Möglichkeit der semantischen Anreicherung und weitergehenden Nutzung seiner Bestandteile beschrieben wird.

### 4.4.1 Semantische Anreicherung der Mock-Ups

Wie bereits in Abschnitt 3.2.2.4 erwähnt, werden Mock-Ups in frühen Entwicklungsphasen oder der Angebotsphase eingesetzt um Anforderungen an die Be-

---

[265] Vgl.: *Hartson, H.R. / Hix, D.* 1993, S. 93ff.
[266] Vgl.: *Koch, N., & Kraus, A.* 2002.
[267] Vgl.: *Ceri, S. / Daniel, F. / Materna, M.* 2000.
[268] Vgl.: *Kruchter, P.* 2004.

## 4.4 Konzeption der Modeling by Example Methode

nutzeroberfläche in Zusammenarbeit mit Auftraggeber und Anwendern ermitteln zu können. Es handelt sich bei Mock-Ups um das Grundgerüst der Bedienelemente ohne weitere Funktionalitäten.[269] Um aus einem Mock-Up mehr Nutzen ziehen zu können, als aus einem rudimentären Wegwerfprototyp oder einer schlichten Abbildung der Benutzerschnittstelle, muss dieser präzisiert und in seinen Funktionen beschrieben werden. Dies geschieht heute in einer zweistufigen Vorgehensweise, in der zunächst der Mock-Up gezeichnet und dann nachträglich beschrieben wird. Dies wird in der in der MbE-Methode integriert erfolgen, um die Mock-Up Erstellung effizienter durchführen zu können.

Daher bestehen ein Mock-Up bzw. seine Elemente konzeptionell gesehen in der MbE-Methode neben der visuellen Darstellung aus drei weiteren Teilkomponenten, wie Abbildung 25 zeigt. Informationen für diese weiteren Teilkomponenten werden in Form von textuellen Spezifikationen oder Diagrammen den MbE Modulen hinzugefügt.

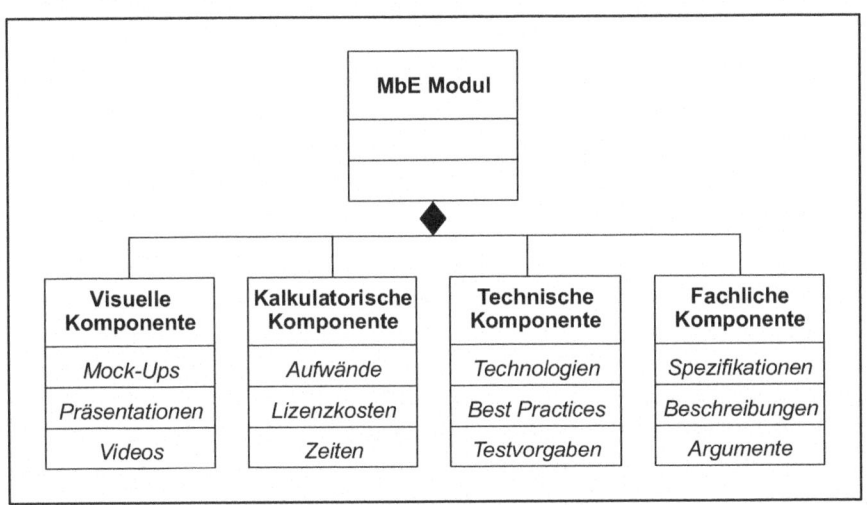

Abbildung 25: Komponenten eines MbE Moduls.
Quelle: Eigene Darstellung.

---

[269] Vgl.: *Ludewig, J / Lichter, H.* 2010, S. 165.

- Die *Visuelle Komponente* ist die klassische Sicht auf einen Mock-Up als Abbildung der Benutzerschnittstelle.

- Die *Kalkulatorische Komponente* beinhaltet Informationen, die zur Ermittlung des Aufwands für die Umsetzung des Projektes und zur Zeitplanung relevant sind. Jedem Element eines Mock-Ups in einem MbE Modul können direkt unterschiedliche Arten von Aufwänden zugeordnet werden, darunter z.B. die Lizenzkosten für eine Datenbank, die benötigen Personentage für Umsetzung einer Maske oder für den Test einer Komponente.[270]

- Die *fachliche Komponente* beinhaltet die Beschreibung der Module, Seiten und Templates. Die Spezifikationen werden in Form von Texten oder Diagrammen zugewiesen und sollen die Funktionen der Mock-Ups erläutern. Hier liegt das Ziel darin, möglichst schnell verschiedene Outputs erzeugen zu können und dabei auf vordefinierte Spezifikationen zurückgreifen zu können. Zusätzlich können auch Argumente für das Verkaufsgespräch oder Hinweise für die Präsentationen hinterlegt werden.

- Die *technische Komponente* beinhaltet Informationen, welche zur Erstellung von Lastenheften, Pflichtenheftinhalten und Testspezifikationen genutzt werden können. Zusätzlich können Abläufe dargestellt werden, die die Interaktion der Module spezifizieren und damit das Verhalten oder die hinterlegten Datenstrukturen definieren.

Die semantische Anreicherung dient dazu, dem Single Source Publishing Gedanken entsprechend, einmal definierte Inhalte mehrfach verwenden zu können. Um z.B. ein Angebot oder ein Pflichtenheft semiautomatisch aus einem MbE Modul heraus erstellen zu können, werden die semantischen Informationen aus den verschiedenen Komponenten zielgerichtet zu einem Output gebündelt. So kann z.B. ein Kontaktformular um Informationen ergänzt werden, die dessen fachlicher Beschreibung sowie der technischen Spezifikation dienen. Die fachliche Beschreibung wird dann im Angebot verwendet und die technische Beschreibung fließt in ein Pflichtenheft oder eine Feinkonzeption im Rahmen der Projekt Umsetzung ein. Dadurch soll der speziellen Situation in einem Buying Center Rechnung getragen werden in dem unterschiedliche Personen involviert sind, die in ihren Kenntnissen, Interessen und Anforderungen differieren.

---

[270] Vgl.: *Sneed, H. M.* 2005, S. 15ff.

## 4.4 Konzeption der Modeling by Example Methode

Zur Kommunikation mit dem Buying Center sind verschiedene Dokumente notwendig, die sich im Inhalt, Detailgrad und der Art der Präsentation voneinander unterscheiden. Auf konventionellem Wege werden diese manuell erstellt. In der MbE-Methode erfolgt Ihre Generierung automatisch. Dies wird durch eine format-unabhängige Speicherung des Mock-Ups und seiner semantischen Informationen erreicht. Ein Projekt besteht aus einer Archivdatei im Zip-Dateiformat. Die Zip-Datei enthält die zu einem Projekt gehörenden Elemente, dies sind Konfigurationsdateien zur Speicherung der Projektdaten, die eigentliche Projektdatei mit den Modelldetails sowie externe Mediendateien, wie Bilder oder Videos. Die Dateien sind im XML-Format realisiert.

Eine MbE Projekt besteht aus drei XML-Dateien und einem Ordner für externe Medien. Die Datei „**Project.xml**" beinhaltet die projektspezifischen Informationen, wie Kostensätze, Auftragnehmer und Auftraggeber. In der Datei „**Library.xml**" sind die verwendbaren Komponenten, wie Freitext, Buttons, Textfelder oder Styles auf Typ Ebene definiert. Ihre Ausprägungen in einem konkreten Projekt werden in die Datei „**Site.xml**" übernommen. Dort ist ein konkreter Mock-Up inkl. aller Bestandteile, seiner Struktur und Erweiterungen enthalten. Auf die Schemata der XML Dateien wird in den folgenden Abschnitten näher eingegangen.

Durch die Strukturiertheit der Informationen in der MbE-Methode ist es möglich, die Erstellung der Dokumente über einen Report-Generator vorzunehmen. Bei Änderungen des Mock-Ups müssen in der konventionellen Bearbeitung alle Dokumente daraufhin untersucht werden, ob sie Elemente beinhalten die von den Änderungen betroffen sind, um sie gegebenenfalls zu überarbeiten. In der MbE-Methode erfolgt dies automatisiert. Die Möglichkeiten der Ausgabe beschränken sich dabei nicht nur auf Textdokumente, sondern beinhalten unter anderem auch Abbildungen der Web-Anwendung, Präsentationsvideos und Graphen zur Repräsentation der Navigationsstruktur. Zusätzlich kann ein klickbarerer HTML Prototyp inkl. aller Verlinkungen ausgegeben werden.

### 4.4.1.1 Visuelle Komponente

Klassische Mock-Ups werden in der Regel über Bitmaps realisiert und liefern damit eine statische Sicht der Präsentationsebene einer Web-Anwendung.[271] Diese Mock-Ups haben eine stark eingeschränkte bis keine Möglichkeit mit

---

[271] Vgl.: *Ludewig, J / Lichter, H.* 2010, S. 165.

Informationen angereichert zu werden. Selbst die Zerlegung der Sichten in einzelne Elemente erfordert oft schon eine Interpretation, da die Elemente lediglich durch das Bitmap repräsentiert sind.

In der MbE-Methode wird ein anderer Weg gewählt, hier werden die Mock-Ups aus den atomaren Elementen zusammengesetzt, aus denen auch reale Web-Anwendungen bestehen. Jedem Element können dann wiederum umfangreiche Informationen zugeordnet werden, um so verschiedene Sichten auf die Anwendung ableiten zu können. Um die Anwendung trotz der Vielzahl der Möglichkeiten überschaubar zu gestalten, werden Konzepte wie Vererbung, Wiederverwendung und zentrale Verwaltung von Vorlagen angeboten.

Durch die semantische Anreicherung der Mock-Ups lässt sich ein großer Umfang an Informationen aufnehmen, der für eine spätere Überführung in ein Angebot, ein Pflichtenheft oder die eigentliche Entwicklung von erheblichem Nutzen ist. Dazu werden die zu planenden Seiten in der MbE-Methode projektorientiert organisiert. Ein Projekt repräsentiert dabei eine Website oder Webapplikation, die im Rahmen einer Angebotserstellung zu spezifizieren ist. Ein Projekt besteht aus den umzusetzenden Seiten und Bibliotheken, welche Objekte und Einstellung beinhalten, die das gesamte Projekt oder auch mehrere Projekte betreffen, wie Formatvorlagen oder Seitenvorlagen.

Basis eines jeden MbE Projektes sind damit HTML-Seiten. Sie beinhalten eine endliche Menge an Elementen, wie Texte, Bilder oder Hyperlinks und können zu logischen Einheiten, wie z.B. einem Gästebuch oder einem Forum zusammengefasst werden. HTML-Seiten können statisch vorliegen oder dynamisch mit Hilfe einer Programmiersprache erzeugt werden. Dieser Aspekt wird im Bereich Verhalten noch näher beschrieben.

In der MbE-Methode werden Webseiten bzw. ihre repräsentierenden Mock-Ups dem Aufbau von HTML-Seiten entsprechend hierarchisch gegliedert. Auf der obersten Ebene befindet sich die zu modellierende Webseite bzw. die Webapplikation, welche sich aus Modulen, Seiten, Ebenen und Elementen zusammensetzt. Module beschreiben eine Menge logisch zusammenhängender Seiten, wie z.B. das oben bereits erwähnte Gästebuch mit den Seiten "Beiträge auflisten" und "Neuen Eintrag schreiben". Module können gespeichert und wiederverwendet werden.

Die Module setzen sich aus HTML-Seiten zusammen, z.B. die Masken und Funktionen beinhalten können. Module können ähnlich wie Use-Cases bzw.

## 4.4 Konzeption der Modeling by Example Methode

Anwendungsfälle aus der UML verstanden werden. Anwendungsfälle geben einen Überblick der Funktionalitäten eines Endproduktes und beschreiben deren Abhängigkeiten.[272] In einem Anwendungsfall wird das zu beschreibende System bzw. Subsystem als *Subjekt* bezeichnet, das in der MbE-Methode einem *Modul* bzw. dem *Projekt* entspricht. Die verwendeten Masken bzw. deren Elemente und Funktionen entsprechen den UML Anwendungsfällen. Ihre Abhängigkeiten untereinander können durch Beziehungen zwischen den Modulen abgebildet werden.[273]

Eine Seite kann mehrere Ebenen beinhalten, welche neben der Priorisierung (höhere Ebenen verdecken untere Ebenen) auch zur logischen Gruppierung der Elemente dienen. Unter Elementen werden alle Objekte verstanden, die in den Ebenen einer HTML Seite eingebettet werden können. Dazu gehören beispielsweise Texte, Bilder, Formular- oder Zeichnungselemente, wie sie in der nächsten Abbildung zu sehen sind.

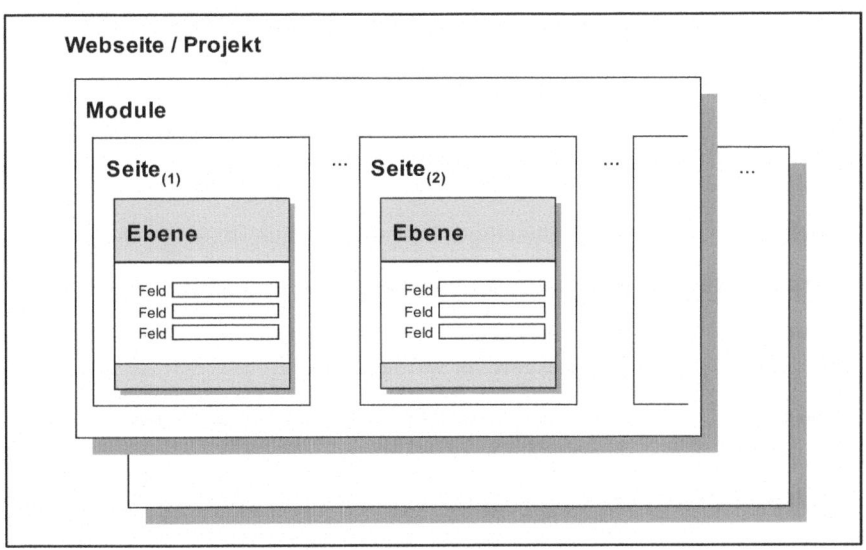

Abbildung 26: Die Struktur von Webseiten in der MbE-Methode.
Quelle: Eigene Darstellung.

---

[272] Vgl.: *Cockburn, A.* 2008, S. 15.
[273] Vgl.: *Schatten, A. / Biffl, S. / Demolsky, M. / Gostischa-Franta, E. / Östreicher, Th. / Winkler, D.* 2010, S. 169ff.

Die Ebenen einer Seite beinhalten wiederum die Basiselemente, aus denen sich HTML Seiten, Formulare oder auch komplexe Web Anwendungen zusammensetzen. Die folgende Tabelle beschreibt die verwendbaren Elemente.

| | |
|---|---|
| **Text:** | Textrahmen, bei dem Schriftart, -größe und Stil, sowie die Ausrichtung des Textes eingestellt werden können. |
| **Bild:** | Ein Bild aus einer bestehenden Grafikdatei im JPG, GIF oder PNG Format. |
| **Multimediaobjekt:** | Animierte Elemente und Video- bzw. Audiosequenzen, die z.B. in Flash oder HTML 5 realisiert sind. |
| **Link:** | Hyperlink zu einer anderen Seite oder Auslöser eines Ereignisses im Backend. |
| **Zeichnungsobjekt:** | Linien, Rechtecke und Kreise. |
| **Tabelle:** | Tabellarisch Darstellung von Texten. Innerhalb der Tabellenzellen sind die gleichen Formatierungen wie für Textrahmen möglich. |
| **Schaltfläche:** | Elemente zum Auslösen von Ereignissen im Backend. |
| **Eingabefeld:** | Ein einzeiliges Eingabefeld zur Texterfassung. |
| **Textfeld:** | Ein mehrzeiliges Eingabefelde zur Texterfassung. |
| **Kontrollkästchen:** | An- und Abwählbare Formularfelder für Boolean Werte. |
| **Optionsfeld:** | Eine Gruppe von Formularfeldern, aus denen genau ein Feld ausgewählt werden kann. |
| **Listbox:** | Eine Liste vordefinierter Elemente, aus denen mehrere ausgewählt werden können. |
| **Dropdown-Liste:** | Eine ausklappbare Liste vordefinierter Werte, aus denen einer oder mehrere Werte ausgewählt werden können. |

Da multimediale Objekte auch komplette Anwendungen beinhalten können und sie im Requirements-Engineering bisher nur rudimentär berücksichtigt werden, soll auf ihre Integrationsmöglichkeit in Abschnitt 5.5 eingegangen werden.

Abbildung 27 zeigt die Struktur der Datei „Library.xml". In der <stylelibrary> werden die CSS-Basisklassen für die Elemente der <elementlibrary> gespeichert,

## 4.4 Konzeption der Modeling by Example Methode

```xml
<?xml version="1.0" encoding="ISO-8859-1"?>
<library>
<usertypelibrary></usertypelibrary>
<stylelibrary>...</stylelibrary>
<technologylibrary>...</technologylibrary>
<functionlibrary>
   <function id="5">
      <name>
      <![CDATA[ StandardFunktion ]]>
      </name>
   </function>
</functionlibrary>
<pagelibrary>...</pagelibrary>
<elementlibrary>...</elementlibrary>
</library>
```

Abbildung 27: Die Struktur Datei Library.xml.
Quelle: Eigene Darstellung.

über welche die Gestaltung in den Projekten vorgenommen wird. Die <pagelibrary> beinhaltet die grundlegenden Template, die in jedem Projekt vorhanden sind, die <elementlibrary> listete alle verwendbaren Komponenten der Mock-Ups. Für jedes Element können individuelle Eigenschaften festgelegt werden, diese sind z.B. für den Typ „Text", Name und Inhalt.

Zur Beschreibung des Verhaltens der modellierten Seiten können die Aktivitäten auslösenden Elemente genau definiert werden. Dies kann textuell durch die Beschreibung des entsprechenden Verhaltens erfolgen oder auch durch die Hinterlegung ausgewählter UML Diagramme, wie z.B. Sequenzdiagramme. Diese Aspekte werden in den beiden folgenden Abschnitten behandelt.

Um die Gestaltung der Mock-Ups möglichst strukturiert und einfach realisieren zu können, wird das Template Konzept verwendet, das bei der Umsetzung von Internetanwendungen insbesondere bei der Nutzung von Content Management Systemen weit verbreitet ist.[274] Die Templates definieren das Grundlayout einer Seite und beinhalten alle wiederkehrenden Elemente, wie z.B. die Navigationsstruktur, Banner, Logos oder sonstige Gestaltungselemente. Das Template legt somit den „Look & Feel" fest, welcher sich auf allen Unterseiten wiederfindet.

---

[274] Vgl.: *Boiko, B.* 2002:, S. 519ff.; *Koch, D.* 2006, S. 90ff.

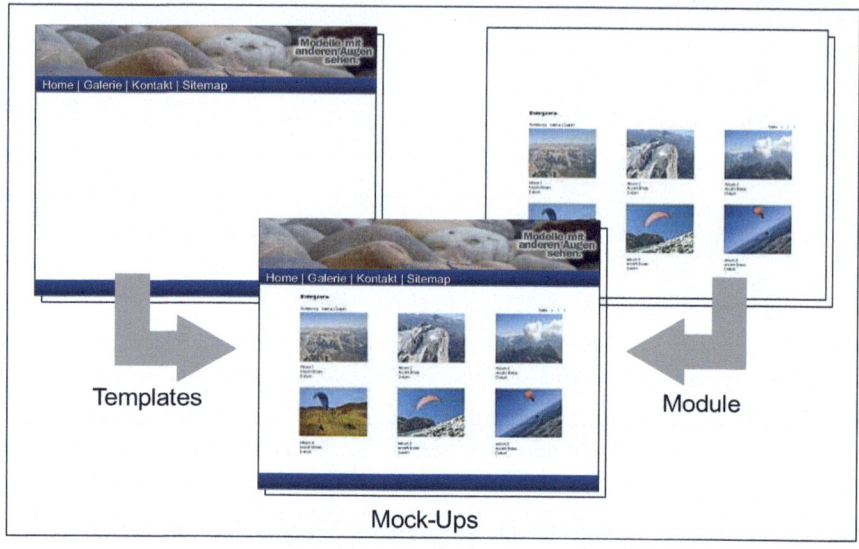

Abbildung 28: Module und Templates.
Quelle: Eigene Darstellung.

Zusätzlich beinhalten die Templates wiederkehrende Formatierungen z.B. für Texte, Linien oder Bildelemente. Die wiederverwendbaren Module sind so angelegt, dass sie sich in die Templates integrieren lassen und sich dadurch dem „Look & Feel" der Seite anpassen. Eine Bildergalerie (siehe Abbildung 28), die aus verschiedenen Seiten besteht, kann damit durch einen Klick in den Prototypen übernommen und an sein Layout angepasst werden.

### 4.4.1.2 Fachliche Komponente

In der fachlichen Komponente bzw. der fachlichen Konzeption werden Problemstellungen die mit Hilfe eines Software Systems zu lösen sind, implementierungsunabhängig beschrieben.[275] Das Fachkonzept definiert somit die funktionalen Anforderungen an eine Software, beschreibt also *was* das System tun soll sowie den anwendungsbezogenen Nutzen. Es ist als Abgrenzung zum technischen bzw. DV-Konzept zu sehen, das beschreibt, *wie* die Funktionen umzusetzen sind. Fachkonzepte dienen als „Vermittlungssicht" zwischen den Fachabtei-

---

[275] Vgl.: *Rautenstrauch, C. / Schulze, T.* 2003, S. 227f.

## 4.4 Konzeption der Modeling by Example Methode

lungen und den Systementwicklern.[276] Daher ist es in einem Fachkonzept besonders wichtig, eine adressatengerechte Perspektive zu berücksichtigen, so wie dies bereits in Abschnitt 3.3 gefordert wurde. Die Systemlieferanten und die Fachabteilungen leben in verschiedenen Arbeitswelten, nutzen unterschiedliche Verständnismodelle und haben daher oft nur ein eingeschränkte Sicht auf die jeweiligen Gegenseite und deren Arbeitskonzepte. Zusätzlich sind an Internet Projekten Vertreter vieler Disziplinen beteiligt, wie in Abschnitt 3.3.3 beschrieben wurde. Dies erschwert den Dialog zusätzlich und stellt hohe Anforderungen an die Kommunikationsfähigkeit und Kommunikationsbereitschaft der Partner.

In der Angebotssituation besteht noch eine weitere Herausforderung. Die Funktionen eines Systems müssen in einem Angebot nicht nur beschrieben werden, so wie dies in einem Fachkonzept zu erfolgen hat, sondern auch bezüglich ihres Nutzens begründet werden. Funktionen einer Software verursachen Kosten, die nur dann gerechtfertigt sind, wenn ihnen ein konkreter betriebswirtschaftlicher Nutzen gegenüber steht. In einem betriebswirtschaftlichen Kontext besteht daher die Notwendigkeit, den Nutzen einer umzusetzenden Funktion genau zu beschreiben, da sich aus dem Nutzen der Preis ableiten lässt, der für den Kunden ökonomisch tragbar ist.[277]

Basis für eine Nutzenargumentation bleibt jedoch das grundsätzliche Verständnis der jeweils umzusetzenden Funktionen durch den Kunden. Diese müssen so beschrieben werden, dass sie von allen Stakeholdern verstanden werden können. Dazu soll in der MbE-Methode die Visualisierung dienen, die zusammen mit einer fachlichen Beschreibung eine eindeutige, verständliche und präzise Interpretation der Funktionen für alle Projektbeteiligten ermöglicht.

Die Problematik soll anhand eines Beispiels verdeutlicht werden, das ein Kontaktformular mit einer sog. Captcha Funktion beschreibt. Die fachliche Beschreibung könnte wie folgt aussehen:

*Über ein Kontaktformular können die Besucher der Seite auf strukturierte Weise Nachrichten an das Unternehmen versenden. Das Kontaktformular generiert dazu eine Mail aus den Angaben des Nutzers. Als Eingabefelder stehen Anrede, Name, Vorname, PLZ / Ort, Straße, Hausnummer, Telefon, Email und ein Nachrichtentext zur Verfügung. Name, Vorname und Email sind Pflichteingaben.*

---

[276] Vgl.: *Stahlknecht, P. / Hasenkamp, U.* 2005, S 226ff.
[277] Vgl.: *Meffert, H. / Bruhn, M.* 2006, S. 417f.

*Das Kontaktformular beinhaltet ein Captcha Modul, welches eine Grafik generiert, in der eine Zeichenfolge eingebettet ist. Die Zeichenfolge wird durch Verzerrung von Zeichen, Integration zusätzlicher Zeichen im Hintergrund, Vermeidung horizontaler Anordnungen oder ähnliche Methoden unkenntlich gemacht. Durch die Eingabe der Zeichenfolge in ein Formularfeld identifiziert sich der Nutzer als reale Person, da die dynamisch generierten Grafiken vom Menschen in der Regel problemlos, von Algorithmus nur äußerst schwer auszulesen sind.*

Durch die Beschreibung wird einem IT affinen Leser klar, was das Kontaktformular macht und welche Funktion ein Captcha Element übernimmt, so wie es in einer Fachspezifikation gefordert ist. Was jedoch fehlt ist die betriebswirtschaftliche Problemstellung, die es im Besonderen mit dem Captcha Element zu lösen gilt. Es wird nicht ersichtlich, warum das Captcha Elemente im umzusetzenden Kontaktformular eine wichtige Komponente darstellt. Die Gefahr, dass eine solche Funktion als technische „Spielerei" abgetan und aus dem Angebot gestrichen wird ist gegeben. Dies könnte durch einen weiteren Absatz in der funktionalen Beschreibung ergänzt werden:

*Webseiten mit Eingabeelementen, wie z.B. Kontaktformulare oder Umfragen, müssen wirksam gegen Spam geschützt werden. Ein Captcha Element übernimmt diesen Schutz, indem es einen Mechanismus implementiert über den ein menschlicher Nutzer von einem Programm unterschieden werden kann.*

Trotz der Ergänzung bleibt die Beschreibung jedoch sehr abstrakt und ist damit von einem IT fremden Entscheider eventuell nur schwer zu interpretieren. In der MbE-Methode sollen daher die funktionalen Beschreibungen immer im Kontext ihrer Umsetzung dargestellt und beschrieben werden. Das Kontaktformular wird konkret abgebildet und um die fachliche Beschreibung bzw. die Nutzenargumentation für das Captcha Modul angereichert, was wie in Abbildung 29 gezeigt aussehen kann.

*Über ein Kontaktformular können die Besucher der Seite auf strukturierte Weise Nachrichten an das Unternehmen versenden. Das Kontaktformular generiert dazu eine Mail aus den Angaben des Nutzers. Die mit einem Stern versehenen Felder sind Pflichtangaben.*

*Das Captcha Element stellt einen wirksamen Schutz zur Vermeidung von Spam Eingaben dar. Dazu wird eine Grafik generiert, in der eine verzerrte Zeichenfolge eingebettet ist, wie sie in der Maske zu sehen. Durch die Eingabe der Zeichenfolge identifiziert sich der Nutzer als reale Person.*

## 4.4 Konzeption der Modeling by Example Methode

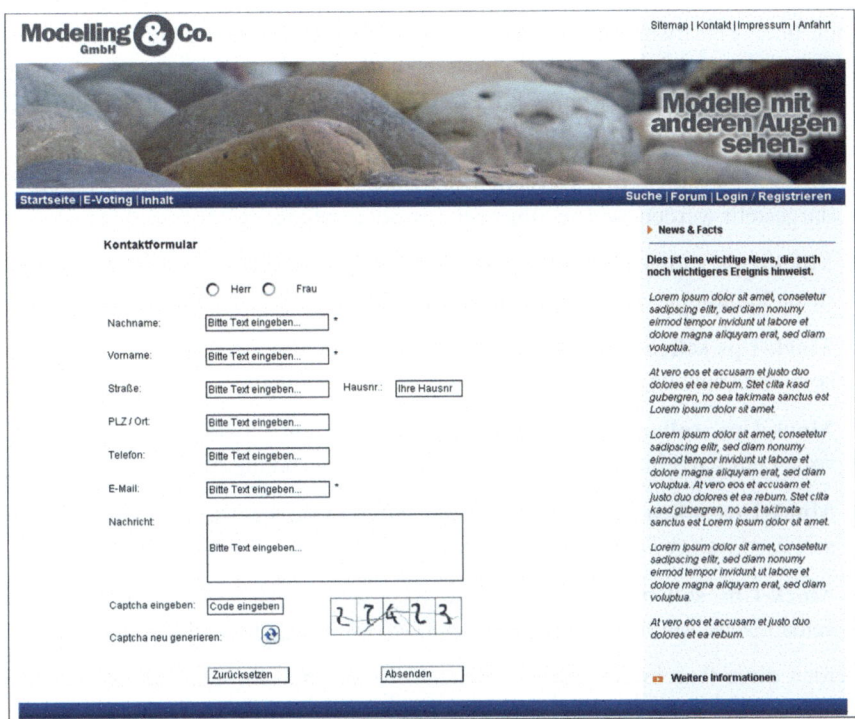

Abbildung 29: Mock-Up Kontaktformular mit Captcha-Element.
Quelle: Eigene Darstellung.

Durch die Beschreibung wird ersichtlich, warum ein Captcha Element auf der Seite integriert werden muss und durch die Darstellung wird die Funktionalität direkt erfassbar. Viele Nutzer werden das Captcha Element auch aus ihrer eigenen Internet Erfahrung kennen, ihm aber vielleicht keine Bezeichnung oder Bedeutung zuordnen können, auch diesen hilft eine Visualisierung.

Bei der Erstellung von Visualisierungen ist darauf zu achten, dass die Bildschirmmasken und ihre funktionalen Beschreibungen qualitativ hochwertig sind. Mehrdeutige, unpräzise Visualisierungen lassen Interpretationsspielräume zu und können redundante oder überflüssige Informationen enthalten, so wie dies bei allen unpräzisen Anforderungsbeschreibungen der Fall ist.[278] Wie bei der Dokumentation über natürliche Sprache, lassen sich auch bei der hybriden Dokumen-

---

[278] Vgl.: *Rupp, C. 2007*, S. 173f.

tation über Visualisierungen und sprachliche Ergänzungen Regeln ableiten. Die im Folgenden abgeleiteten Regeln basieren auf den Qualitätskriterien des Institute of Electrical and Electronics Engineers (IEEE), die bereits in Abschnitt 3.2.2 vorgestellt wurden.

- **Mock-Ups sollen präzise sein**: Elemente sollen genau so angeordnet und dargestellt werden, wie sie umgesetzt werden sollen.

- **Mock-Ups sollen eindeutig sein**: Der Interpretationsspielraum der abgebildeten Funktionen soll möglichst gering sein.

- **Mock-Ups sollen konsistent sein**: Die modellierte Oberfläche soll schlüssig sein und keine ungültigen Ziele oder Verweise beinhalten.

- **Mock-Ups sollen keine überflüssigen Elemente beinhalten**: Elemente sollen nur dann integriert werden, wenn sie Verwendung finden.

- **Mock-Ups sollen in den Kontext des Nutzers integriert sein**: Jeder Nutzer soll das Look & Feel seiner eigenen Seite erkennen.

- **Mock-Ups sollen nur notwendige Beschreibungen aufweisen**: Nur dort semantische Anreicherungen ergänzen, wo es notwendig und sinnvoll ist.[279]

Werden diese Regeln eingehalten, leisten Visualisierungen und ihre ergänzende Fachbeschreibungen einen Beitrag zu mehr „Verständlichkeit"[280] von Fachkonzepten. Diese stellt eine notwendige Voraussetzung für die Erfüllung aller weiteren Bedingungen dar, da nur verstandene Anforderungen hinsichtlich Konsistenz, Vollständigkeit, Prüfbarkeit usw. untersucht und beurteilt werden können.

Insbesondere in der Angebotssituation spielt dies eine zentrale Rolle, da das wahrgenommene Risiko einer Kaufentscheidung unter anderem dadurch entsteht, dass der Kunde Schwierigkeit hat, Produkte und Leistungen dahingehend einschätzen zu können, ob sie seine Bedürfnisse erfüllen. Die Erlebbarkeit eines Mock-Ups und seine Nähe zur gewohnten Internet-Umgebung, in der die Nutzer sich auskennen, dienen dem besseren Verständnis. Wesentlich ist jedoch die weitergehende Dokumentation bzw. Spezifikation der Mock-Ups, in der alle bekannten Methoden des Requirements-Engineering verwendet werden können.[281]

---

[279] Vgl.: *Morville, P. / Rosenfeld, L.* 2007, S. 312f.
[280] Vgl.: *Rupp, C. 2007*, S. 29.
[281] Vgl.: *Ludewig, J / Lichter, H.* 2010, S. 170f.

## 4.4 Konzeption der Modeling by Example Methode

### 4.4.1.3 Technische Komponente

Die technische Komponente beschreibt, *wie* die Funktionen eines Systems umgesetzt werden sollen und entspricht damit dem klassischen DV-Konzept, welches das Fachkonzept aus Entwicklungssicht beschreibt. [282] Es beinhaltet die Umsetzung der Anforderungen aus technischer Sicht und damit detaillierte Angaben dazu, wie die Software realisiert werden soll.

Die exakte DV-technische Beschreibung eines Systems steht nicht im Zentrum der Angebotsphase, da dort zunächst die Fachkonzeption zu klären ist. Hier sind technische Ergänzungen nur dort nötig, wo sie der fachlichen Präzisierung dienen, um z.b. die Architektur eines Systems zu beschreiben oder Funktionen zu präzisieren. Die Integration der technischen Komponente in der MbE-Methode dient der Vorbereitung des Projektes bzw. der Übergabe in die Entwicklung. Technische Beschreibungen sollen insbesondere bei wiederverwendeten Modulen ergänzt werden, um die notwendigen Erweiterungen der Fachspezifikation im Rahmen der Feinkonzeption eines Systems zu minimieren.

DV Konzepte können eine sehr weite Bandbreite an Spezifikationen beinhalten, wie die folgende Liste zeigt:

- Die einzusetzenden Werkzeuge und Software Systeme für die Realisierung
- Beschreibung der Softwarearchitektur und deren Komponenten
- Beschreibung von Aufbau und Funktion der Komponenten
- Beschreibung von Verarbeitungsschritten innerhalb der Funktionen
- Definition des Datenhaltungsmodells
- Beschreibung der Schnittstellen des Systems
- Beschreibung von zu verwendeten Algorithmen und Codeteilen z.B. in Form von Best-Practises oder wiederverwendbaren Objekten
- Beschreibung von Testfällen für die Überprüfung der Funktionen[283]

Zur Dokumentation können in der MbE-Methode zwei unterschiedliche Methoden gewählt werden. Wie bei der fachlichen Spezifikation können die technischen Beschreibungen textuell hinterlegt werden. Jedes Element eines Mock-Ups

---

[282] Vgl.: *Schumann, M. / Schüle, H. / Schumann, U.* 1994, S. 156ff.
[283] Vgl.: *Scheer, A.W.* 1997, S. 64ff.

inkl. der Module und Seiten können um Spezifikationen angereichert werden. Die Dokumentation erfolgt entsprechend über natürliche Sprache mit allen Vor- und Nachteilen die diese Art der Dokumentation für technische Aspekte bietet.[284]

Die Zuordnung der Beschreibungen zu den Elementen erfolgt vom Allgemeinen zum Speziellen. Auf Modulebene wird die allgemeine technische Beschreibung vorgenommen, die dann auf der Ebene der Elemente präzisiert werden kann. Das Modul Kontaktformular, bestehend aus drei Seiten (Formular, Fehlermeldung, Bestätigung) und dem Captcha-Element, wird auf der obersten Ebene allgemein spezifiziert, während die Funktionsweise des Captcha-Elementes direkt zugeordnet wird. So kann sichergestellt werden, dass die Spezifikationen auch bei der Wiederverwendung einzelner Elemente übernommen werden.

Die Repräsentation der Spezifikationen erfolgt bei Beschreibungen in natürlicher Sprache direkt in der Datei Site.xml. Dort sind in der XML Struktur Felder mit den Bezeichnungen Comment1 bis Comment3 vorgesehen, die formatierten Text aufnehmen und allen Elementen eines Mock-Ups zugeordnet werden können. In Abbildung 30 sind den Feldern als Platzhalter die Begriffe Fachkonzept, Technologiekonzept und Testspezifikation zugeordnet, um die XML Struktur nicht unübersichtlich werden zu lassen. Die Inhalte der Spezifikationen werden bei der Ausgabe eines Angebotes, Pflichtenheftes oder der Testdokumentation zusammen mit dem Mock-Up ausgegeben und beschreiben ihn.

Eine weitere Möglichkeit der technischen Beschreibung besteht darin, ausgewählte UML Diagramme zu verwenden.

Dazu wurden aus den 14 UML-Diagrammtypen diejenigen ausgewählt, die in der Literatur für die Kommunikation mit dem Auftraggeber als am wichtigsten erachtet werden.[285]

Ausgewählte UML-Diagrammtypen in der MbE-Methode:

- **Anwendungsfall- bzw. Use-Case-Diagramm**: Ein Use-Case-Diagramm stellt die Beziehungen zwischen den Akteuren und dem System auf einfache Weise dar.

- **Aktivitätsdiagramm**: Das Aktivitätsdiagramm beschreibt Abläufe und stellt dar, in welcher Reihenfolge die Aktionen eines Ablaufs ausgeführt werden.

---

[284] Siehe dazu: *Pohl, K.* 2008, S. 229ff.
[285] Vgl.: *Object Management Group* 2005, S. 19ff., *Schwaiger, M.* 2009, S. 146f., *Ruppach, M.*, S. 2ff.; *Schäling, B.* 2010.

## 4.4 Konzeption der Modeling by Example Methode

```xml
<?xml version="1.0" encoding="ISO-8859-1"?>
<site id="20">
<name>
        <![CDATA[ Site ]]>
</name>
<module id="21">
<name>
<![CDATA[ Modul ]]>
</name>
<page id="22" showInReport="1">
<name>
<![CDATA[ Seiteneue Page ]]>
</name>
<comment1>
        <![CDATA[ Fachkonzept ]]>
</comment1>
<comment2>
        <![CDATA[ Technologiekonzept ]]>
</comment2>
<comment3>
        <![CDATA[ Testspezifikation ]]>
</comment3>
<Costs>
        <Costrate> 28 </Costrate>
        <Units> 100 </Units>
        <Info> KOsten für die Seite</Info>
</Costs>
</page>
</module>
</site>
```

Abbildung 30: Ein Ausschnitt der Datei Site.xml.
Quelle: Eigene Darstellung.

- **Sequenzdiagramm**: Sequenzdiagramme beschreiben den Informationsaustausch zwischen Akteuren im zeitlichen Ablauf und beschreiben das zeitliche Zusammenspiel mehrerer Systemkomponenten.

- **Klassendiagramm**: Das Klassendiagramm stellt das zentrale Konzept der Objektorientierung in der UML dar. Die Eigenschaften von Objekten und die Zusammenhänge zwischen den verschiedenen Objekttypen eines Systems werden veranschaulicht.

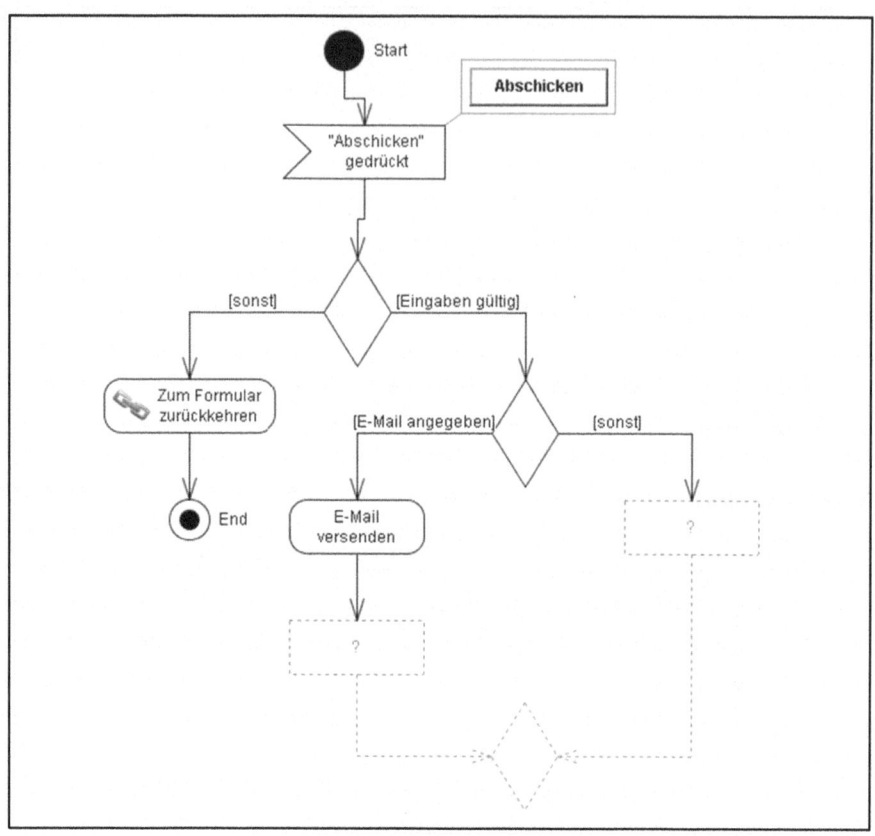

Abbildung 31: Aktivitätsdiagramm Kontaktformular absenden.
Quelle: Eigene Darstellung.

Die UML-Diagramme können auch allen Bestandteilen eines Mock-Ups zugeordnet werden. Das Beispiel in Abbildung 31 zeigt die Reaktion des Kontaktformulars auf die Betätigung des „Versenden" Buttons als teilweise modellierten Ablauf. Nach dem Knopfdruck soll die Funktion erst die Gültigkeit der Eingaben prüfen. Ein Entscheidungsknoten steuert den Kontrollfluss, abhängig vom Ergebnis der Prüfung. Bei einer ungültigen Eingabe soll zum Formular zurückgekehrt werden und die Abarbeitung der Funktion ist damit beendet. Die Aktion „Zum Formular zurückkehren" ist dabei durch ein Symbol als Link zu erkennen. Alternativ erfolgt noch eine Prüfung, ob eine korrekte E-Mail-Adresse angegeben wurde. Ist dies der Fall, soll eine E-Mail versendet werden, der alternative Verlauf ist nicht dargestellt.

## 4.4 Konzeption der Modeling by Example Methode

Zusätzlich können auch Module oder Seiten als Funktionselemente in Abläufen verwendet werden. Die Funktion „Kontaktformular ausfüllen" wird auf der entsprechenden Seite des Kontaktformulars vom Nutzer durchgeführt und führt nach der Betätigung des „Versenden Buttons" zu einer Fehlerseite, wenn die Angaben nicht korrekt sind oder zu einer Bestätigungsseite, falls alle Angaben valide waren. Auf diese Weise können die abstrakten Funktionen innerhalb der UML Diagramme mit den modellierten Seiten eines Mock-Ups verbunden werden.

**Usability Prüfung**

Durch die Modellierung von Abläufen innerhalb der Mock-Ups kann eine Usability-Prüfung der Seite vorgenommen werden. Um z.b. im Online Banking eine Überweisung auszuführen oder über einen HTML-Mail-Client eine Nachricht zu versenden sind mehrere Schritte innerhalb der Anwendung notwendig, die von einem Nutzer auszuführen sind. Nur dann, wenn er diese intuitiv und ohne langes Suchen durchführen kann, wird er der Seite eine gute Usabilty attestieren. Der Erfolg einer Website hängt somit vom Verständnis der Nutzer-Aktivität innerhalb der Webanwendung ab. Um diese zu visualisieren werden „Clickstreams" von Usern aufgezeichnet und anschließend analysiert, mit dem Ziel ihr Navigationsverhalten besser zu verstehen. Als „Clickstream" wird in diesem Zusammenhang der Weg eines Users bezeichnet, den er innerhalb einer Webanwendung zurücklegt. Maßnahmen, die aus der „Clickstreamanalyse" zur Optimierung von Webanwendungen abgeleitet werden können, liegen z.B. im Bereich der Personalisierung oder schlicht Optimierung der Abläufe.[286] Leider ist eine „Clickstreamanalyse" erst nach Inbetriebnahme einer Webanwendung möglich, nachträgliche Änderungen an einer Web Anwendung verursachen jedoch erhebliche Kosten. Eine Analyse der Abläufe innerhalb der erstellten Mock-Ups ist jedoch bereits im Rahmen der Projektvorbereitung möglich und sinnvoll. Durchlaufpfade verschiedener Bereiche der modellierten Webanwendung können anhand von Aktivitätsdiagrammen betrachtet und sogar „real" durchlaufen werden. Auf diese Weise bietet sich die Möglichkeit eines integrierten Usability-Tests auf Basis der vorhandenen Mock-Ups.

**Generierung von Testfällen**

Eine weitere Sicht auf die technische Komponente stellt die Möglichkeit zur Integration von Testfällen dar. Der Idee des V-Modell bzw. V-Modell-XT fol-

---

[286] Vgl.: *Stolz, C.D.* 2010, S. 76.

gend, soll auch in der MbE-Methode möglich früh mit der Erstellung von Testfällen begonnen werden.[287] Den Mock-Ups können dazu Testfälle hinterlegt werden, die die Kriterien bestimmen, welche die Software zu erfüllen hat. Über die Testfälle soll nach dem Umsetzung überprüft werden, ob die Software so umgesetzt wurde wie geplant.[288]

Insgesamt dient die Anreicherung der Mock-Ups um technische Aspekte weniger der Angebotserstellung, als vielmehr der Feinkonzeption der Projekte. Auch wenn diese Konzeption nicht Gegenstand der Vorvertragsphase ist, kann durch eine detaillierte Modellierung technischer Aspekte und deren Übergabe in die Projektumsetzung signifikant Zeit eingespart werden. Auf die Möglichkeiten der Übergabe von erhobenen Anforderungen in die abzuwickelnden Projekte wird in Abschnitt 4.4.2 eingegangen.

#### 4.4.1.4 Kalkulatorische Komponente

Die Kalkulation der Projekte steht im Zentrum der Angebotserstellung. Ziel ist es, eine möglichst präzise Aussage über die zu erwartenden Kosten eines Softwareprojektes zu machen, die als verbindliche Zusage und Vertragsgrundlage zwischen Auftraggeber und potenziellem Auftragnehmer dient.[289]

In Abschnitt 3.2.2.1 wurden bereits verschiedene Methoden der Aufwandschätzung vorgestellt. Zur Anwendung der Methoden sind Erfahrungen aus abgewickelten Projekten sowie ein Mengengerüst der umzusetzenden Elemente der Software notwendig.[290] Dieses Mengengerüst lässt sich anhand verschiedener Variablen definieren die den Aufwand für die Umsetzung bestimmen. Diese sind z.B.:

- Die Anzahl der Eingabe- und Ausgabemasken
- Die Programmgröße in Zeilen (LOC = Lines of Code)
- Die Anzahl der Eingabe- und Ausgabedateien
- Die Anzahl der Dateien mit Stamm- bzw. Bestandsdaten
- Die Anzahl der zu verarbeitenden Tabellen bei einem Datenbanksystem
- Die Anzahl der Klassen und Objekte
- Die Anzahl an Templates in einem Content Management System

---

[287] Vgl.: *Höhn, R. / Höppner, S.* 2008, S. 22f.
[288] Vgl.: *Hindel, B., Hörmann, K., Müller, M., Schmied, J.* 2004, S. 16f.
[289] Vgl.: *McConnel, S.* 2006 S. 33f.
[290] Vgl.: *Seibert, S.* 1998 S. 341.

## 4.4 Konzeption der Modeling by Example Methode

- Die Anzahl der Testfälle
- Der Umfang der Programmdokumentation
- Der Umfang des Projektmanagements[291]

Die Aufgabe des Schätzers liegt darin, dem ermittelten Mengengerüst Zeiten für die Umsetzungen und Kosten für die benötigten Ressourcen zuzuweisen, um so das Budget berechnen zu können. Beeinflusst wird dies insbesondere durch den Schweregrad der umzusetzenden Komponenten, da dieser für den Zeitbedarf maßgeblich ist und die Produktivität der Mitarbeiter bestimmt. In der Praxis besteht die größte Schwierigkeit darin, *überhaupt* ein Mengengerüst für die Umsetzung zu ermitteln, also festzulegen, wie viele Masken, Klassen, LOC oder Tabellen in einer relationalen Datenbank für die Umsetzung benötigt werden.[292]

Eine präzise Schätzung ist nur möglich, wenn das Projekt detailliert durchdrungen ist und die Anforderungen somit weitgehend feststehen. Dann kann der Gesamtprojektaufwand aus der Summe der sich ergebenden Einzelaufwände kalkuliert und mit entsprechenden Risikozuschlägen versehen werden, so wie es im Bottom-Up Ansatz gefordert wird.[293] Da der Aufwand für diese Art der Schätzung jedoch sehr hoch ist, sind intuitive Methoden, wie Expertenschätzungen und Erfahrungsschätzungen in der Praxis deutlich weiter verbreitet als algorithmische Verfahren.[294]

Die MbE-Methode erreicht durch zwei Maßnahmen eine höhere Präzision im Vergleich zu Expertenschätzungen, ohne signifikanten Mehraufwand für den Schätzer zu verursachen. Zum einen werden die im Rahmen der Mock-Up Definition erstellten Module und Masken als Basis für das Mengengerüst der Kalkulation verwendet, um damit einen Ansatzpunkt für eine Bottom-Up Kalkulation zu haben. Zum zweiten werden wiederverwendbare und bereits vorkalkulierte Angebotsartefakte im Sinne der Analogiemethode eingesetzt.[295]

Um die Mock-Ups mit kalkulatorischen Aspekten versehen zu können, wird analog zur fachlichen und technischen Anreicherung verfahren. Jedem Element eines Mock-Ups können beliebig viele Aufwandsarten zugewiesen und mit Kostensätzen und Zeiten versehen werden. Zusätzlich ist ein Risikozuschlag in Form eines prozentualen Aufschlagssatzes auf Ebene der Module vorgesehen, über den

---

[291] Vgl.: *Dumke, R.* 2003, S. 108ff., *Sneed, H. M.* 2005, 72ff.
[292] Vgl.: *Sneed, H. M.* 2005, S. 36ff.
[293] Vgl.: *Plewan, H.-J.* 2006, S. 6.
[294] Vgl.: *Seibert, S.* 1998 S. 341f.; *Hickmann, J.* 2010.
[295] Vgl.: *Biethahn, J. / Mucksch, H. / Ruf, W.* 2004, S. 374ff.

die Komplexität einzelner Module abgebildet werden kann, um das Risiko bei komplexen Anwendungsbereichen berücksichtigen zu können. Die Verankerung der Risikozuschläge auf Ebene der Module soll deren Charakteristik als abgeschlossene Einheit hervorheben. Sie sollen als solche modelliert, kalkuliert und wiederverwendet werden können.

Über die zugeordneten Aufwandsarten werden die Tätigkeiten definiert, die bei der Umsetzung von Softwareprojekten anfallen, diese sind z.B.:

- Konzeption
- Graphische Gestaltung
- Template Entwicklung
- Programmierung
- Customizing
- Integration
- Test
- Schulung

Zur Kalkulation werden die *Aufwandsarten* (AA) mit einer *Zeitdimension* (ZD), einem *Kostensatz* (KS), einer *Zeiteinheit* (ZE) und einer *Ausprägung* (AP) im konkreten Umfeld versehen. Ein Standardset an Aufwandsarten ist projektübergreifend definiert und kann in jedem Projekt um individuelle Aufwandsarten ergänzt und unterschiedlich bepreist werden, um eine maximale Flexibilität zu erreichen. Als Zeitdimensionen sind Stunden, Tage, Wochen, Monate und Jahre vorgesehen. Um Aufwände abbilden zu können, die keine zeitliche Dimension aufweisen, wie z.B. Lizenzkosten oder Hardware Beschaffungen, kann die Zeitdimension (ZD) den Wert „keine" annehmen, auch die Zeiteinheit (ZE) bleibt dann in der Kalkulation unberücksichtigt.

Drei Beispiele sollen die Möglichkeiten des Kalkulationsschemas verdeutlichen:

- Eine (ZE) Stunde (ZD) Customizing (AA) kostet 80,- € (KS) und für das Customizing des Captcha-Moduls in einem Kontaktformulars werden zwei Stunden (AP) veranschlagt, woraus sich Kosten von 160,- € ergeben.

- Die Lizenzkosten für eine Datenbank (AA) belaufen sich auf 4.500,- € (KS) und für das Projekt werden zwei Lizenzen (AP) benötigt, woraus sich 9.000,- € Kosten ergeben.

- Für die Miete eines Servers (AA) werden jeden (ZE) Monat (ZD) 250,- € (KS) berechnet ein Jahr (AP) Servermiete verursacht damit 3.000,- € Kosten.

## 4.4 Konzeption der Modeling by Example Methode

```xml
<?xml version="1.0" encoding="ISO-8859-1"?>
<project id="365" hoursPerDay="800" daysPerWeek="500"
daysPerMonth="2000" daysPerYear="20000" type="0">
<name>
<![CDATA[ Beispielmodellierung ]]>
</name>
<costRate id="50">
      <name>
      <![CDATA[ Designer ]]>
      </name>
      <costsPerUnit>60000</costsPerUnit>
      <timePerUnit>100</timePerUnit>
      <timeSize>2</timeSize>
</costRate>
<costRate id="51">
      <name>
      <![CDATA[ Programmierer ]]>
      </name>
      <costsPerUnit>80000</costsPerUnit>
      <timePerUnit>100</timePerUnit>
      <timeSize>2</timeSize>
</costRate>
...
```

Abbildung 32: Kostensätze in der Datei Project.xml.
Quelle: Eigene Darstellung.

Die Gesamtkosten für die Umsetzung eines Projektes ergeben sich dann aus der Summe der Kosten aller Einzelelemente multipliziert mit den jeweiligen Risikozuschlägen der Module.

Zur Repräsentation der Kostensätze wurde eine zweistufige Vorgehensweise gewählt. In der Datei Project.xml sind die Kostensätze gespeichert, die für das jeweilige Projekt relevant sind, so wie in Abbildung 32 zu sehen ist. Die Ausprägung der Kostensätze, ist dann wiederum in der Datei Site.xml den Elementen zugeordnet, die mit Kosten versehen werden.

Um die Berücksichtigung der Aufwände direkt bei der Erstellung der Mock-Ups zu ermöglichen, können alle verfügbaren Elemente mit Standardkostensätzen versehen werden. Die Kostensätze definieren die durchschnittlich zu erwartenden Aufwände für die Integration einer Ausprägung des Elementes in das Projekt. Verursacht z.B. die Integration und Validierung eines Textfeldes in einem Formular im Durchschnitt 10 Minuten Programmieraufwand, so kann dies dem Element hinterlegt werden. Werden 6 Textfelder auf dem Formular platziert, ergibt sich ein Aufwand von einer Stunde multipliziert mit dem Kostensatz für die Programmierung im konkreten Projekt.

Die hinter dem Konzept stehende Idee ist denkbar einfach, je mehr Elemente eine Bildschirmmaske beinhaltet, desto aufwendiger wird ihre Umsetzung. Auch wenn diese einfache Regel nicht zwingend für das Gesamtprojekt gilt, da mit zunehmendem Projektumfang kein linearer Anstieg der Komplexität und damit der Kosten einhergeht, stellt das Mengengerüst jedoch ein wertvolles Hilfsmittel im Rahmen der Kalkulation dar.[296] Der Anspruch der MbE-Methode besteht nicht darin, eine automatisierte Kalkulation vorzunehmen, sondern den Vertriebsmitarbeiter bei der Angebotserstellung soweit wie möglich zu unterstützen, ohne zusätzlichen Aufwand zu verursachen. Die Ergebnisse können z.B. als Input für parametrische Schätzverfahren, wie der Function Point Analyse verwendet werden oder einem Experten als Basis für weitere Kalkulationen dienen.

Das zweite wichtige Prinzip der MbE-Methode besteht in der Wiederverwendung von Mock-Ups sowie den darin modellierten Modulen und Elementen. Ein wiederverwendbares Modul muss nur einmal kalkuliert werden und kann dann in jedes Projekt eingebunden werden. Erfahrungen, die bei den Kalkulationen verwandter Projekte gemacht wurden, können so in die aktuelle Aufwandschätzung einfließen. Da das Prinzip der Wiederverwendung eine wesentliche Basis in der MbE-Methode darstellt und nicht nur die Kalkulation betrifft, wird sie im folgenden Abschnitt behandelt.

*4.4.2 Wieder- und Mehrfachverwendung von Mock-Ups*

Die Wieder- und Mehrfachverwendung nimmt eine zentrale Stellung in der MbE-Methode ein. In vielen Web-Anwendungen gibt es Funktionen, die so oder so ähnlich in anderen Web-Anwendungen zu finden sind und die daher nicht neu entwickelt werden müssen, sondern wiederverwendet werden können.[297] Auch im Rahmen der objektorientierten Softwareentwicklung, die heute eine dominierende Rolle hat, kommt der Wiederverwendung eine hohe Bedeutung zu.

Bereits für *Cox* und *Booch* ist die Wiederverwendung von Code ein zentrales Anliegen im Rahmen der Softwareentwicklung. *Cox* sieht schon in der 1980er Jahren im Rahmen der Objektorientierten-Programmierung die Chance, sog. Software-ICs zu nutzen, die die Vorteile von Chips im Hardware Bau auf die

---

[296] Vgl.: *Seibert, S.* 1998 S. 343ff.
[297] Vgl.: *Rossi, G. / Pastor, O. / Schwabe, D. / Olsina, L.* 2008, S. 56.

## 4.4 Konzeption der Modeling by Example Methode

Software Entwicklung übertragen. Als Software-ICs bezeichnet er gekapselte Einheiten, die eine Funktion unabhängig von einer bestimmten Applikation bereitstellen.[298] Booch forderte in der 1990er Jahren die Institutionalisierung der Wiederverwendung in Projekten, um die Effizienz in der Softwareentwicklung durch die Wiederverwendung von Code, Designs, Szenarien und Dokumenten nachhaltig verbessern zu können.[299] Der heutige Erfolg komponentenbasierter Entwicklung gibt beiden Autoren Recht, dort ist die Wiederverwendung von Software Bausteinen ein zentrales Anliegen.[300]

Auch im Requirements-Engineering ist ein starker Trend zur Wiederverwendung vorzufinden. Laut *Partsch* stimmen viele Anforderungserhebungen in wesentlichen Teilen überein, sodass diese nicht immer wieder neu erstellt werden müssen, sondern wiederverwendet werden können, um Zeit und Kosten einzusparen.[301] Die Zeit, die durch Vermeidung von redundanten Tätigkeiten eingespart werden kann, kommt dann der Qualität der Anforderungsanalyse oder schlichtweg der Wirtschaftlichkeit zugute.

In der MbE-Methode wird die Wiederverwendung in zwei Richtungen verfolgt. Einerseits geht es darum, die Wiederverwendung von bereits modellierten Teilen von Web-Anwendungen für die Angebotserstellung und das Requirements-Engineering zu ermöglichen. Zusätzlich wird aber auch die Möglichkeit geschaffen, die Modelldaten der Mock-Ups mehrfach zu verwenden. Nach den Ideen des „Content Reuse" und des „Single Source Publishing", werden dazu aus den Mock-Ups und ihren semantischen Erweiterungen unterschiedliche Dokumente erzeugt, die sich strukturell und von der Auswahl der Inhalte unterscheiden.[302]

### 4.4.2.1 Wiederverwendung von Artefakten

Um Mock-Ups und Ihre Bestandteile wiederverwenden zu können, ist in der MbE-Methode eine Sammlung von vorgefertigten und häufig verwendeten Bestandteilen von Web-Anwendungen vorgesehen. Diese Bestandteile spiegeln konkrete Anwendungsfälle wieder, die auf einfache Art und Weise in jedes Projekt integriert werden können. Die Strukturierung erfolgt auf der Ebene der Module. Als Beispiel für ein wiederverwendbares Modul kann wiederum das Kon-

---

[298] Vgl.: *Cox, B.- J.* 1986, S. 26f.
[299] Vgl.: *Booch, G.* 1994,.S. 347.
[300] Vgl.: *Andresen, A.* 2004, S. 1 und 293ff.
[301] Vgl.: *Partsch, H.* 2010, S. 343.
[302] Vgl.: *Rockley, A. / Kostur, P. / Manning, S.* 2003, S. 26ff.

taktformular gesehen werden, welches in fast allen Webseiten zu finden ist. Aber auch ein komplettes Forum oder eine Suchfunktion kann als Artefakt abgelegt und damit wiederverwendet werden.

Die Artefakte können vollständig modelliert und mit semantischen Informationen versehen werden. Dadurch fällt der Aufwand für die Modellierung nicht mehr in einer konkreten Angebotsphase an, sondern kann auf mehrere Angebote verteilt werden, wodurch diese wirtschaftlicher und schneller zu erstellen sind. Sind die semantischen Informationen sorgfältig hinterlegt, müssen nur noch projektspezifische Anpassungen an ihnen vorgenommen werden, die bei der Projektintegration zu beachten sind.

Um die Artefakte auch in das Design der zu modellierenden Webseite einpassen zu können, dient das in Abschnitt 4.4.1.1 vorgestellte Template Konzept. Das Template definiert alle übergeordneten Layout Elemente einer Seite, in die dann die funktionalen Bestandteile integriert werden. Um die Mock-Up Elemente für die Verwendung in Templates optimal nutzen zu können, sollten sie auf Funktionsebene modelliert werden. Dazu werden auf den Masken lediglich die Elemente platziert, die zur Durchführung einer bestimmten Aufgabe benötigt werden, also z.B. zur Eingabe oder Veränderung von Daten.

*Lauesen* unterteilt diese Funktionen vor dem Hintergrund des Interface Designs in vier Kategorien:

- **Dateneingabe Funktionen**: Alle Funktionen und ihre repräsentierenden Bildschirmelemente, die zur Eingabe und Veränderung von Daten notwendig sind.

- **Semantische Funktionen**: Funktionen durch die eine oder mehrere Aktionen eines Systems ausgelöst werden.

- **Suchfunktionen**: Hilfsfunktionen zum Auffinden von Daten.

- **Navigationsfunktionen**: Funktionen die uns bei der Orientierung und Bewegung durch ein System helfen.[303]

In der MbE-Methode werden die Funktionen zur Dateneingabe, Suche und Navigation konkret über Mock-Ups modelliert, um sie verständlich und erlebbar abbilden zu können. Semantische Funktionen werden zum einen über Beschrei-

---

[303] Vgl.: *Lauesen, S.* 2005, S. 117ff.

## 4.4 Konzeption der Modeling by Example Methode

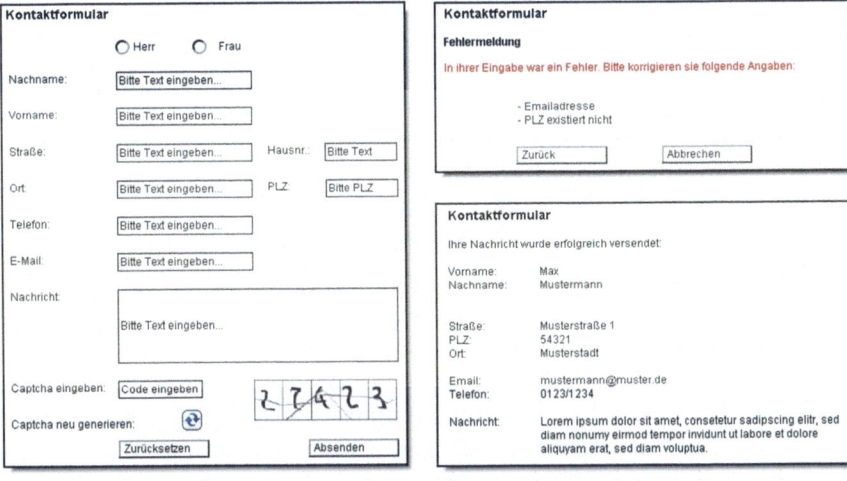

Abbildung 33: Das Kontaktformular als wiederverwendbares Modul.
Quelle: Eigene Darstellung.

bungen oder auch UML Diagramme ergänzt, können aber auch konkret abgebildet werden, indem Zustände modelliert werden, die das System annehmen kann. Um z.B. das Kontaktformular für eine Wiederverwendung in allen Projekten optimal zu gestalten, sollte es vom Layout her reduziert abgebildet werden und nur die notwendigen Funktionselemente beinhalten. Zur Verdeutlichung der semantischen Funktionen, kann der „Absenden-Button" mit Links versehen werden, die auf eine Seite mit der Bestätigung über den Versand der Nachricht oder auf eine Fehlerseite verweisen, um diese exemplarisch darstellen zu können. Abbildung 33 zeigt das modellierte Kontaktformular als wiederverwendbares Modul mit einer Fehler- und einer Bestätigungsseite.

Von besonderer Bedeutung im Rahmen der Vorbereitung von Softwareprojekten sind die Preis- und Aufwandsangaben. Diese lassen sich den Elementen der Sammlung genauso zugeordnet, wie auch den fertigen Mock-Ups. Werden Module aus der Sammlung in das aktuelle Projekt übernommen, dann beinhalten diese die vollständige Kalkulation. So lassen sich für Web-Anwendungen, die sich zu großen Teilen aus vormodellierten Bestandteilen zusammensetzen lassen, bereits während der Modellierung Aufwandsschätzungen ermitteln. Dies führt neben dem Zeitgewinn, zu einer Erhöhung der Transparenz für den Auftraggeber und bringt Arbeitserleichterungen für den Vertriebsmitarbeiter mit sich.

Vormodellierte und wiederzuverwendende Bestandteile sind häufig auch bereits realisierte Funktionen. Sie lassen sich von der Kostenseite her gut abschätzen, da auf Erfahrungen aus der Realisierung der Projekte zurückgegriffen werden kann. Dazu müssen die Kalkulationen mit dem Projekt Controlling abgeglichen und angepasst werden.[304] Wird dies konsequent durchgeführt, entsteht eine wertvolle Kalkulationsbasis für wiederverwendbare Komponenten.

#### 4.4.2.2 Importmöglichkeit für Beispiele

Das Internet selbst bildet die größte Vorlagenbibliothek, die für die Konzeption und den Aufbau von Webseiten herangezogen werden kann. Kaum ein Internet Projekt wird durchgeführt, ohne sich „Best-Practices" oder „Worst-Cases" im Netz anzuschauen. Die Konkurrenzanalyse ist daher eine feste Phase bei der Konzeption einer Webseite.[305] Layout, Funktionen, Abläufe und damit die Usability von Webseiten sind bei Publikumswebseiten einsehbar und können als Vorlagen für das eigene Projekt herangezogen werden. Speziell in der Vorvertragsphase, bei der es auf eine effiziente und damit schnelle Bearbeitung von Spezifikationen ankommt, kann durch den Import von Seiten oder deren Elemente viel Zeit eingespart werden.

Ein Import von Seiten oder deren Bestandteilen ist immer dann zu empfehlen, wenn vorhandene Projekte erweitert oder umgestaltet werden sollen. Es existiert in diesen Fällen bereits eine Anwendung deren Grundgerüst für die Weiterentwicklung herangezogen werden und überarbeitet werden kann. Auch bei Adaptionen vorhandener Funktionalitäten stellt die Übernahme der Seiten eine Arbeitserleichterung dar.

Von der fachlichen Seite aus betrachtet dient der Import dem schnellen und einfachen Aufbau von Mock-Ups bzw. deren Bestandteilen auf Basis vorhandener Internet Seiten. Da die Mock-Ups in der MbE-Methode aus den realen Bestandteilen von Web-Anwendungen komponiert werden, können externe Seiten auf Basis der Analyse dieser Elemente erstellt werden. Dazu werden die zu importierenden Seiten analysiert, in ihre Bestandteile zerlegt und dann in das Projekt übernommen. Eine detailliertere Beschreibung erfolgt in Abschnitt 5.4 im Rahmen der der Vorstellung des Mobex-Werkzeugs.

---

[304] Vgl.: *Plewan, H.-J.* 2006, S. 9ff.
[305] Vgl.: *Jacobsen, J.* 2011, S. 55.

## 4.4 Konzeption der Modeling by Example Methode

Beim Import durchlaufen die Seiten auch automatisch den Kalkulationsalgorithmus und werden mit den hinterlegten Kosten der Elemente versehen, um eine Vorstellung des Aufwands für die Umsetzung zu erhalten.

### 4.4.2.3 Mehrfachverwendung der semantischen Erweiterungen

Ein Ziel der MbE-Methode ist die Berücksichtigung der Bedürfnisse unterschiedlicher Stakeholder im Rahmen des Requirements-Engineering, auch über die Vorvertragsphase hinweg. Um diesem Anspruch gerecht werden zu können, müssen sich die unterschiedlichen Sichtweisen der Stakeholder in den Anforderungsdokumenten wiederfinden. In der Praxis werden dazu Lastenhefte, Angebote, Pflichtenhefte, Technische-Konzeptionen, Präsentation, Mock-Ups, Prototypen, Testspezifikationen usw. erstellt und auf die jeweilige Zielgruppe zugeschnitten.

Dabei müssen oftmals die gleichen Informationen redundant in den unterschiedlichsten Dokumenten erstellt werden. Grundlegende Änderungen an den Dokumenten müssen mehrfach durchgeführt werden, um jedes der unterschiedlichen Formate aktuell zu halten. Daraus entsteht neben erhöhten Kosten durch den Mehraufwand auch eine Informationsmenge, die schwer zu überblicken ist. Es wird daher versucht, diesem Problem über Methoden des Single Source Publishing entgegenzuwirken. Single Source Publishing steht wörtlich übersetzt für „aus einer Quelle veröffentlichen" oder „Einzelquellenausgabe". Hinter diesem Prinzip steckt der Gedanke, aus einem Quellmedium Ausgaben in mehrere Formate bzw. Zielmedien zu transferieren. Inhalte sollen nur einmal erstellt und an zentraler Stelle gepflegt, aber beliebig oft verwendet und in unterschiedlichen Formaten ausgegeben werden.[306]

Notwendige Voraussetzung für Single Source Publishing ist die Trennung von Layout und Inhalt. Der Inhalt ist der informative Teil eines Dokuments, über das Layout wird der Inhalt passend dargestellt. Sind die beiden Komponenten nicht getrennt voneinander vorhanden, kann der informative Teil nicht angemessen in ein beliebiges Format übertragen werden.[307] Neben der Trennung von Inhalt und Layout sollten auch die eigentlichen Inhalte in einzelne Informationseinheiten aufgeteilt werden. Jede dieser Einheiten muss dann nur einmal erhoben, gespeichert und gepflegt werden.[308] Die unterschiedlichen Ausgabemedien können

---

[306] Vgl.: *Von Obert, A.* 2003.
[307] Vgl.: *Kollmann, T. / Häsel, M.* 2007, S. 81.
[308] Vgl.: *Von Obert, A.* 2003.

dann durch Kombination der verschiedenen Informationsbausteine erstellt werden.

Als Beispiel kann der Erstellung von Handbüchern für Software-Produktlinien angeführt werden. Für jede Software einer Linie müssen Handbücher erstellt werden. Oftmals unterscheiden sich die Produkte jedoch lediglich in kleinen technischen Details voneinander, während die Hauptfunktionalitäten gleich sind. Folglich überschneiden sich viele Abschnitte der Bedienungsanleitungen. Werden diese Dokumente als geschlossene Einheiten betrachtet und separat voneinander erstellt, müssen die gleichen Informationen redundant in mehreren Dokumenten vorgehalten und gepflegt werden. Separiert man jedoch zum Beispiel Garantiebedingungen, Serviceleistungen und einzelne Funktionen der Produkte in Bausteine, können die verschiedenen Dokumente durch Kombination der Elemente automatisiert oder teilautomatisiert erstellt werden. Es sind daher nicht mehr die einzelnen Endformate zu speichern, sondern lediglich die darin enthaltenen Informationsmodule. Änderungen an den Bausteinen können zentral vorgenommen werden und sind für alle Ausgaben gültig.

Dieses Prinzip lässt sich auf die MbE-Methode übertragen. Das Quellmedium ist der modellierte und semantisch aufbereitete Mock-Up, der die zu extrahierenden Metainformationen enthält. Die Zielmedien sind die verschiedenen zu erzeugenden Dokumente, die sich vom Inhalt und der Struktur unterscheiden. Die aufzubereitenden Informationen sind die in Abschnitt 4.4.1 vorgestellten Aspekte, die sich zu folgenden Einheiten gruppieren lassen:

- Funktionale Anforderungen
- Technische Anforderungen
- Testspezifikationen
- Kosten
- Zeiten
- Arbeitspakete

Um die Dokumente erzeugen zu können, werden diese Informationen verwendet und in die jeweilige Dokumentenstruktur z.B. eines Angebotes oder eines Lastenheftes transferiert. Die notwendigen Informationen liegen getrennt voneinander vor und können daher separat abgerufen werden.

Bei einer Änderung der Web-Anwendung müssen durch diese Vorgehensweise nicht alle Dokumente manuell darauf hin untersucht werden, ob sie von der Änderung betroffen sind, sondern können automatisch aktualisiert werden. Dadurch

## 4.4 Konzeption der Modeling by Example Methode

verringert sich der Aufwand für die manuelle Aufbereitung bzw. Nachbereitung ganz erheblich. Die Möglichkeiten der Ausgabe sollen sich dabei nicht nur auf Textdokumente beschränken, sondern auch Bilder von Teilen der Web-Anwendung, Präsentationsvideos und Graphen beinhalten, welche die Navigationsstruktur repräsentieren. Eine spezielle Form eines automatisiert erstellten Ausgabedokumentes ist auch ein Prototyp in HTML. Die sich ergebenden Möglichkeiten werden in Abschnitt 5.5 bei der Vorstellung des Mobex-Werkzeugs präzisiert.

### 4.4.3 Integrierte Anforderungsdefinition

Als letztes wichtiges Konzept der MbE-Methode soll die integrierte Anforderungsdefinition vorgestellt werden. In der MbE-Methode wird die aktuell in der Literatur des Requirements-Engineering vorzufindende Trennung zwischen Erhebung, Dokumentation und Validierung von Anforderungen aufgebrochen.[309] Die MbE-Methode konzentriert sich darauf, die Kommunikation zwischen Auftraggeber und Auftragnehmer über die Anforderungen der zu entwickelnden Web-Anwendung zu verbessern. Da der Auftraggeber meist die wichtigste Quelle für die Erhebung von Anforderungen darstellt, steht dieser im Mittelpunkt des Interesses. Der Dialog zwischen den Partnern soll vereinfacht werden.

Dazu ist zunächst eine für den Kunden intuitiv verständliche Repräsentation der Anforderungen nötig, da unverständliche oder zu abstrakt modellierte Anforderungen keine Basis für einen Dialog darstellen. Aus diesem Grund setzt die Methode auf die Visualisierung durch Mock-Ups und vermeidet soweit möglich die Verwendung umfangreicher Texte und komplexer Diagramme. Damit geht er, im Vergleich zu anderen Methoden einen umgekehrten Weg und entwickelt die Anforderungen aus der Darstellung der Web-Anwendung.[310]

Da die geforderte Repräsentation über Mock-Ups nicht mittels Papier und Bleistift erfolgen kann, ist eine Werkzeugunterstützung für die Methode notwendig. In dem Werkzeug können die Mock-Ups inkl. einfacher Funktionalitäten mit wenigen Angaben modelliert und direkt ausprobiert werden. Dies ermöglicht es dem Auftraggeber die Web-Anwendung zu verstehen, zu erleben und ein Gefühl für die Bedienung zu bekommen. Die Validierung der Anforderungen und auch eine erste Überprüfung der Usability werden dadurch bereits während der Mo-

---

[309] Vgl.: *Pohl, K.* 2008, S. 211ff.; *Pohl, K. / Rupp. C.* 2010, S. 29ff.
[310] Vgl.: *Koch, N., Knapp, A., Zhang, G., & Baumeister, H.* 2008, S. 157ff. ; *Brambilla, M. / Comai, S. / Fraternali, P. / Matera, M.* 2008, S. 221ff.

dellierung ohne großen Aufwand ermöglicht, so wie es *Sommerville* und *Jarrett / Gaffney* fordern.[311]

Die Mock-Ups werden dabei nach dem Bottom-Up Prinzip aufgebaut. Das Fundament der Web-Anwendung bilden die wiederverwendbaren Bestandteile der Sammlung, die typische Anwendungsfälle abdecken, die in vielen Webanwendungen vorzufinden sind. Zusätzlich können auch individuelle Teile der Web-Anwendung gestaltet werden. Dazu werden entweder Bestandteile anderer Webseiten importiert und angepasst oder neue Teile komponiert.

Die wiederverwendbaren Elemente bilden die Basis für die integrierte Dokumentation. Sie sind bereits beschriebenen und vorkalkuliert, wodurch ihre Übernahme in das Projekt ausreicht, um sie als Basis für ein Angebot oder ein Pflichtenheft zu verwenden. Bei importierten und selbst komponierten Mock-Up-Bestandteilen soll der Versuch unternommen werden, zumindest den kalkulatorischen Teil der Meta-Informationen automatisch zu erzeugen, wozu das Mengengerüst der Maskenelemente verwendet werden soll. Die Meta-Informationen können dann nach Bedarf geändert oder ergänzt werden.

Durch die Fassbarkeit des Modells wird eine schwerwiegende Hürde für die Kommunikation zwischen Auftraggeber und Web-Entwickler abgebaut und der Auftraggeber kann von Beginn an aktiv in die Anforderungserhebung einbezogen werden, so dass dieser unmittelbar die Entwicklung verfolgen und Feedback ohne Verzögerung einfließen lassen kann. Im Sinne der Vorgehensweise bei der Anforderungsanalyse wird eine Integration der Erhebung, Dokumentation und einer ersten Prüfung in einen Schritt erreicht.

Die im Rahmen dieses Abschnittes vorgestellten Ideen und Konzepte der MbE-Methode lassen sich nur über eine enge Werkzeugunterstützung realisieren. Dies wurde bereits zu einem sehr führen Zeitpunkt der Konzeption der Methode erkannt und berücksichtigt. Die MbE Methode und das korrespondierende Werkzeug wurden daher als Einheit konzipiert und umgesetzt. Das MbE Werkzeug „Mobex" wird im folgenden Kapitel vorgestellt.

---

[311] Vgl.: *Sommerville, I.* 2007, S. 383ff.; *Jarrett, C. / Gaffney, G.* 2009, S. 174ff.

# 5 Das Mobex-Werkzeug zur Realisierung der MbE-Methode

Mobex ermöglicht die Erstellung und semantische Anreicherung von Mock-Ups und soll dadurch den die MbE-Methode in der Praxis anwendbar machen. Das Werkzeug ist in die Kategorie der *Rapid-Prototyping-* bzw. *Wireframe-Systeme* mit dem Schwerpunkt auf Webprojekten einzuordnen. In diesem Software Segment existiert eine ganze Reihe an Systemen, wie *Justinmind*[312], *ProtoShare*[313] *Axure*[314] oder *MockFlow*[315], die als kommerzielle Lösungen vertrieben werden. Der Schwerpunkt der Anwendungen liegt in der Erstellung sog. Wireframes, die ein erstes Grundgerüst bei der Konzeption einer Webseite oder Applikation darstellen und synonym zu Mock-Ups verwendet werden. In den Werkzeugen werden die grundlegenden Elemente der Seite modelliert, um das konzeptionelle Layout definieren zu können. Die Abbildung des vollendeten Designs ist in den Werkzeugen nicht vorgesehen. Darüber hinaus bestehen dynamische Wireframes aus mehreren Seiten, die interaktiv miteinander verknüpft sind, um die Navigation von einer zur anderen Seite zu ermöglichen. Sie werden daher häufig durch einen Navigationsbaum oder ein Flussdiagramm ergänzt, welche die Struktur abstrahieren und leichter verständlich machen.[316]

Die Besonderheiten von Mobex liegen in der integrierten Kalkulation, der Detailliertheit der semantischen Erweiterungen sowie der Mehrfachnutzung der Erweiterungen im Rahmen der Ergebnisverwendung. In den oben aufgeführten Systemen können zwar ebenfalls Elemente mit Metainformationen versehen werden, die zugehörigen Kosten und Zeiten können jedoch lediglich in Textform abgelegt werden. Eine Kalkulation und auch Spezifikation eines Projektes, so wie es im Rahmen der Angebotserstellung notwendig ist, kann auf diesem Wege nicht erfolgen.[317]

---

[312] Vgl.: *o.V., Justinmind Prototyper.*
[313] Vgl.: *o.V., ProtoShare.*
[314] Vgl.: *o.V., Axure.*
[315] Vgl.: *o.V., MockFlow.*
[316] Vgl.: *Morville, P. / Rosenfeld, L.* 2007, S. 307.
[317] Vgl.: *Ljaci, N.* 2010, S. 37ff.

Das Mobex-Werkzeug ist eine Java Anwendung, die als Java Archiv Datei ausgeführt oder als Java-Applet im Browser aufgerufen werden kann. Das System kann dadurch sowohl online als auch offline betrieben werden, womit sichergestellt wird, dass die Nutzung des Werkzeugs im Kundendialog immer möglich ist.

Im Werkzeug selbst sind nur die Kernfunktionen integriert, welche zur Erstellung und semantischen Anreicherung der Mock-Ups unerlässlich sind. Dies sind die Arbeitsoberfläche mit den Funktionen zur Platzierung und Bearbeitung der Elemente, die Template-Verwaltung, die Vorlagenbibliothek sowie die weitreichenden Kalkulationsfunktionen. Zur funktionalen Erweiterung des Systems wurde eine Plugin-Schnittstelle realisiert, die einen kontrollierten Zugriff auf das System ermöglicht. Über die Plugin-Schnittstelle können funktionale Erweiterungen in das System integriert werden, ohne Änderungen am Code das Basissystem vornehmen zu müssen. Diese Architektur wurde gewählt, da das Werkzeug von vielen Personen erstellt wurde und diese so unabhängig voneinander arbeiten konnten. Die Architektur der Mobex-Tools zeigt Abbildung 34.

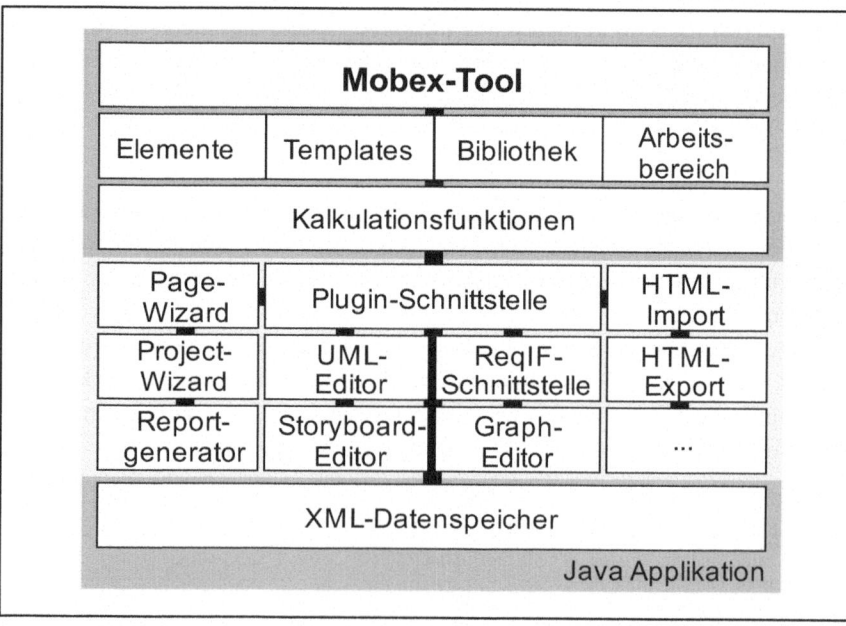

Abbildung 34: Die Mobex Architektur.
Quelle: Eigene Darstellung.

Bei der Konzeption des Werkzeugs sowie seiner funktionalen Erweiterungen wurde immer darauf geachtet, dass die Erstellung der Mock-Ups möglichst wenig Zeit beansprucht und damit wirtschaftlich durchgeführt werden kann, um die Nutzbarkeit in der Vorvertragsphase sicherzustellen. Im Folgenden wird das System ausgehend von der Benutzeroberfläche und seinen Funktionen vorgestellt.

## 5.1 Die Benutzeroberfläche

Das Mobex-Tool kann als Hybrid aus Grafikanwendung und Requirements-Engineering Werkzeug klassifiziert werden. Diese Struktur wurde gewählt, da sowohl die grafische Repräsentation als auch die Erhebung der Anforderungen durch das Werkzeug unterstützt werden soll. Abbildung 35 zeigt die Benutzeroberfläche von Mobex.

Das Hauptfenster bietet dem Benutzer eine Übersicht aller Komponenten des modellierten Projekts und hat diverse Bearbeitungsmöglichkeiten um diese den

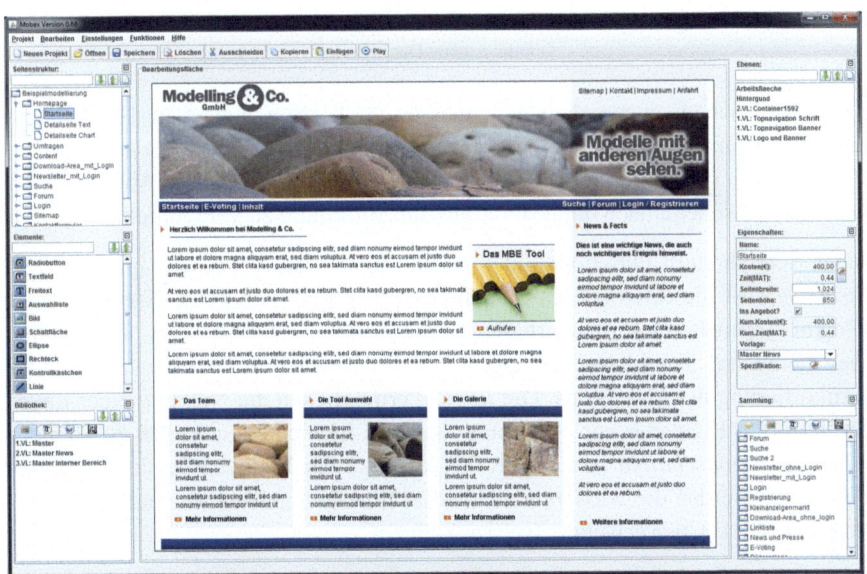

Abbildung 35: Die Mobex Oberfläche mit einem Beispiel.
Quelle: Eigene Darstellung.

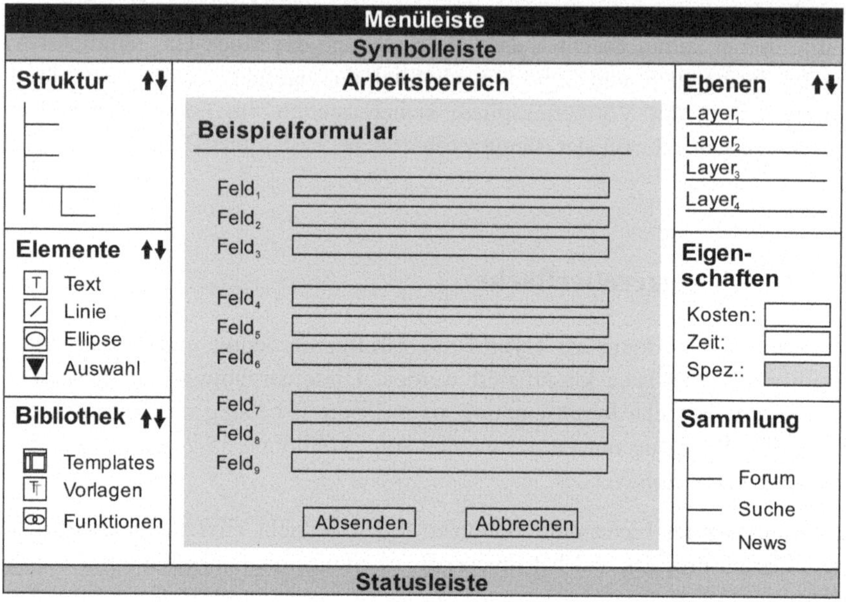

| Menüleiste |
| Symbolleiste |

| Struktur ↕ | Arbeitsbereich | Ebenen ↕ |
|---|---|---|
| | Beispielformular | Layer₁ |
| | | Layer₂ |
| | Feld₁ | Layer₃ |
| | Feld₂ | Layer₄ |
| **Elemente ↕** | Feld₃ | **Eigen-schaften** |
| T Text | Feld₄ | |
| / Linie | Feld₅ | Kosten: |
| O Ellipse | Feld₆ | Zeit: |
| ▼ Auswahl | | Spez.: |
| **Bibliothek ↕** | Feld₇ | **Sammlung** |
| | Feld₈ | |
| 🗐 Templates | Feld₉ | ― Forum |
| T Vorlagen | | ― Suche |
| ⌾ Funktionen | [Absenden] [Abbrechen] | ― News |

| Statusleiste |

Abbildung 36: Schematische Darstellung der Mobex Oberfläche.
Quelle: Eigene Darstellung.

Kundenwünschen entsprechend anzupassen zu können. Es ist in 10 Bereiche aufgeteilt, um dem Benutzer eine gute Übersicht zu geben und ein intuitives Bearbeiten der Projekte zu ermöglichen. Die Oberfläche wird in Abbildung 36 noch einmal schematisch dargestellt, um die Aufteilung zu verdeutlichen.

Jeder Bereich stellt Funktionalitäten für die Erstellung der Mock-Ups bereit. In *Struktur* wird die Sitemap des modellierten Projektes angezeigt. *Elemente* sind alle im Arbeitsbereich platzierbaren Bestandteile eines Mock-Ups. Die *Bibliothek* beinhaltet Templates, Vorlagen und Funktionen für die Gestaltung und Strukturierung der Mock-Ups. Die *Ebenen* ermöglichen die Nutzung einer Layer Struktur, um Elemente vor oder hinter anderen Elementen anordnen zu können. Über die *Eigenschaften* lassen sich die Attribute der Elemente festlegen. In der *Sammlung* werden die wiederverwendbaren Vorlagen gelistet, die bei der Erstellung der Mock-Ups verwendet werden können.

Die Größen der Bereiche sind vom Benutzer veränderbar, um weniger verwendete Bereiche zugunsten häufig verwendeter verkleinern oder ganz ausblenden zu

# 5.1 Die Benutzeroberfläche

können. Über die Pfeiltasten kann die Reihenfolge der Elemente verändert werden.

## 5.1.1 Menü- und Symbolleiste

Über die Menüleiste und die Symbolleiste erhält der Benutzer Zugriff auf die Bearbeitungsmöglichkeiten und Funktionen der Anwendung. Die Symbolleiste bietet die wichtigsten Funktionen als Schnellzugriff an. Das Menü beinhaltet fünf Unterpunkte mit folgenden Funktionen:

**Projekt**

Über die Kategorie „Projekt" können Funktionen, die das Gesamtprojekt betreffen, aufgerufen werden. Hier kann das Projekt gespeichert oder geladen werden. Außerdem kann über diesen Punkt der Abspielmodus aufgerufen werden, der das Projekt in einem neuen Fenster wiedergibt. So kann der Kunde bereits einfache, im Modell vorhandene, Funktionen wie die Verlinkung testen, ohne die Daten ins HTML-Format exportieren zu müssen. Diese Funktion kann auch zur integrierten Usability Prüfungen während der Modellierung verwendet werden, da auch das Zusammenspiel zwischen den Masken überprüft werden kann.

**Bearbeiten**

„Bearbeiten" stellt die für Windows typischen Optionen zum Arbeiten mit dem aktuell ausgewählten Objekt zur Verfügung. Beispielsweise kann es gelöscht oder in die Zwischenablage kopiert bzw. ausgeschnitten und anschließend an einer anderen Stelle wieder eingefügt werden. Dieser Vorgang kann auch über die in der Symbolleiste bereitgestellten Ausschneiden/Kopieren/Einfügen Schaltflächen und die entsprechenden Tastenkombinationen ausgeführt werden. Wird eine Seite im Editor angezeigt, kann über den Eintrag „Alle Elemente markieren" alle editierbaren Elemente der geladenen Seite anwählen.

**Einstellungen**

Über „Einstellungen" kann der Benutzer die grundlegende Konfiguration des aktuellen Projektes bearbeiten. Diese betreffen die Eigenschaften der *Elemente*, der *Kalkulation* und des eigentlichen *Projektes*. Sie können über Dialogboxen bearbeitet werden.

Im Dialog für die Bearbeitung der Elemente, können deren Standardeigenschaften festgelegt werden. Dazu zählen alle optischen Eigenschaften, wie die Größe

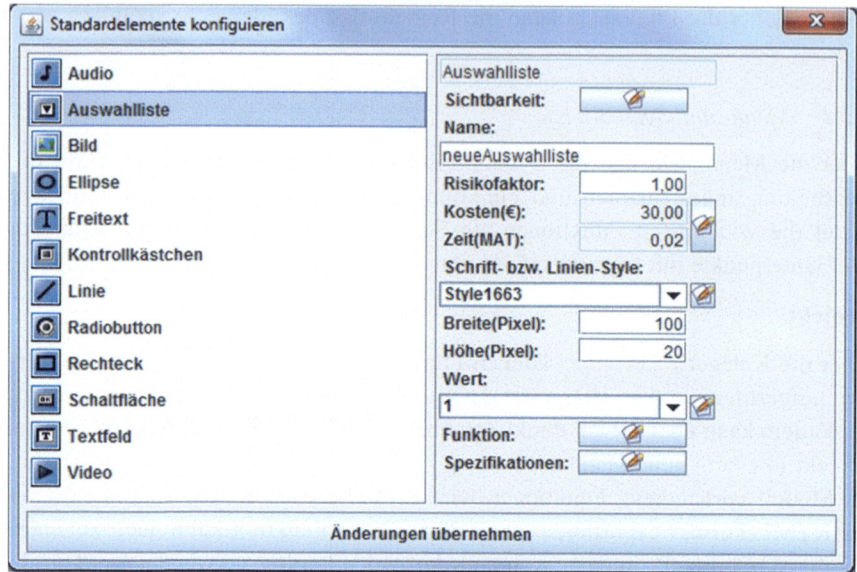

Abbildung 37: Die Konfiguration von Elementen.
Quelle: Eigene Darstellung.

des Elementes, die zugewiesene Schriftart oder die Stärke von Linien. Schrifttypen und Linienarten werden über Formatvorlagen verwaltet, um sie über das gesamte Projekt hinweg einheitlich gestalten und leicht austauschen zu können. Die zur Verfügung stehenden Eigenschaften variieren nach den zu definierenden Elementen. Abbildung 37 zeigt den Dialog zur Bearbeitung der Standardeigenschaften am Beispiel einer Auswahlliste.

Zusätzlich zu den optischen Eigenschaften können die Elemente auch bereits in der Grundkonfiguration semantisch angereichert werden. Dazu besteht die Möglichkeit fachliche und technische Spezifikationen, Testanweisungen und Kalkulationsdaten anzulegen, die dann für jede Ausprägung eines Elementes im Projekt verwendet werden.

Des Weiteren können die *Kalkulationssätze* des Projektes über die Einstellungen verwaltet werden. Diese werde in zeitunabhängige und zeitabhängige Kalkulationssätze gegliedert. Über die zeitabhängigen Kalkulationssätze werden die Tätigkeiten definiert, die bei der Umsetzung von Softwareprojekten anfallen. Zeitunabhängige Kalkulationssätze definieren einmalig auftretende Kosten, wie z.B.

## 5.1 Die Benutzeroberfläche

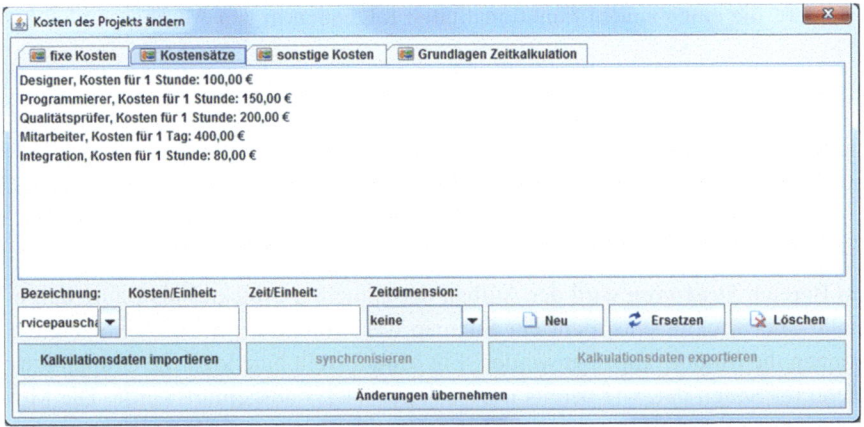

Abbildung 38: Festlegung der Kostensätze.
Quelle: Eigene Darstellung.

solche für Lizenzen oder Bildrechte. Die Kalkulationssätze sind im Projekt variabel anpassbar, ein Basissatz wird in der Sammlung wiederverwendbarer Elemente vorgehalten und steht in jedem Projekt zur Verfügung. Anpassungen an den Kalkulationssätzen haben Einfluss auf die gesamte Projektkalkulation, um Auswirkungen für geänderten Preise im Projekt abschätzen zu können. Ferner können in den Kalkulationseinstellungen die Basisdaten für die Berechnung von Zeiten vorgenommen werden. Dort wird angegeben, wie viele Arbeitsstunden ein Tag beinhaltet und wie viele Tage für eine Woche, einen Monat sowie ein Jahr angesetzt werden. Den Dialog zur Anpassung der Kalkulationssätze im Werkzeug mit einigen Beispieldaten zeigt Abbildung 38.

Um den Austausch von Kalkulationsdaten über verschiedene Projekte hinweg auch unabhängig von der verwendeten Sammlung vornehmen zu können, sind ein Import, ein Export und eine Synchronisation der Daten vorgesehen.

**Funktionen**

Im Bereich Funktionen finden sich Erweiterungen am Werkzeug, die durch Plugins realisiert werden können. Ein Plugin wird beim Laden von Mobex initialisiert und registriert dabei seine Funktionalität in der Software. Durch Nutzerinteraktionen können die Funktionalitäten der Plugins angestoßen werden. Plugins können sowohl für die Auswertung, als auch für die Manipulation der Projektdaten genutzt werden. Die Funktionalität der Schnittstelle wird in Abschnitt 5.1.6

erläutert, die eingebunden Funktionalitäten folgenden in den Abschnitten 5.2 bis 5.7.

**Hilfe**

Im Hilfe Bereich findet sich ein Verweis auf die PDF-Version des Mobex Handbuches sowie eine Versionsübersicht der Software.

*5.1.2 Struktur*

Im Bereich *Strukturen* wird der Aufbau der aktuellen Projektes als Baum dargestellt. Die Struktur entspricht der Sitemap des Projektes. Im Wurzelverzeichnis können die Module angelegt werden. Ein Modul stellt eine logische Gruppierung mehrerer Seiten dar, wie bereits in Abschnitt 4.4.1.1 ausgeführt wurde. Die Module dienen der funktionalen Gliederung des Projektes. Die Verknüpfung zwischen den Modulen wird über die Verlinkung der Seiten modelliert.

Wird ein Modul durch einen Doppelklick oder manuell aufgeklappt, so werden die enthaltenen Seiten aufgelistet. Wird eine Seite ausgewählt, erscheint diese im Arbeitsbereich und kann dort verändert werden. Vorgefertigte Seiten und Module können per Drag & Drop oder die Zwischenablage aus der Sammlung in das aktuelle Projekt eingefügt werden. Nach dem Einfügen ist die entstandene Kopie beliebig bearbeitbar und kann an das aktuelle Projekt angepasst werden.

*5.1.3 Elemente*

Unter der Seitenstruktur befindet sich der Elemente-Bereich, der eine Liste der in die Mock-Ups integrierbaren Bestandteile enthält, die in Abschnitt 4.4.1.1 eingeführt wurden. Die Elemente können per Drag & Drop auf die Bearbeitungsfläche eingefügt werden. Sie werden dort in der aktuell ausgewählten Ebene platziert. Die Position des Elements in der Seite bestimmt der Drop-Punkt.

Werden Freitextelemente platziert, öffnet sich automatisch ein Dialog zum Bestimmen des Textinhalts. In dem Dialog kann der Text manuell eingegeben, oder über einen Blindtext-Generator erzeugt werden. Als Blindtext wird ein Text bezeichnet, der bei der Gestaltung von Publikationen verwendet wird, wenn der eigentliche Text noch nicht vorliegt. Mit Hilfe des Blindtextes kann die Verteilung des Textes auf der Seite, also das Layout und der Satzspiegel sowie die Lesbarkeit und der Platzbedarf beurteilt werden.[318] Neue Elemente werden bei

---

[318] Vgl.: *Loranger, H. / Nielsen, J.* 2006, S.211f.

# 5.1 Die Benutzeroberfläche

Einfügen mit ihren Standardeigenschaften versehen, die dann beliebig anpassbar sind.

### 5.1.4 Eigenschaften

Über die Eigenschaften werden die Merkmale und semantischen Erweiterungen der ausgewählten Elemente in den Mock-Ups angezeigt und angepasst. Die Eigenschaften gliedern sich in Formatierungseigenschaften und semantischen Erweiterungen der Elemente.

**Formatierung**

Als Basiseigenschaften werden jedem Element ein eindeutiger Name, eine Position auf der Oberfläche sowie eine Größe zugewiesen, worüber diese pixelgenau definiert werden können. Die Größenanpassung und Positionierung ist dabei auf die Seitengröße beschränkt. Bei einem Überschreiten der Seitengröße wird dem Benutzer der Maximalwert angezeigt. Über die Formatierungseigenschaften wird die Gestaltung der Elemente definiert. Diese werden über Formatvorlagen auf Basis von Cascaded Style Sheets verwaltet, wie in Abschnitt 5.1.5 erläutert wird. Da die verwendbaren Elemente unterschiedliche Eigenschaften aufweisen, passen sich diese dynamisch auf die jeweilige Auswahl an.

Textfeldern können Standardwerte zugewiesen werden, die dann im Mock-Up vorausgefüllt sind. Bei Schaltfläche kann die Aufschrift bearbeitet werden. Bei Drop-Down-Listen können die anzuzeigenden Werte definiert werden. Bei Radiobuttons oder Kontrollkästchen kann der Status ausgewählt oder nicht ausgewählt festgelegt werden. In den Eigenschaften eines Grafikelements kann der Benutzer über die Zwischenablage oder einen Dateipfad das Bildelement austauschen. Durch Auswahl der dahinterliegenden Edit-Schaltfläche wird die Bilddatei der Grafik in dem vom Betriebssystem zugewiesenem Standardprogramm geöffnet, um sie bearbeiten und aktualisieren zu können.

**Aufwände / Kosten / Kalkulationssätze**

Jedem Element können für die Projektkalkulation Aufwände zugeordnet werden. Die Aufwände basieren auf den bereits eingeführten Kalkulationssätzen. Dabei wird die Baumstruktur der Projekte berücksichtigt, um die Aufwände auf die Verursacher verteilen zu können. Die Aufwände können somit der Website, den einzelnen Modulen, den Seiten, den Ebenen, den Elementen und ihren Funktionen zugeordnet werden. Das Schema der Aufwandserfassung entspricht dem aus

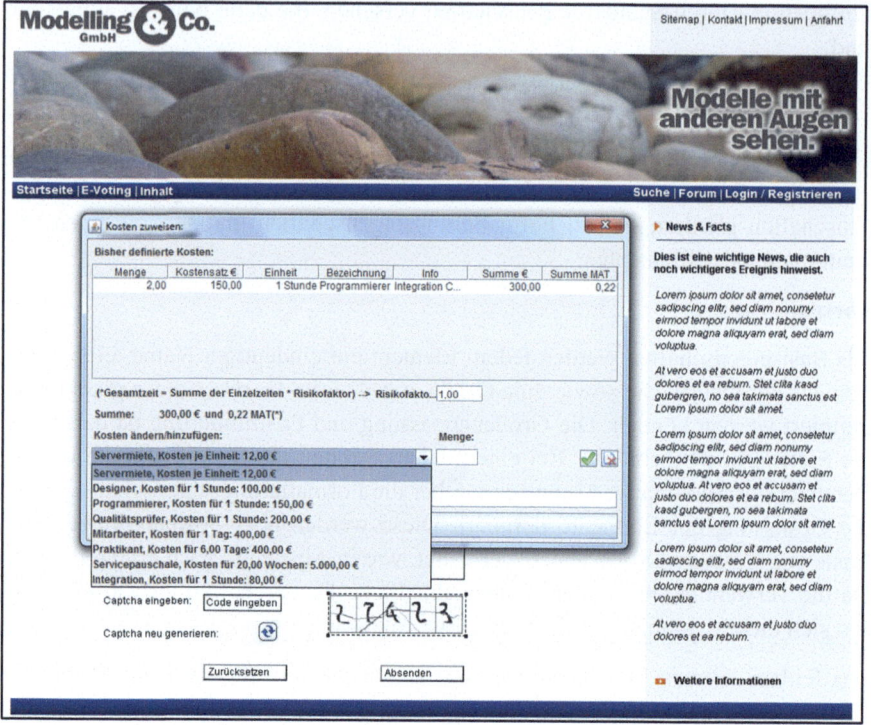

Abbildung 39: Kostendialog.
Quelle: Eigene Darstellung.

Abschnitt 4.4.1.4 vorgestellten Modell. Abbildung 39 zeigt den Dialog zur Bearbeitung der Kosten eines Elements am Beispiel des Captcha-Moduls.

In der Liste werden die zugewiesenen Kosten der angewählten Komponente aufgelistet. Jeder Eintrag dieser Liste zeigt die Art des Aufwands, die zugewiesene Menge sowie den daraus ermittelten Gesamtaufwand. Über die Auswahlliste Kosten ändern/hinzufügen können die in den Kalkulationseinstellungen festgelegten Kostensätze eingefügt werden.

Um den Mobex Nutzern die Kalkulation zu erleichtern, werden in den Komponenten die Unterkomponenten besitzen (Ebenen, Seiten, Module, Website) automatisch der Gesamtaufwand als Summe des Aufwandes aller enthaltenen Komponenten berechnet und über eine Tool-Tip Funktion angezeigt. Zusätzlich ist ein Modul zur Kalkulationsübersicht enthalten, welches in Abschnitt 5.2 vorgestellt wird.

## Funktionen

Funktionen ermöglichen in Mobex die Modellierung des Verhaltens der Webanwendung. Wie in Abschnitt 4.4.1.3 bereits beschrieben, können ausgewählte UML Diagramme sowie Texte zur Beschreibung des Verhaltens in die Mock-Ups integriert werden. Ein Beispiel für eine Funktion ist das Einfügen von Waren in den Warenkorb eines Online-Shops. Das Betätigen eines Buttons löst mehrere Aktionen, wie die Aktualisierung des Warenkorbs, eine Verfügbarkeitsprüfung und die Berechnung eines neuen Gesamtpreises aus.

Spezielle Funktionen stellen Hyperlinks dar. Ein Link kann jedem Element als Eigenschaften zugeordnet werden und ist direkt im Abspielmodus verwendbar. Dadurch kann sich der Kunde vorab eine Vorstellung vom Endprodukt machen und anschließend konkrete Änderungswünsche äußern. Links werden in der Funktionen-Liste der Bibliothek nicht angezeigt, sondern sind an das Element gebunden. Die Eigenschaften des Links lassen sich direkt im Dialog zum Zuweisen von Links zu einem Element anpassen.

Über Funktionen und Links lassen sich ganze Szenarien abbilden, die bei der Nutzung der zu entwickelnden Webseite von den Usern durchlaufen werden. Über diese Szenarien können Abläufe in einer Anwendung bereits vor der Umsetzung überprüft werden, woraus sich ein weiterer Vorteil einer Mock-Up basierten Anforderungserhebung ableiten lässt.[319]

## Spezifikationen

Allen Elementen können Freitexte zur Spezifikation bzw. semantischen Anreicherung zugewiesen werden. Die Spezifikationen sind in eine fachliche und eine technische Beschreibung sowie eine Testspezifikation unterteilt. Im Fachkonzept soll die mit der Komponente zu lösende Problemstellungen, implementierungsunabhängig beschrieben werden und damit definieren, was das System tun soll. Im Technikkonzept wird definiert, wie die Funktionen umzusetzen sind. Die textuellen Spezifikationen können über Funktionen ergänzt werden. Die Testbeschreibung dient zur Dokumentation der Schritte, die zur Überprüfung der Komponente notwendig sind. Abbildung 40 zeigt den Dialog am Beispiel des bereits eingeführten Captcha-Moduls.

---

[319] Vgl.: *Beschnitt, M.* 2010.

178  5 Das Mobex-Werkzeug zur Realisierung der MbE-Methode

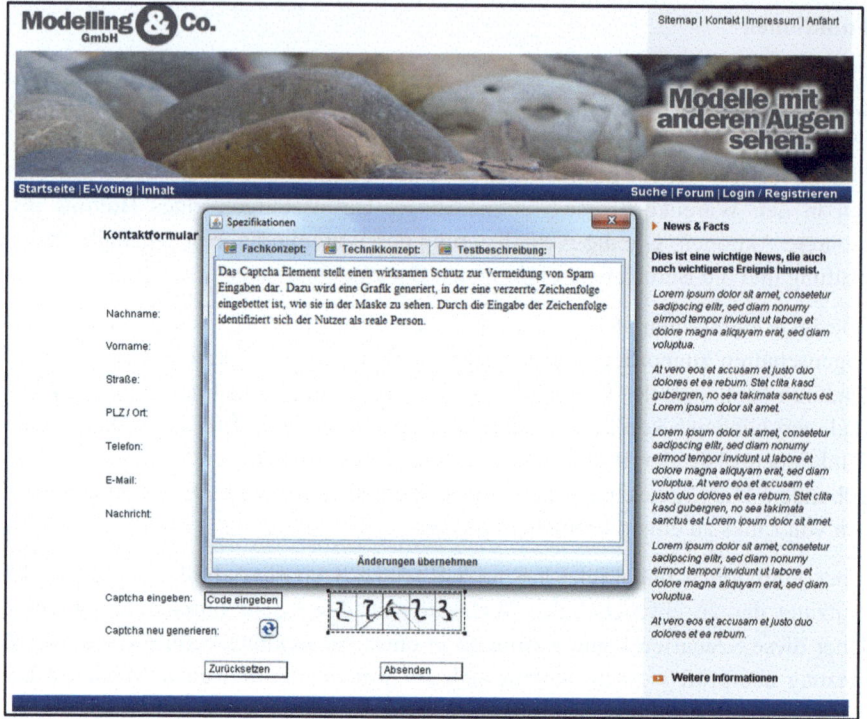

Abbildung 40: Spezifikationen am Beispiel eines Captcha Moduls.
Quelle: Eigene Darstellung.

Die hinterlegten Spezifikationen dienen als Basis für die Wieder- und Mehrfachverwendung der Artefakte. Z.B. fließen die fachliche und die technische Beschreibung der Elemente im Reportgenerator in die Pflichtenheftgenerierung ein. Ebenso kann mit dem Reportgenerator eine Zusammenfassung der Test-Beschreibungen für den Testablauf in der konkreten Umsetzung des Projektes ausgegeben werden.

*5.1.5 Bibliothek und Sammlung*

In der *Bibliothek* werden *Templates*, *Formatvorlagen* und *Funktionen* verwaltet, die Sammlung dient der Speicherung wiederverwendbarer Module. Die Bibliothek beinhaltet Elemente die innerhalb eines Projekts mehrfach verwendet werden, die Sammlung diejenigen Module die global in allen Projekten zur Verfügung stehen sollen. Alle Seiten eines Projektes können auf Templates basieren.

## 5.1 Die Benutzeroberfläche

Sie stellen das „Gerüst" einer Seite dar, durch die Teile des Inhaltes oder der Gestaltung der Webseite strukturiert mehrfachverwendet werden können. Templates sollten alle Elemente beinhalten, die auf mehreren Seiten eines Projektes genutzt werden.

*Templates* können auf anderen Templates basieren und liegen dann kaskadierend in Ebenen hintereinander. Dazu kann bei den Eigenschaften der Templates jeweils das zugrunde liegende Template ausgewählt werden. Alle Elemente des oder der Basistemplates werden dann auch in diesem Template und auf den Seiten angezeigt, die darauf basieren. Das Template Konzept dient dazu, mehrfachverwendete Komponenten eines Projektes zentral bearbeiten bzw. ändern zu können und damit eine schnelle Anpassbarkeit der Mock-Ups zu gewährleisten.

Über die *Formatvorlagen* werden die Formatierungen der Elemente verwaltet. Die Vorlagen in Mobex basieren auf Cascaded Style Sheets (CSS), dem Standard im HTML-Umfeld. Durch die Verwendung von Vorlagen lässt sich die Gestaltung der Komponenten über das gesamte Projekt hin zentral anpassen und auch die Module aus der Sammlung können über die Vorlagen an das Layout eines Webprojektes angepasst werden. Die Bearbeitung der Formatvorlagen wird über die Eigenschaften vorgenommen.

Über die *Sammlung* werden die wiederverwendbaren Elemente verwaltet, die per Drag & Drop in das aktuelle Projekt integriert werden können. Die Inhalte der Sammlung werden über eine Mobex Datei mit dem Namen *Sammlung.mbe* verwaltet, um ein einheitliches Datenformat verwenden zu können. Die Komponenten der Sammlung können mit allen in Mobex zur Verfügung stehenden Eigenschaften versehen und gespeichert werden. Ein vollständig beschriebenes Modul kann dadurch per Drag & Drop in das aktuelle Projekt übernommen werden.

### 5.1.6 Arbeitsbereich

Der Arbeitsbereich befindet sich im Zentrum der Benutzeroberfläche. Bei der Auswahl einer Seite aus der Seitenstruktur, den Seitenvorlagen oder aus der Sammlung werden die Elemente geladen, positioniert und angezeigt. Neue Elemente können per Drag & Drop platziert und per Maussteuerung und über die Eigenschaften angepasst werden. Änderungen an den Elementen werden sofort im Arbeitsbereich angepasst. Die Positionierung der Elemente kann auch mit Hilfe der Pfeiltasten über die Tastatur pixelgenau eingestellt werden.

Mit gedrückt gehaltener linker Maustaste kann der Benutzer einen Selektionsrahmen ziehen. Beim Loslassen der Maustaste werden alle Elemente der Seite, die mit ihrer gesamten Fläche innerhalb des Rahmens liegen, markiert und können so als Gruppe bearbeitet oder verschoben werden. Beim Verschieben von Elementen bzw. Elementgruppen bleiben diese immer im sichtbaren Bereich und werden nicht über den Rand hinaus verschoben. Bei Gruppen verschieben sich alle Elemente bis zum Rand. D.h. die Abstände der Elemente untereinander bleiben grundsätzlich erhalten, lediglich am Rand verändern sie sich, so dass alle Elemente letztlich vollständig am Rand anliegen.

Eine Seite kann aus mehreren Ebenen bestehen. Die Ebenen dienen dazu, die Elemente einer Webseite hintereinander anordnen zu können, um z.b. die verwendeten Templates im Hintergrund zu halten. Ebenen werden in nahezu allen Grafikanwendungen wie Adobe Photoshop, Corel PhotoPaint oder dem Open Source System Gimp verwendet und dienen auch dort der Überlagerung und Anordnung von Grafikelementen.

Wird ein Element auf der Bearbeitungsfläche ausgewählt, dann wird seine Ebene in der Ebenen Liste markiert. Neue Elemente werden immer in die aktuell markierte Ebene übernommen und können dann über die Eigenschaften einer anderen Ebene zugewiesen werden. Ebenen können während der Bearbeitung dynamisch aus- und eingeblendet werden, um sie unabhängig voneinander bearbeiten zu können.

## 5.2 Kalkulationsübersicht

Die Kalkulationsmöglichkeiten in Mobex gliedern sich in drei Bereiche, über die die Kalkulationseinstellung der Elemente, die Kalkulationssätze und die Aufwandszuordnung bearbeitet werden können. Die Kalkulationsfunktionen wurden bereits in den Abschnitten 5.1.3 und 5.1.4 vorgestellt.

Die Kalkulation in der MbE-Methode erfolgt nach der Bottom-Up Methode, in welcher der Gesamtaufwand aus der Summe aller Teilaufwände einer Anwendung errechnet wird. Der Vorteil dieser Vorgehensweise liegt in seiner hohen Präzision, da auf Basis von kleinen Einheiten einfacher geschätzt werden kann. Der Nachteil dieser Methode liegt jedoch in der sich schnell ergebenden Unübersichtlichkeit der Kalkulationsdetails, da diese recht kleinteilig sind.

## 5.2 Kalkulationsübersicht

| Komponente | Kosten in € | Kum. Kosten in € | Zeiten in MAT | Kum. Zeiten in MAT |
|---|---|---|---|---|
| Beispielmodellierung | 0,00 | 12.560,00 | 0,00 | 17,88 |
| Homepage | 0,00 | 950,00 | 0,00 | 1,12 |
| Umfragen | 640,00 | 640,00 | 1,00 | 1,00 |
| Content | 0,00 | 1.000,00 | 0,00 | 1,00 |
| Download-Area_mit_Login | 640,00 | 640,00 | 1,00 | 1,00 |
| Newsletter_mit_Login | 1.280,00 | 1.280,00 | 2,00 | 2,00 |
| Suche | 640,00 | 640,00 | 1,00 | 1,00 |
| Forum | 1.920,00 | 1.920,00 | 3,00 | 3,00 |
| Login | 2.880,00 | 2.880,00 | 4,50 | 4,50 |
| Sitemap | 320,00 | 320,00 | 0,50 | 0,50 |
| Kontaktformular | 640,00 | 1.140,00 | 1,00 | 1,50 |
| Impressum | 0,00 | 0,00 | 0,00 | 0,00 |
| Wegbeschreibung | 0,00 | 0,00 | 0,00 | 0,00 |
| Vorlagen aus der Bibliothek | 0,00 | 1.150,00 | 0,00 | 1,25 |
| Master | 900,00 | 900,00 | 1,00 | 1,00 |
| Master News | 250,00 | 250,00 | 0,25 | 0,25 |
| Master Interner Bereich | 0,00 | 0,00 | 0,00 | 0,00 |
| Funktionen aus der Bibliothek | 0,00 | 0,00 | 0,00 | 0,00 |

Projektkosten: 12.560,00 €  Projektzeit: 17,88 MAT

Abbildung 41: Kalkulationsübersicht.
Quelle: Eigene Darstellung.

Um dem Kalkulator trotzdem eine gute und schnelle Übersicht geben zu können, ist in Mobex eine Maske integriert, über die eine Kalkulationsübersicht für das aktuelle Projekt als Baumstruktur ausgegeben werden kann. Die Ausgabe entspricht der Seitenstruktur, um auch bei der Kalkulation eine einheitliche Sicht auf das Projekt zu erhalten. Abbildung 41 zeigt den Dialog zur Kalkulationsübersicht.

Der Nutzer kann sich durch die Kalkulationsdetails klicken und diese direkt bearbeiten. Dabei hat er jederzeit eine Übersicht der Gesamtkosten und der Kosten der einzelnen Module.

Zukünftig soll in der Maske auch die Möglichkeit bestehen, die Kalkulation anhand der Kalkulationssätze zu analysieren, um das Vorkommen der Sätze im Rahmen der Projektkalkulation bestimmen, sowie eine Zeitplanung vornehmen zu können. Fragestellungen die auf diese Art geklärt werden können, sind z. B., wie viele Tage Programmierung oder Integration für die Umsetzung des Projekts benötigt werden und in welchen Bereichen diese anfallen.

Des Weiteren soll eine Funktion integriert werden, über die sich die Kalkulation der Elemente auf Seiten und Modulebene konsolidieren lässt. Diese dient dazu, die sich durch die Bottom Up Kalkulation ergebende, kleinteilige Kalkulation auf einer höheren Ebene zu aggregieren, um dadurch mehr Übersichtlichkeit zu gewinnen. Bei der Übernahme von bereits kalkulierten Modulen in die Sammlung dient die Funktion der Vereinfachung der Kalkulationsbasis. Als Beispiel würde bei einem Kontaktformular mit 12 Eingabefeldern, die sich in der automatisierten Kalkulation ergebenden 12 x 10 Minuten für die Programmierung zu 2 Stunden Programmierung zusammengefasst, um sie in einem Angebot kompakter darstellen zu können.

## 5.3 Projekt- und Page-Wizard

Eine wichtige Anforderung an die MbE-Methode ist die Reduktion des Aufwands bei der Erstellung von Mock-Ups, welche in Mobex unter anderem durch die Möglichkeit der Wieder- und Mehrfachverwendung von Elementen unterstützt wird. Dies setzt natürlich voraus, dass Vorlagen existieren, die auf das zu modellierende Problem passen. Ist dies nicht der Fall, müssen die Oberflächen manuell zusammengestellt werden, wodurch sich in Abhängigkeit von der Komplexität der Anwendung ein hoher Aufwand ergeben kann.

Bei der Konzeption von Mobex wurde dies berücksichtigt und nach Lösungsmöglichkeiten gesucht, mit denen sich der Aufwand für die Erstellung von Mock-Ups reduzieren lässt. Ansätze konnten dort gefunden werden, wo in einem Arbeitsgang mehrere Elemente eines Typs erzeugt werden sollen. In Mobex sowie in nahezu allen gängigen Rapid-Prototyping Tools oder Grafikwerkzeugen werden die auf einer Seite zu platzierenden Elemente per Drag & Drop auf den Bildschirm gelegt, manuell angeordnet und bearbeitet. Dazu muss jedes Element mehrfach angefasst und angepasst werden.

Menüs, Linklisten oder Optionsgruppen verursachen dabei einen hohen Aufwand, da sie aus vielen einzeln zu platzierenden Elementen bestehen. Um derartige Strukturen effizient erstellen zu können, wäre eine automatische Generierung der Elemente auf der Arbeitsfläche sinnvoll. Diese sollte idealerweise in einem Arbeitsgang ablaufen, Abstände zwischen den Elementen gleich setzen und die Ausrichtung auf einer Linie beachten, um bei der Bearbeitung möglichst wenig manuelle Korrekturen vornehmen zu müssen.

Auch bei der Erstellung von mehreren Modulen und Masken kann das System eine Hilfestellung leisten. Wenn z.B. ein mehrseitiges Erfassungsformular erzeugt werden soll, kann der Arbeitsaufwand reduziert werden, indem die entsprechende Anzahl an Seiten mit der benötigten Anzahl an Feldern und Buttons automatisch erzeugt wird. Dies liegt darin begründet, dass die Anpassung der Elemente einer Maske weniger Aufwand verursacht, als deren komplette Neugestaltung und damit effizienter durchgeführt werden kann. Bei der Erstellung mehrere Module und Masken kann auch auf Standardelemente einer Webseite zurückgegriffen werden, um wiederkehrende Bestandteile, wie eine Copyright-Zeile, einen Warenkorb oder ein Banner zu erzeugen.

Um die Anforderungen umzusetzen, wurden zwei Module in das Mobex-Tool integriert, der *Projekt-* und der *Page-Wizard*.

### 5.3.1 Project-Wizard

Über den Project-Wizard hat der Nutzer die Möglichkeit komplexe Modul- und Seitenstrukturen mit Elementgruppen und Vorlagenbausteinen anzulegen. Der Wizard leitet den Nutzer in einem mehrstufigen Prozess durch die Erstellung. Nach Start des Project-Wizard stehen drei Optionen zur Verfügung, über die entweder ein leeres Projektgerüst, ein Projektgerüst mit Vorlagenbausteinen oder ein Projektgerüst mit Elementen erstellt werden kann.

Ein leeres Projektgerüst beinhaltet lediglich eine definierte Anzahl an Modulen und ihre anzulegenden Seiten. Der Einsatz dieser Option ist sinnvoll, wenn sich der Benutzer darüber im Klaren ist, wie viele Module und Seiten er für das Grundgerüst eines Prototyps benötigt, aber keine Vorstellung über Art und Anzahl der Elemente hat. Ein Projektgerüst mit Vorlagenbausteinen ergänzt die Möglichkeiten des Wizards, um auch bereits vordefinierte Elemente auf der Arbeitsfläche platzieren zu können, wie dies in Abbildung 42 zu sehen ist.

Der Wizard setzt sich aus zwei Fenstern zusammen, dem Optionsmenü (Abbildung 42, links) und dem Vorschaufenster (Abbildung 42, rechts). Über das Optionsmenü können Vorlagenbausteine ausgewählt werden. Das Vorschaufenster stellt eine Miniaturansicht im Verhältnis 1:3 der zu erstellenden Seiten dar, auf der die ausgewählten Vorlagen positioniert werden können.

Die Festlegung der Modul- und Seitenanzahl im Optionsmenü gestaltet sich analog zur Definition eines leeren Gerüsts. Zusätzlich können diverse Vorlagenbausteine integriert werden. Ein Vorlagenbaustein besteht aus einer Kombination unterschiedlicher Elemente, die zu einem wiederverwendbaren Konstrukt kombiniert werden können. Ein Vorlagenbaustein wird angeklickt und anschließend

184  5 Das Mobex-Werkzeug zur Realisierung der MbE-Methode

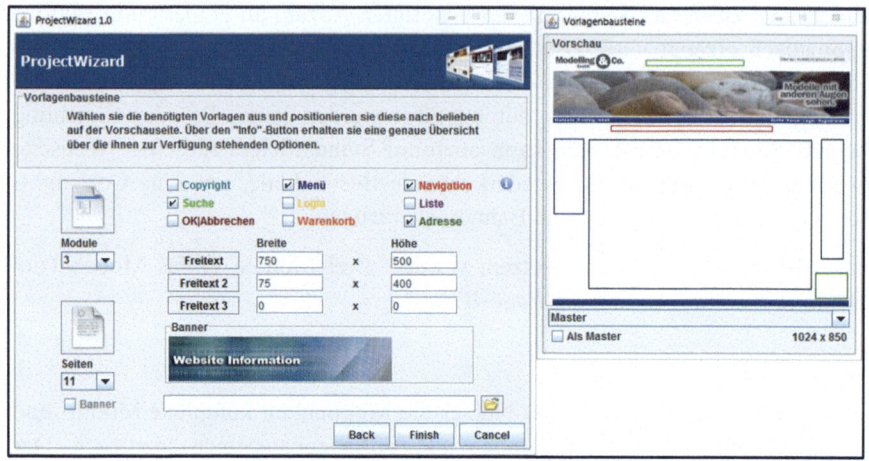

Abbildung 42: Projekt-Wizard mit Vorlagenbausteinen.
Quelle: Eigene Darstellung.

im Vorschaufenster als Rechteck maßstabsgetreu mit der jeweils zugehörigen Farbe dargestellt, um ihn erkennen und anpassen zu können. In Abbildung 43 sind beispielhaft Vorlagen für Menü, Navigation, Suche und Adresse ausgewählt. Im Seitenvorschaubereich lässt sich über eine Auswahlliste ein Template aus dem aktuellen Projekt hinterlegen. Wird ein Template ausgewählt, erscheint dieser in der Seitenvorschau, um eine Positionierung der Vorlagenbausteine zu erleichtern. Zusätzlich kann die aktuelle Seite als neues Master Template für die Seiten festgelegt werden.

Der Wizard zur Definition von Elementgruppen entspricht weitgehend dem bereits vorgestellten Wizard. Dem Benutzer steht wieder ein Optionsfenster und eine Seitenvorschau zur Verfügung, wie in Abbildung 43 zu sehen ist.

In dem Wizard können Radiobuttons, Schaltflächen, Checkboxes, Dropdown-Menüs oder Textfelder definiert werden. Für jedes Element stehen Optionen zur Festlegung von Anzahl und Ausrichtung zur Verfügung. Dazu wird die Anzahl der Elemente durch Klick auf das Symbol des gewünschten Elements oder das zugehörige Dropdown-Menü festgelegt. Gleiche Elemente werden in Gruppen zusammengefasst. Die Ausrichtung der Elemente einer Gruppe ändert sich durch Betätigung des jeweiligen Ausrichtungsbuttons in vertikal und horizontal.

5.3 Projekt- und Page-Wizard 185

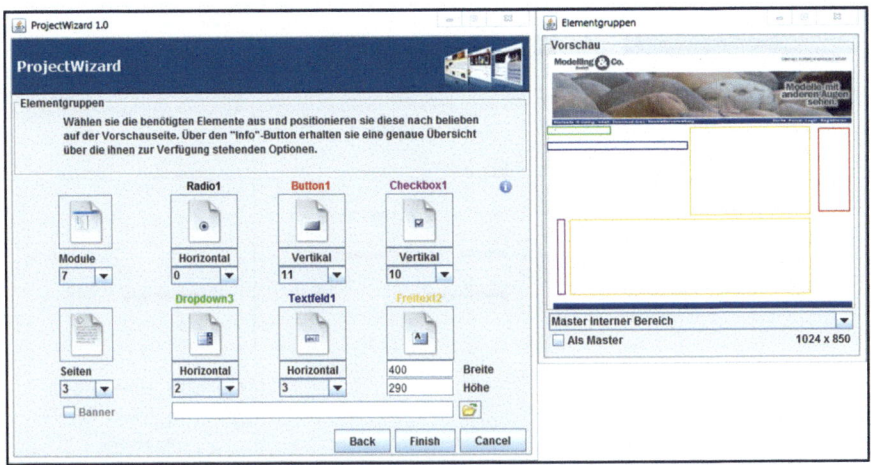

Abbildung 43: Projekt-Wizard mit Elementen.
Quelle: Eigene Darstellung.

*5.3.2 Page-Wizard*

Der Page-Wizard enthält die Funktionen des Projekt-Wizard und stellt sie für die Erzeugung von Vorlagen und Elementen auf einer Seite zur Verfügung. Er ist als Bearbeitungswerkzeug konzipiert, das dem Benutzer während der gesamten Zeit der Seitenerstellung Unterstützung bietet. Das Hauptaugenmerk des Wizard liegt dabei auf der schnellen Erzeugung vieler Elemente, um die manuellen Schritte beim Drag- & Drop-Verfahren zu vermindern.

Der Nutzer wählt Art, Anzahl und Ausrichtung eines gewünschten Elementes aus und positioniert dieses anschließend über einen Auswahlrahmen an gewünschter Stelle auf der Benutzeroberfläche. Alternativ besteht die Möglichkeit einer pixelgenauen Positionierung über die Elementeigenschaften. Abbildung 44 zeigt den Page-Wizard.

Über die Optionsreiter „Elemente" und „Vorlagen" in Abbildung 44 werden alle Objekte zur Seitengestaltung zur Verfügung gestellt. Oberhalb dieser Registerkarten befinden sich eine Optionsleiste, die Möglichkeiten zur Steuerung des Wizard sowie der Hilfebereich.

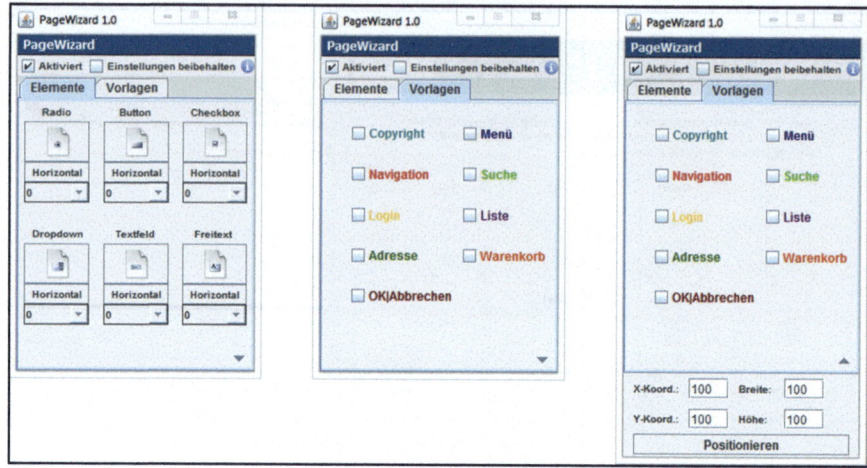

Abbildung 44: Seiten des Page-Wizard.
Quelle: Eigene Darstellung.

## 5.4 HTML-Import und Export

Um auf Beispiele im Internet zugreifen zu können und die modellierten Ergebnisse im Internet bereitstellen zu können, ist in Mobex eine HTML-Import und Export-Schnittstelle integriert.

**HTML-Import**
Das Import-Plugin wird über den Funktionsbereich von Mobex aufgerufen und läuft dann weitgehend automatisiert ab. Im Eingabefenster des Plugin muss die vollständige URL der zu importierenden Internetseite angegeben werden, die auf eine lokal abgelegte Webseite oder auf eine Adresse im Internet verweisen kann. Als Ergebnis steht die aufgerufene Webseite soweit möglich innerhalb des aktuell geöffneten Mobex-Projektes zur weiteren manuellen Bearbeitung zur Verfügung. Alle Elemente, die vom Plugin identifiziert und importiert wurden, können in ihren Eigenschaften modifiziert und bearbeitet werden. Der Import läuft in fünf Schritten ab, die an dieser Stelle vereinfacht dargestellt werden.

1. Umwandeln der Webseite in valides XHTML
2. Lokales Speichern verknüpfter Dateien
3. Mapping der Elemente
4. XPATH-Analyse und Interpretation von JavaScript Code
5. Einlesen und erzeugen der Elemente in Mobex

## 5.4 HTML-Import und Export

Nachdem in Mobex eine leere Seite im aktuell ausgewählten Model erzeugt wurde, beginnt der Import mit der Umwandlung der Seite in valides XHTML, wozu diese in einem programminternen Puffer zwischengespeichert wird. In diesem Zwischenspeicher kann die Analyse der Seite lokal erfolgen und die Inhalte können einfach manipuliert werden. Die Umwandlung in valides XHTML ist notwendig, um die weitere Verarbeitung mittels eines XML-Parsers durchführen zu können. Dazu wird die Seite in eine Struktur des Typs Document Object Model (DOM) umgewandelt.

Im nächsten Schritt werden dann die in der Analyse ermittelten Bilder und Multimediaelemente, sowie JavaScript-Code und Cascading Stylesheet Dateien heruntergeladen und auch lokal gespeichert. Da in Mobex nicht alle HTML Tags zur Verfügung stehen, wurde eine Zuordnungsvorschrift erstellt, die für jeden im HTML Standard beschriebenen Tag festlegt, ob und wie seine Entsprechung innerhalb von Mobex aussehen, bzw. welches ähnliche Element zur Darstellung genutzt werden kann. Dies erfolgt in Schritt drei, im Rahmen des Mappings der Elemente.

Der nächste Schritt ist relativ komplex und soll hier stark vereinfacht beschrieben werden. Er dient der Analyse der gefundenen Webseiten Elemente über internen Java Script Code des Plugins. Hierzu werden zunächst XPATH-Suchen verwendet, die für jedes Webseiten Element eine oder mehrere XPATH-Anfragen durchführen und die Mappings in einer Liste intern zwischenspeichern. Dies dient dazu, die Elemente einzeln per Javasript analysieren und verarbeiten zu können. Als Ergebnis liegt im lokalen Dateisystem eine modifizierte Version der zu importierenden Webseite vor, inkl. der referenzierten Dateien, die für die Anzeige erforderlich sind. Das Plugin nutzt den Code dieser lokalen Webseite für den Abschluss des Imports.

Der letzte Schritt dient dann dazu, alle im vorherigen Prozess gesammelten Informationen zu nutzen, um die Webseitenelemente innerhalb des Mobex-Tools anzulegen. Zur Erzeugung der Elemente werden die internen Funktionen des Mobex-Tools verwendet, um sicherstellen zu können, dass nur valide Elemente generiert werden können.

Leider gestaltet sich der Import sehr komplex, da die Formatierung von HTML Seiten mittels HTML-Tags, CSS-Dateien und Javascript-Code durchgeführt werden kann. Die Import Schnittstelle ist daher nicht in der Lage alle Webseiten zu importieren. Für den vorliegenden Forschungsprototypen zählt jedoch auch nur die prinzipielle Machbarkeit, die funktional gegeben ist.[320]

**HTML-Export**

Eine wichtige Funktion zur Präsentation der Modellierungsergebnisse ist der HTML-Export. Dieser erzeugt für jede modellierte Seite des Projekts eine HTML-Datei und speichert das Layout aller Seiten bzw. die Eigenschaften aller Formatvorlagen des Projekts in einer CSS -Datei ab.

Der HTML-Prototyp ist so aufgebaut, dass alle Elemente mit einem Mouseover-Effekt versehen werden, über den die hinterlegte Fachspezifikationen als Kurzhinweise angezeigt werden, sobald sich der Mauszeiger über einem Element befindet. Die den Elementen hinterlegten Links werden ebenfalls dem HTML-Prototypen zugewiesen. Da es in Mobex möglich ist, einem Element über eine Funktionszuweisung alternative Links zu hinterlegen, um z.B. einen Login mit fehlerhafter bzw. korrekter Eingabe abzubilden, wird in den HTML-Seiten JavaScript integriert, um diese Mehrfach Funktionen zu realisieren. Bei mehreren hinterlegten Links erscheint beim Klick auf das Element ein Auswahlmenü mit einem Eintrag des jeweiligen Link-Namens über den man zum Ziel des Links gelangt. Auch hier werden wieder Fachspezifikationen angezeigt, um dem Benutzer Informationen zur Verlinkung angeben zu können.

## 5.5 Storyboard-Editor

Ein Problembereich bei der Erstellung von Webseiten sind multimediale Inhalte, wie z.B. Video-, Audio- und sonstige Animationen. Es handelt sich um Elemente, die zum Großteil automatisiert und teilweise ohne Interaktion ablaufen. Videoelemente, wie z.B. Filme, die Informationen über die Laufzeit hinweg bereitstellen, sind ebenso wenig wie Inhalte mit Animationen, die mit wenig Beteiligung des Nutzers automatisch ihr Aussehen verändern, mit einer statischen Prototypstruktur darstellbar. Es lassen sich zwar Elemente, die ein multimediales Element darstellen, in eine Seitenansicht integrieren, jedoch wird der tatsächliche Film, der häufig das wichtigste Element der Seite darstellt, in diesem Ausschnitt nicht gezeigt. Stattdessen informiert ein Platzhalter über die Existenz eines multimedialen Inhaltes. Ein ähnliches Problem besteht bei Audioinhalten. Teilweise

---

[320] Vgl.: *Sikos, L.F.* 2011, S. 3ff.

beinhalten auch Videoinhalte Musik oder Geräusche, aber genauso wie bei Videos ist durch die flache Darstellung der Seiten die Modellierung auf das statische Aussehen einer Webanwendung beschränkt.

Als Lösung besteht in Mobex die Möglichkeit, Story Boards bzw. Drehbücher einzubinden, die dann eine strukturierte Beschreibung der multimedialen Elemente beinhalten. Das Storyboard ist eine bekannte Dokumentationsform für multimediale Inhalte. Anfang des 20. Jahrhunderts wurde die Methode von Zeichnern der „Walt Disney Studios" erfunden. Heute werden Storyboards vor allem im Kontext von Kino- und Fernsehfilmen sowie zur Beschreibung von Video Clips verwendet.[321] Unter einem Storyboard versteht man für gewöhnlich die zeitliche und rhythmische Gliederung eines Films.[322] Ein Storyboard beinhaltet eine Aneinanderreihung von Filmszenen. Diese Szenen sind jeweils aus einer bestimmten Kameraperspektive abgebildet und enthalten neben dem Inhalt (z.B. Darsteller und Umgebung) auch Metadaten wie Richtungs-, Geschwindigkeits- oder Helligkeitsänderungen. Auch können Informationen über mögliche Geräusche oder Hintergrundmusik der abgebildeten Szene Teil des Storyboards sein.

## 5.6 Reportgenerator

Der Reportgenerator dient der Extraktion der in einem Projekt modellierten Masken und ihrer hinterlegten semantischen Informationen. Der Reportgenerator überführt die Daten in diejenigen Dokumente, die bei der Planung und Umsetzung von Softwareprojekten benötigt werden, so wie dies in Abschnitt 4.4.2.3. gefordert wurde.

Exportiert werden die Struktur des Projekts, die hinterlegten funktionalen und technischen Anforderungen, die Testspezifikationen sowie die Kalkulationsdetails. Aus diesen Informationen kann der Nutzer vorgefertigte Reports, wie Lastenhefte, Pflichtenhefte oder Angebote erzeugen. Die vordefinierten Dokumente orientieren sich an gängigen Standards in der Softwareentwicklung und bilden deren Struktur ab. Außerdem kann der Anwender benutzerdefinierte Dokumente erstellen, ohne an eine Gliederung gebunden zu sein.

---

[321] Vgl.: *Glebas, F.* 2008, S.47.
[322] Vgl.: *Butz, A. / Hussmann, H. / Malaka, R.* 2009, S.186.f

| Angebot | Lastenheft | Pflichtenheft | Testspezifikation | Rechnung |
|---|---|---|---|---|
| Unternehmensdarstellung<br>Referenzprojekte<br>Problemstellung<br>Ziel des Projekts<br>Funktionale Realisierung<br>Nicht funktionale bzw. Qualitätsanforderungen<br>Zeit- und Ressourcenplanung<br>Kalkulation<br>Geschäftsbedingungen | Zielbestimmung<br>Produkteinsatz<br>Produktübersicht<br>Produktfunktionen<br>Produktdaten<br>Produktleistungen<br>Qualitätsanforderungen<br>Ergänzungen | Zielbestimmung<br>Produkteinsatz<br>Produktübersicht<br>Produktfunktionen<br>Produktdaten<br>Produktleistungen<br>Qualitätsanforderungen<br>Benutzeroberfläche<br>Nichtfunktionale Anforderungen<br>Technische Produktumgebung<br>Anforderungen an die Entwicklungsumgebung<br>Gliederung in Teilprojekte<br>Ergänzungen | Testbeschreibung<br>Testfälle<br>Testumgebung<br>Abnahmekriterien<br>Testanforderungen | Deckblatt<br>Kosten / Zeiten<br>Bedingungen<br>Kostenaufschlüsselung<br>Zeitaufschlüsselung |

Abbildung 45: Gliederungen der Reports
Quelle: Eigene Darstellung.

Der Inhalt und die Struktur von Angeboten, Lastenheften und Pflichtenheften wurde in Abschnitt 3.2.3 vorgestellt. In Abbildung 45 werden die Gliederungen der verschiedenen Dokumente gegenübergestellt.

Da Angebote, Lasten- und Pflichtenhefte bereits vorgestellt wurden, soll an dieser Stelle auf die Testspezifikation und Rechnungen eingegangen werden. Die Testspezifikation definiert die Testfälle und Testszenarien, die bei der Durchführung von Prüfungen im Projekt durchlaufen werden sollen. Sie legt damit die zum Test der Applikation notwendigen Aktivitäten fest. Wesentlicher Bestandteil einer Testspezifikation sind die sog. Testfälle. Sie beschreiben die konkreten Schritte die zur Durchführung des Tests notwendig sind, geben an welche Daten erfasst werden müssen und wie das erwartete Ergebnis auszusehen hat.[323] Basis

---

[323] Vgl.: *Franz, K.* 2007, S. 27ff.

## 5.6 Reportgenerator

für Strukturierung von Tests in Mobex sind die Module, da diese abgegrenzte Einheiten definieren, für die Testfälle angegeben werden können. Die Gliederung der Testspezifikation orientiert sich der Struktur von *Frühauf et. al.*[324]

Die Rechnung listet die Kosten und Zeiten des Projekts sowie die zugehörigen Zahlungsbedingungen auf. Der Benutzer hat zusätzlich die Möglichkeit, detaillierte Kosten und Zeiten als Anhang der Rechnung hinzuzufügen. Im Kopf der Rechnung werden die Vertragsparteien gelistet.

Der Reportgenerator ist als Wizard konzipiert, der den Nutzer durch die Erstellung der verschiedenen Dokumente führt. Abbildung 46 zeigt den Aufbau des Reportgenerators. Ergebnis ist jeweils ein Dokument nach der Rich Text Format (RTF) Spezifikation, das mit allen gängigen Office Produkten geöffnet und weiterverarbeitet werden kann. Die Bestandteile eines Reports, für die keine korrespondierenden Daten in Mobex vorliegen, wie z.B. die Unternehmensdarstellung

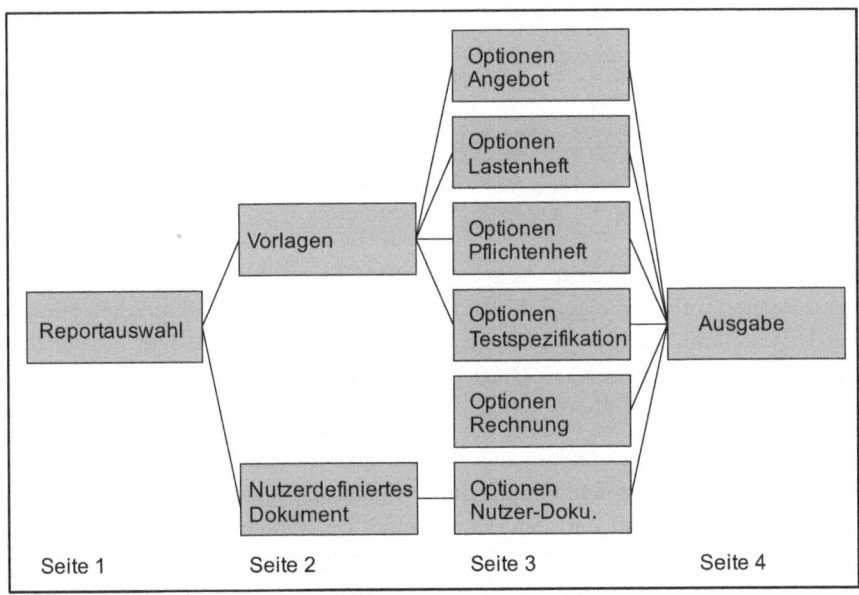

Abbildung 46: Report-Wizard.
Quelle: Eigene Darstellung.

---

[324] Vgl.: *Frühauf, K. / Ludewig, J. / Sandmayr, H.* 2007, S. 71.

192                5 Das Mobex-Werkzeug zur Realisierung der MbE-Methode

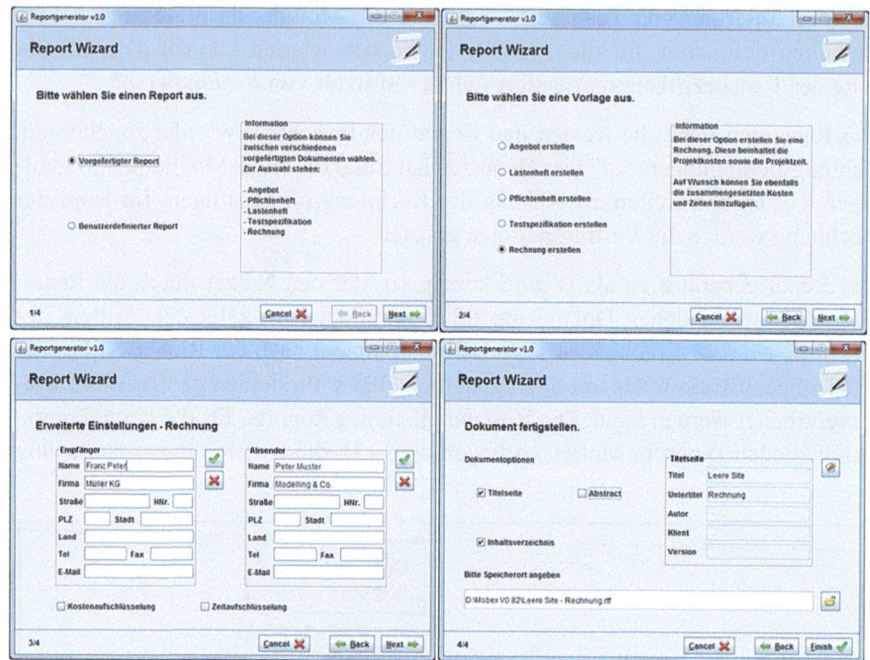

Abbildung 47: Masken des Report-Wizard.
Quelle: Eigene Darstellung.

oder die Referenzen in einem Angebot, werden vom Reportgenerator als Platzhalter ergänzt, welche die geforderten Inhalte beschreiben und damit dem Nutzer eine Hilfestellung bei der Erstellung des Dokumentes geben. Die Inhalte der Platzhalter sind in einer XML-Datei gespeichert und können individuell angepasst werden.

Für die Erstellung eines Dokuments werden vier Schritte benötigt, die logisch voneinander abgegrenzt sind und die durch vier Seiten repräsentiert werden. Jede Seite stellt einen Schritt dar, den der Benutzer im Rahmen des Erstellungsprozesses durchläuft. Nach dem Aktivieren des Report Generators muss der Nutzer entscheiden, ob er ein vorgefertigtes oder ein benutzerdefiniertes Dokument erstellen möchte. Danach können dann die Inhalte und die Struktur des ausgewählten Dokumentes weiter spezifizieren werden. Darauf aufbauend kann der Nutzer in der dritten Ebene dokumentenspezifische Optionen hinzufügen. In einem vierten und abschließenden Schritt wird das Dokument fertiggestellt und ausgegeben. Abbildung 47 zeigt die Masken des Wizards am Beispiel der Rechnungserstellung.

Bei der Erstellung benutzerdefinierter Dokumente kann der Inhalt anhand einer Auswahlbox zusammengestellt und individuell um Gliederungspunkte erweitert werden, die dann als Kapitel im erzeugten Dokument vorzufinden sind.

Das vom Report Generator erzeugte Dokument enthält alle Bestandteile des gewählten Dokumententyps, beinhaltet eine Gliederung und kann mit jedem gängigen Office Produkt weiter bearbeitet werden.

## 5.7 ReqIF-Schnittstelle

Neben der Ausgabe in verschiedene Dokumente ist auch eine Übernahme der Anforderungen in das umzusetzende Projekt eine wichtige Option. In vielen Projekten werden heute sog. Requirements-Management-Tools eingesetzt, in denen die sich im Laufe eines Projektes häufig ändernden Anforderungen vorgehalten und angepasst werden können. Die Werkzeuge unterstützen die Nutzer z.B. bei der Bestimmung von Auswirkungen, die Anforderungsänderungen am Projekt haben.[325]

Um die in Mobex im Rahmen der Projektvorbereitung gesammelten Anforderungen strukturiert übergeben zu können, bietet sich das „Requirements Interchange Format" an. Es wurde 2004 von der Herstellerinitiative Software (HIS), einem Zusammenschluss deutscher Automobil Konzerne, unter der damaligen Abkürzung RIF entwickelt.[326] Das Ziel der Entwicklung bestand darin, die Zusammenarbeit der Beteiligten zu verbessern, indem mittels eines entsprechenden Formates Anforderungsspezifikationen unabhängig zwischen verschiedenen Requirements-Management -Tools ausgetauscht werden konnten. Die RIF Definition wurde 2011 an die Standardisierungsorganisation Object Management Group (OMG) übergeben, die den Standard unter der Abkürzung ReqIF in der Version 1.0.1 veröffentlichte.[327]

Das ReqIF-Format ist der etablierte Standard für den Austausch von Anforderungsdaten und stellt einen Ersatz für die unstrukturierte Übergabe von Anforde-

---

[325] Vgl.: *Rupp, C. 2007*, S. 395ff.
[326] Vgl.: *o.V., Specification Requirements Interchange Format (RIF)* 2005, S. 4ff.
[327] Vgl.: *o.V., Object Management Group* 2011, S. 29f.

rungen mittels Textverarbeitung oder Tabellenkalkulation dar. ReqIF ist durch ein XML Schema definiert und beinhaltet ein Datenmodell, das Strukturen für Anforderungen, deren Attribute, Typen, Zugriffsrechte, Relationen (Links) usw. enthält. Es ist toolunabhängig und wird von nahezu allen Requirements Management-Tools unterstützt.

Die ReqIF-Schnittstelle des Mobex-Tools dient dazu, die im Rahmen der Angebotserstellung definierten Anforderungen in das definierte Format zu übertragen. Das ReqIF Format definiert folgende Attribute:

| Attribut | Bedeutung |
| --- | --- |
| ID | Eindeutiger Bezeichner des Anforderungsartefakts |
| Name | Charakterisierender Name |
| Quelle | Quelle(n) der Anforderung |
| Anforderungstyp | Typ der Anforderung |
| Elementtyp | Elementtyp auf den sich die Anforderung bezieht |
| Kurzbeschreibung | Komprimierte Beschreibung der Anforderung |
| Beschreibung | Detaillierte Beschreibung der Anforderung |
| Testbeschreibung | Testszenarien zur Prüfung der Anforderung |
| Stabilität | Wahrscheinlichkeit der Änderung der Anforderung |
| Priorität | Wichtigkeit der Anforderung zur Zielerreichung |
| Validierungsstatus | Ist die Anforderung volatil, gefestigt oder fest |
| Validierungskommentar | Optionales Beschreibungsfeld für Kommentare |
| Autoren | Autoren des Anforderungsartefaktes |
| Version | Version der Anforderung |
| Änderungshistorie | Durchgeführte Änderungen der Anforderung |

Die Export Schnittstelle führt ein Matching zwischen den in Mobex vorhandenen Attributen und denen der ReqIF Spezifikation durch. Dabei werden solche Attribute über die Maske der Exportschnittstelle ergänzt, die in Mobex nicht vorhanden sind, wie z.B. der Validierungsstatus.

Das Plugin bietet die Möglichkeit, aufbauend auf den Ergebnissen der Angebotsphase, eine detaillierte Anforderungsanalyse durchführen zu können. Die Integration des ReqIF-Export-Plugins in das MbE-Tool bietet dabei den entscheidenden Vorteil, dass alle gesammelten Anforderungen und deren Beziehungen untereinander in die gängigen Requirements-Engineering Tools übernommen und dort entsprechend detailliert werden können.

## 5.8 Plugin-Schnittstelle

Um das Mobex-Tool funktional erweitern zu können, wurde eine Plugin Schnittstelle realisiert, so wie dies auch bei anderen Modellierungswerkzeugen gängig ist.[328] Die Plugins werden einmalig am Werkzeug angemeldet und dann beim Laden von Mobex initialisiert. Alle Plugins stellen dann ihre Funktionalitäten im Nutzerinterface zur Verfügung. Plugins können sowohl für die Auswertung, als auch für die Manipulation der Projektdaten genutzt werden.

Die Erweiterungen werden in einem Verzeichnis unterhalb des Werkzeugordners als Java Archiv Datei eingebunden. Zu jeder Plugin-Datei in diesem Ordner wird zur Laufzeit ein Objekt erzeugt und neben den Attributen und Methoden eine Verknüpfung zur Plugin-Datei und ihrer Inhalte hinzugefügt. Über verschiedene Methoden kann dann auf das aktuelle Projekt und Werkzeug lesend und schreibend zugegriffen werden.

Eine Beschreibung des Plugin-Konzeptes mit allen Parametern und Methoden ist im Mobex Entwicklerhandbuch zu finden und soll daher an dieser Stelle nicht weiter dargestellt werden. Funktional sind der Reportgenerator, der HTML-Import und -Export, der Page- und Projekt-Wizard, die ReqIF Schnittstelle sowie die Kalkulationsübersicht als Plugins realisiert.

---

[328] Vgl.: *Krumnow, S. / Decker, G. / Weske, M.* 2008, S. 5.

## 5.9 Datenmodell und Datenspeicherung

Das Mobex Datenmodell ist hierarchisch strukturiert, mit dem Projekt als Spitze der Objekthierarchie, wie Abbildung 48 zeigt. Das Projekt beinhaltet neben dem Modell der Web-Anwendung auch Informationen über den Auftragskontext der Modellierung und Modellinhalte, auf die an mehreren Stellen im Modell der Web-Anwendung zurückgegriffen werden kann. Zu diesen Modellinhalten, die direkt dem Projekt untergeordnet sind gehören Stile, Funktionen, Technologien und Vorlageseiten. Jede dieser vier Mengen wird in Mobex als Bibliothek bezeichnet. Die Web-Anwendung wird in mehreren hierarchischen Ebenen weiter aufgegliedert. Die Web-Anwendung setzt sich zusammen aus Modulen, diese wiederum aus Seiten bestehen, welche in Ebenen unterteilt sind, auf denen Elemente platziert werden.

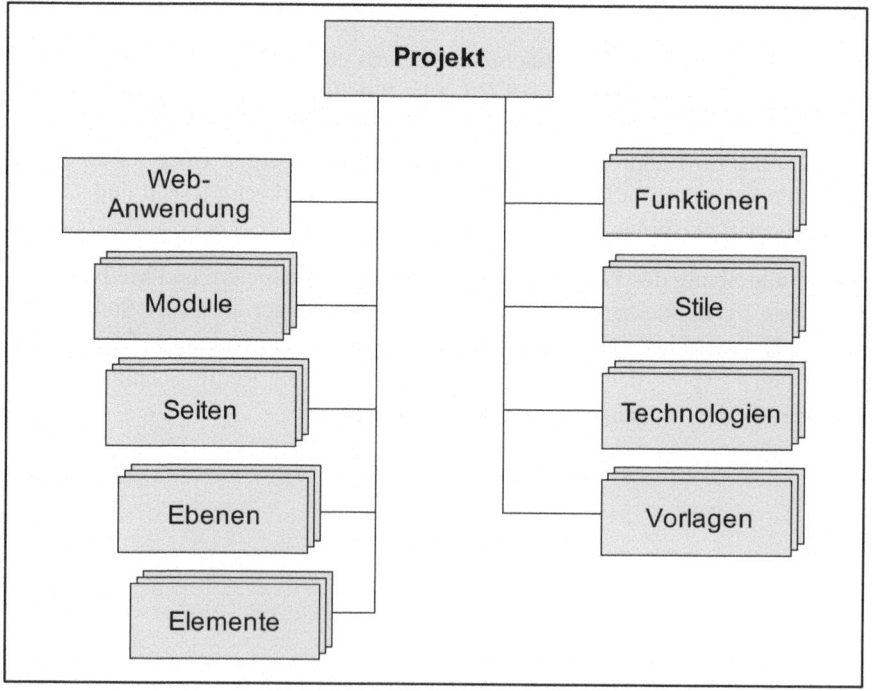

Abbildung 48: Grobstruktur des Mobex Datenmodells.
Quelle: Eigene Darstellung.

## 5.9 Datenmodell und Datenspeicherung

Da die verwendeten Bestandteile des Datenmodells bereits in Abschnitt 4.4.1.1 beschrieben wurden, soll auf eine erneute Vorstellung verzichtet werden. Auch hier wird auf das Mobex Entwicklerhandbuch verwiesen.

Die Speicherung der Daten erfolgt über eine Archivdatei im Zip-Dateiformat. Die Zip-Datei enthält alle zum Projekt gehörenden Elemente. Dies sind Konfigurationsdateien, externe Mediendateien sowie die eigentliche Projektdatei.

Zur Speicherung werden drei XML-Dateien verwendet, in denen die Zustände des Projekts, die Elemente der Bibliothek und die Site-Objekte, inklusive aller enthaltenen Komponenten, vorgehalten werden. Die Bilddateien der im Modell enthaltenen Media-Elemente sind im Unterordner „Images" gespeichert. Weiterhin existiert eine Konfigurationsdatei „versions.txt", die Metainformationen zum Speichervorgang, wie den Stand des XML-Schemas, Speicherzeit und der verwendeten GUI-Version enthält. Die Wahl eines XML Formates für die Speicherung der Projektdaten erfolgte aufgrund seiner Offenheit, sowie seiner guten Transformierbarkeit in andere Formate, wie z.B. das ReqIF Format oder auch XHTML.

# 6 Evaluation der Methode

Als Ziele der Modeling by Example Methode wurden in Abschnitt 4.2 Effizienzsteigerungen bei der Vorbereitung von internetbasierten Projekten sowie die Verbesserung des Dialogs mit den fachfremden Stakeholdern im Rahmen der Vorvertragsphase und dem Projektverlauf aufgeführt.

In diesem Kapitel soll evaluiert werden, wie und in welchem Maße diese Ziele durch die MbE-Methode und das unterstützende Mobex-Werkzeug erreicht werden können. Dazu wird zunächst vorgestellt, wie die vorvertragliche Anforderungsanalyse in der MbE-Methode durchgeführt wird, welche Tätigkeiten dabei durchzuführen sind und welche Chancen sich für Effizienzsteigerungen ergeben.

Danach wird ein Experiment beschrieben, in dem die Erstellung von Angebotsdokumenten mit Office-Werkzeugen der Angebotserstellung mit dem Mobex-Werkzeug gegenübergestellt wurde. Ziel war es, die Effizienzsteigerungen durch die Verwendung der Methode zu quantifizieren. Aus den beiden Abschnitten werden dann verschiedene Nutzenaspekte der Vorgehensweise abgeleitet und vorgestellt. Das Kapitel schließt mit der Übertragung des Praxisbeispiels in die Methode sowie der Ausführung seiner Grenzen.

## 6.1 Vorvertragliche Anforderungserhebung der MbE-Methode

Wie bereits in der Einleitung ausgeführt wurde, versteht sich die MbE-Methode als spezielle Herangehensweise an das Requirements-Engineering von Internet-Projekten, deren Charakteristika in Abschnitt 3.3 vorgestellt wurden. Die Methode ist für die Vorvertragsphase eines Softwares Projektes konzipiert, kann aber auch darüber hinaus Anwendung finden. Der Fokus der Anforderungserhebung liegt auf einer verständlichen Darstellung der Anforderungen für IT-Laien. Aus diesen Gründen erhebt die Methode nicht den Anspruch, andere Vorgehensweisen im Requirements-Engineering zu ersetzen, sondern soll diese ergänzen. Ein zweiter wesentlicher Anspruch liegt in der Erschließung von Einsparungspotenzialen bei der Anforderungserhebung und Dokumentation in der Vorvertragsphase.

Um die Funktionen und die Bedienung einer zu erstellende Software für IT-Laien verständlich darstellen zu können, sind laut einer Studien von *Gordon* und *Bieman* Prototypen bzw. Mock-Ups am besten geeignet.[329] Sie helfen dabei, die Nutzeranforderungen und die umzusetzenden Funktionen besser aufeinander abstimmen zu können, die Usability zu verbessern, den Aufwand für die Umsetzung zu verringern und die Design Qualität insgesamt zu erhöhen.[330] Bei Web Projekten hat der letzte Punkt eine ganz besondere Relevanz, da die Nutzer bzw. die Fachanwender eines Web basierten Systems meist nur die Oberfläche ihrer Anwendung kennenlernen, wenig bis keine IT-Erfahrungen haben und damit auch nur über die eigene Wahrnehmung der Oberfläche, deren Gestaltung und Benutzbarkeit diskutieren können. Daher sollte unter Kommunikationsgesichtspunkten nicht auf die Erstellung von Mock-Ups verzichtet werden. Soll zusätzlich die Usability vor der Umsetzung des Projekts überprüft werden, dann muss ein wie auch immer gearteter Prototyp für den Test vorliegen.[331] Da die Behebung von Mängeln an der Usability denselben Mechanismen folgt wie die Behebung von sonstigen Fehlern im Projekt, können durch eine frühe Erkennung und Korrektur erhebliche Aufwände eingespart werden.[332]

Die Vorteile von Mock-Ups im Kundendialog kollidieren jedoch mit den Aufwänden für ihre Erstellung. Dies gilt im Besonderen in der meist unvergüteten Vorvertragsphase eines Projektes. Die klassische Mock-Up Erstellung über Programmier-Werkzeuge oder Bildverarbeitungsprogramme, mit ihren eingeschränkten Nutzungsmöglichkeiten und dem hohen entstehenden Aufwand lassen keine effiziente Angebotserstellung zu. Werden die Mock-Ups lediglich zur Präsentation bzw. Veranschaulichung einer Software verwendet, dienen sie zwar zur Verbesserung des Dialogs, haben aber darüber hinaus keinen weiteren Nutzen. Eine Effizienzsteigerung ist nur durch eine Mehrfachnutzung der Mock-Ups zu erzielen, so wie dies am Beispiel der Verwendung von CAD-Software im Engineering oder der Architektur sowie in der Küchenplanung erfolgt. In diesen Software Gattungen sind Materialien, Preise und Regeln hinterlegt, anhand derer sich z.B. Angebote oder Ausschreibungsdokumente automatisiert erzeugen lassen. Der Kunde steht im Zentrum des Dialogs, da er die wichtigste Quelle für die Gewinnung von Anforderungen darstellt. Die Werkzeuge helfen dabei, den Dialog effizient und verständlich zu gestalten.

---

[329] Vgl.: *Gordon, V.S. / Bieman, J.M.* 1995, S. 100ff.
[330] Vgl.: *Sommerville, I.* 2007, S. 409ff.
[331] Vgl.: *von Gizycki, V. / Beier, M.* 2002, S. 60.; *Lauesen, S.* 2005, S 44f.
[332] Vgl.: *Pohl, K.* 2008, S. 11.

## 6.1 Vorvertragliche Anforderungserhebung der MbE-Methode

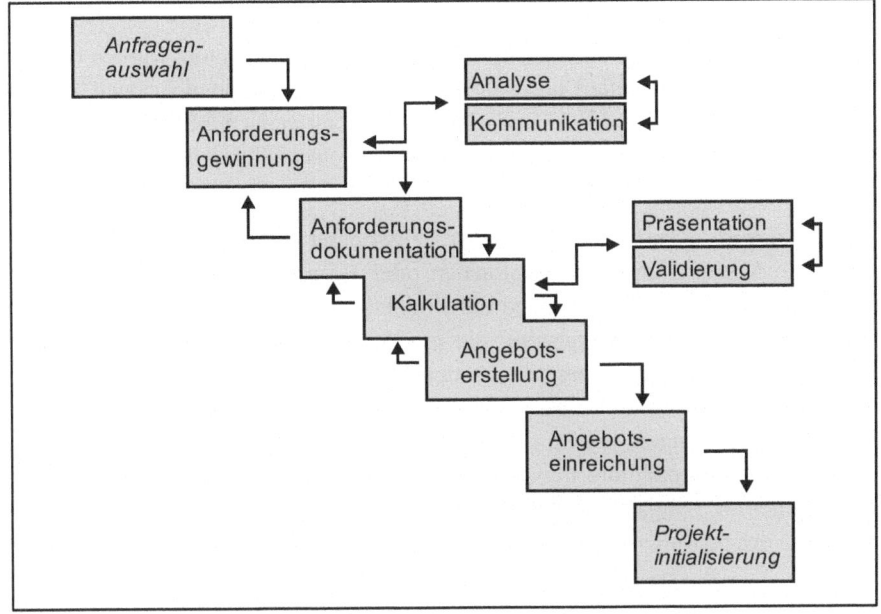

Abbildung 49: Anforderungserhebung in der MbE-Methode.
Quelle: Eigene Darstellung.

Die MbE-Methode und das Mobex-Tool übertragen diese Idee in das Requirements-Engineering internetbasierter Systeme. Für die vorvertragliche Anforderungserhebung in der MbE-Methode lassen sich in diesem Rahmen Tätigkeiten ableiten, die von der Anfragenauswahl bis zur Einreichung des Angebotes und der Initialisierung des Projekts durchzuführen sind. Die Tätigkeiten sind in Abbildung 49 zusammengefasst. Sie orientieren sich an den klassischen Tätigkeiten der Anforderungserhebung[333], berücksichtigen jedoch die Werkzeugstützung im Rahmen der Anforderungsgewinnung und Dokumentation sowie die Besonderheiten der Vorvertragsphase.[334]

Im Folgenden soll die Vorgehensweise der Anforderungserhebung in der MbE-Methode vorgestellt werden, wobei die Anfragenauswahl sowie die Projektinitialisierung unberücksichtigt bleiben, da sie keine Kernaktivitäten des Prozesses darstellen.

---

[333] Vgl.: *Pohl, K. / Rupp. C.* 2010, S. 29ff.
[334] Vgl.: *Friedrich, J., Hammerschall, U., Kuhrmann, M., Sihling, M.* 2009, S.

## 6.1.1 Anforderungsgewinnung

Die zeitlichen Probleme im Rahmen der Anforderungsgewinnung wurden bereits in Abschnitt 3.2.1 diskutiert und sollen daher an dieser Stelle nicht noch einmal wiederholt werden. Ziel der Anforderungsgewinnung in der MbE-Methode ist es, mit möglichst wenig Aufwand die für die Angebotserstellung notwendigen Anforderungen zu bestimmen.

Um die Zeit mit dem Kunden möglichst zielgerichtet nutzen zu können, ist daher eine gute Vorbereitung von Telefonaten oder Besprechung notwendig. In der Praxis werden dazu häufig anhand der Projektbeschreibung Beispiele herausgesucht oder Referenzen vorgestellt, die mit dem Projekt vergleichbar sind, um diese den Kunden präsentieren zu können.[335] Auch werden die Kunden zu Beispielen gefragt, die ihren Ideen entsprechen, um eine möglichst konkrete Vorstellung der Umsetzung zu haben. Um aus den Besprechungen möglichst viel Input für die Angebotserstellung transportieren zu können, ist ferner eine detaillierte Protokollierung nötig, die später als Grundlage für die Nachbereitung des Meetings und der Anforderungsdokumentation verwendet werden kann.[336]

Im Rahmen der Vorbereitungen sollte sich der Requirements-Engineer daher in die Domäne des Kunden einarbeiten, um ein Grundverständnis der Probleme zu haben und Lösungen anbieten zu können. Je höher das Problemverständnis dabei auf Seiten des Anbieters ausgeprägt ist, desto besser ist er in der Lage das Gespräch zielgerichtet zu steuern und im seinem Sinne zu gestalten.[337]

Konkret sollten bei Web-Projekten die Templates definiert werden, in die die Anwendung zu integrieren ist. Viele Unternehmen nutzen eine Corporate-Identity, um einen einheitlichen Auftritt über verschiedene Medien hinweg sicherzustellen. Ist die zu erstellende Anwendung in die Corporate-Identity integriert, wird dadurch der „Look & Feel" sowie die Benutzbarkeit nachhaltig beeinflusst, wie das Beispiel in Abbildung 50 zeigt. Betrachtet man das Kontaktformular ohne den umgebenden Rahmen ist die Seite kaum gefüllt und minimalistisch. Wird dasselbe Formular in die Firmen Corporate-Identity integriert, die verschiedene Navigationselemente, einen Bildsprache sowie einen Service Bereich beinhaltet, dann wirkt sie so, wie der Nutzer sie später verwenden wird. Aus einer minima-

---

[335] Vgl.: *Jacobsen, J.* 2011, S. 49f.
[336] Vgl.: *Pohl, K.* 2008, S. 332.
[337] Vgl.: *Weiber, R./Jacob, F.* 2000, S. 564ff.

## 6.1 Vorvertragliche Anforderungserhebung der MbE-Methode 203

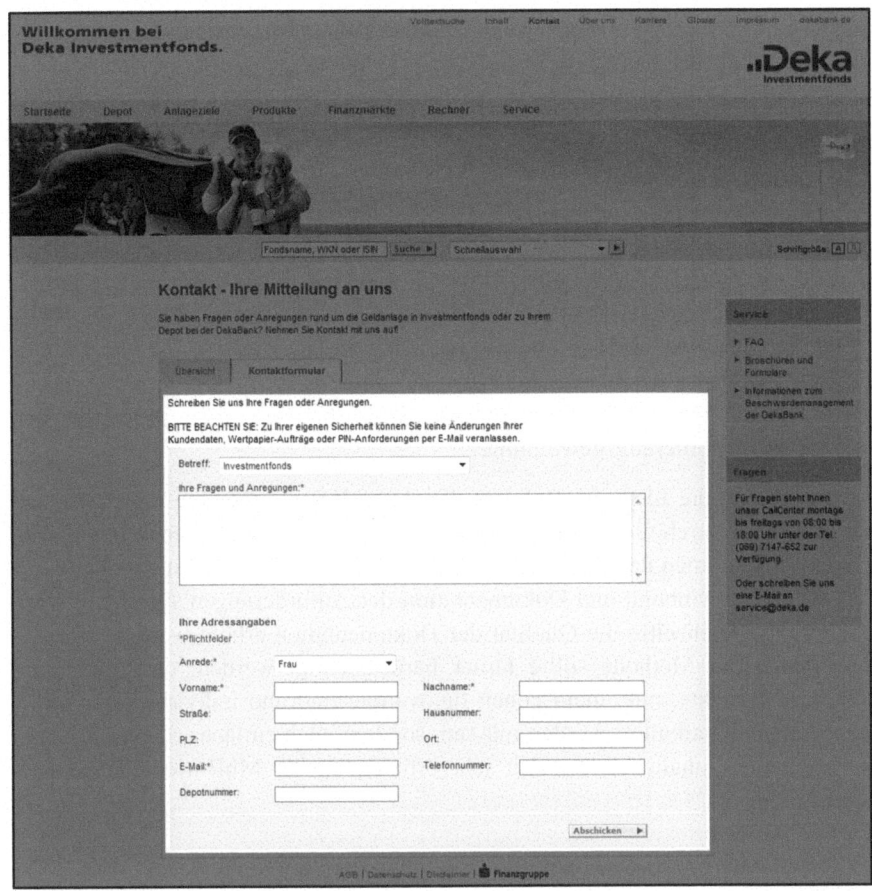

Abbildung 50: Ein Kontaktformular im CI der Dekabank.
Quelle: Eigene Darstellung.

listischen Seite kann so schnell eine überladene und nicht mehr intuitiv nutzbare Seite werden.

Die Vorbereitung dient auch dazu, den Kunden bereits zum Beginn des Dialogs von der eigenen Leistungsfähigkeit und dem festen Willen zu überzeugen, den Auftrag übernehmen zu wollen.[338] Durch die Hinterlegung der Kunden Corporate-Identity im Modellierungswerkzeug zeigt der Verkäufer dem Kunden, dass er

---

[338] Vgl.: *Heitsch, D.* 1983, S. 182ff.

sich bereits mit dem Projekt auseinandergesetzt hat. Ferner sind die Seiten bereits vorgefüllt, der Kunde hat eine hohe Wiedererkennung und ist dadurch voraussichtlich dialogbereiter. Bei vielen Projekten können auch bereits Standardmodule in den Mock-Up integriert werden, die dann im Dialog nur durchzugehen sind.

Das Mobex-Werkzeug unterstützt den Verkäufer im Dialog auf vielfältige Weise. Durch den HTML-Import kann die CI des Kunden von der vorhandenen Seite übernommen oder auf Basis eines Bitmaps in dem Template hinterlegt werden. Die individuell erweiterbare Bibliothek beinhaltet Module die häufig in Web-Projekten verwendet werden und die per Drag & Drop in das aktuelle Projekt integriert werden können. Je standardisierter das Projekt ist und je mehr vorbereitete Module verwendet werden können, desto schneller und einfacher wird der Prozess der Anforderungsgewinnung.

Inwieweit sich die Ideen im Rahmen der Anforderungserhebung umsetzen lassen, kann erst durch die Nutzung des Werkzeugs in der Praxis genau untersucht werden. Im Rahmen des in Abschnitt 6.2 vorgestellten Experimentes konnte die Zeit für die Gewinnung und Dokumentation der Anforderungen signifikant verringert und gleichzeitig die Qualität der Dokumentation erhöht werden. Bei der Beurteilung der Methode sollte ferner berücksichtigt werden, dass nicht nur komplexe Projekte, mit einem hohen Innovationsgrad und individuellem Anteil modelliert und kalkuliert werden müssen, sondern auch einfache, die viele Standardelemente enthalten und damit sehr effizient in der MbE-Methode geplant werden können.

### 6.1.2 Dokumentation, Kalkulation und Angebotserstellung

Die Dokumentation, Kalkulation und Angebotserstellung soll in der MbE-Methode als integrierter Prozess verstanden werden, dessen Ziel es ist, die Effizienz bei der Angebotserstellung zu erhöhen und Fehler durch unnötiges Abstimmungen oder unpräzise Protokollierung zu vermeiden. Dies wurde in Abschnitt 4.4 bereits intensiv diskutiert, daher soll an dieser Stelle auf die sich ergebenden Chancen im Rahmen der Anforderungsanalyse eingegangen werden.

Die Dokumentation der Anforderungen im Rahmen der Projektvorbereitung findet in der Praxis in mehreren Schritten statt. Bei der Analyse der bereitgestellten Dokumente, bei der Vorbereitung und Durchführung von Besprechungen, bei der Nachbereitung der Besprechungsprotokolle sowie der eigentlichen Angebotserstellung. Dazu werden von den beteiligten Personen verschiedene Werk-

## 6.1 Vorvertragliche Anforderungserhebung der MbE-Methode 205

zeuge, wie Office-Produkte, Grafikanwendungen sowie Papier und Bleistift verwendet. Der Vorteil der MbE-Methode ist an dieser Stelle in seiner ganzheitlichen Werkzeugunterstützung und einer verständlichen Darstellungen für IT-Laien zu sehen. Die Dokumentation der Anforderungen erfolgt in der MbE-Methode im Rahmen der Mock-Up Vorbereitung und Erstellung. Der Fokus liegt dabei nicht auf der Erstellung eines bestimmten Dokumententyps, sondern der semantischen Anreicherung der Mock-Ups durch fachliche Beschreibungen, technische Spezifikation und kalkulatorische Aspekte. Diese Beschreibungen in Kombination mit dem Mock-Up werden dann zur Generierung verschiedener Dokumente verwendet, die in einem Softwareprojekt Verwendung finden. Als Schablonen sind im Mobex Reportgenerator Angebote, Lastenhefte, Pflichtenhefte und Testspezifikationen vorgesehen.

Ein wichtiges Konzept der Effizienzsteigerung im Rahmen der Dokumentation ist die Verwendung wiederverwendbarer Komponenten, die als Artefakte in alle Dokumente einfließen können. Da sie bereits vollständig dokumentiert und kalkuliert sind, verursachen Sie sehr wenig Aufwand im Rahmen der Anforderungsanalyse. Außerdem sind sie auch für Mitarbeiter nutzbar, die noch keine Erfahrung in der Kalkulation und Angebotserstellung haben und können als Vorlage für andere Artefakte dienen, die eine ähnliche Funktion umsetzen oder eine vergleichbare Komplexität haben.[339]

Durch das in Mobex integrierte Template Konzept und die Möglichkeiten des HTML Exports sollen unnötige Rückfragen zwischen den Konzeptern, Grafikern und Entwicklern vermieden werden. Die Erstellung und Dokumentation der Mock-Ups soll soweit wie möglich vom Konzepter alleine durchgeführt werden. Bei der Verwendung von Standardwerkzeugen im Rahmen der Dokumentation und Mock-Up Erstellung ergeben sich immer wieder Probleme durch die Vielzahl der Werkzeuge. Der für die Angebotserstellung fachlich Verantwortliche ist nicht in der Lage alle notwendigen Werkzeuge professionell einzusetzen und muss daher auf Fachexperten zurückgreifen. Aus einfachen Änderungswünschen ergeben sich dadurch langwierige Abstimmungen, mit der Gefahr, bei der Erläuterung von Fachkonzepten, missverständliche Spezifikationen weiterzugeben und dadurch unbrauchbare Ergebnisse zu bekommen. Da zur fachlichen und technischen Präzisierung der Mock-Ups im Mobex-Tool sowohl natürliche Spra-

---

[339] Vgl.: *Tratar, E.* 2006, S. 30.

che als auch Modelle hinterlegt werden können, steht auch die gesamte Bandbreite an Dokumentationsmöglichkeiten zu Verfügung, welche die unterschiedlichen Stakeholder benötigen.

Die in Mobex integrierte Bottom-Up Kalkulation liefert eine Hilfestellung bei der Aufwandsbestimmung für individuell zu erstellende Komponenten. Basis für die Kalkulation sind die Elemente der Mock-Ups, die als Mengengerüst für die Berechnungen herangezogen werden. Die Kalkulation läuft automatisch im Hintergrund der Mock-Up Erstellung bzw. dem Import von Beispielseiten, indem die definierten Aufwände der Elemente übernommen werden. Die Kalkulationskomponente ermöglicht es zudem, mit Risikozuschlägen zu arbeiten und die Kalkulationssätze individuell anzupassen, um die Auswirkungen z.b. der Änderung von Tagessätzen auf das Projekt erkennen zu können.

Die eigentliche Erstellung der Dokumente erfolgt dann zweistufig. Zunächst wird das Dokument über den Mobex Reportgenerator definiert. Dazu ist im Werkzeug eine Gliederung für Lastenhefte, Pflichtenhefte und Angebote hinterlegt. In der Angebotsvorlage sind dann z.b. dem Kapitel „Leistungsbeschreibung" die Module mit Ihren semantischen Beschreibungen zugeordnet und werden strukturiert ausgegeben. Abschnitte des Angebotes, die nicht über das Mobex-Werkzeug definiert werden, wie z.b. die „Management Summary" oder die „Unternehmensvorstellung" werden als Gliederungspunkte angelegt und mit einem Beispieltext versehen, der dann angepasst werden kann. Dadurch sollen wiederum diejenigen Mitarbeiter unterstützt werden, die wenig Erfahrung in der Erstellung von Angeboten oder Pflichtenheften haben. Der Reportgenerator ermöglicht es, eigene Dokumententypen hinterlegen und vorhandene anpassen zu können. Er liefert als Ergebnis ein Dokument, das in gängigen Office Anwendungen geöffnet und weiterverarbeitet werden kann.

### 6.1.3 Präsentation und Validierung

Durch die werkzeugunterstützte Anforderungsgewinnung und –dokumentation soll noch eine weitere Problematik im Rahmen der Anforderungserhebung verbessert werden, nämlich die der Validierung der Anforderungen in der Vorvertragsphase. Im klassischen Requirements-Engineering Prozess wird von der Dreiteilung in Gewinnung, Dokumentation und Validierung der Anforderungen ausgegangen. Die dokumentierten Anforderungen werden dabei vom Kunden abgenommen, bevor sie umgesetzt werden, es erfolgt eine Rückkopplung zwischen Auftraggeber und Auftragnehmer.[340] In der Vorvertragsphase ist diese Abnahme nur bedingt gegeben. Wenn die Möglichkeit zur Präsentation der Projektskizze vor der Angebotseinreichung im Rahmen der Vergabe vorgesehen ist, dann kann dort eine Validierung durch den Kunden erfolgen. Die Präsentation der Ergebnisse wird dabei in Mobex durch die Möglichkeit zum Vorführen des Mock-Ups in einem integrierten Browsers sowie durch den HTML-Export unterstützt.

Lehnt der Kunde die Ergebnisse ab, kann er dem Anbieter entweder eine Chance zur Überarbeitung der Skizze geben oder ihn aus dem Verfahren ausschließen, so wie es Ziel bei Wettbewerbspräsentationen oder der Vorauswahl von Kandidaten im Rahmen von Ausschreibungen ist. Mit der Einreichung eines Angebots endet jedoch die Möglichkeit auf Kundenänderungen zu reagieren. Die Validierung verläuft im Rahmen der Angebotsauswertung, ohne die Möglichkeit zur Rückkopplung durch den Kunden. Nur in Ausnahmen wird ein Kunde die Einreichung eines neuen oder überarbeiteten Angebotes akzeptieren, wenn das Basisangebot nicht seinen Vorstellungen entspricht.

Daher ist es notwendig, die Anforderungen des Kunden möglichst schon während der Gewinnung zu verstehen, aufzunehmen und zu verifizieren. Die beispielhafte und konkrete Möglichkeit der Anforderungsgewinnung in der MbE-Methode soll dabei helfen. Dadurch lassen sich auch Zeit- und Präzisionsverluste, die durch eine handschriftliche Dokumentation von Anforderungen im Kundendialog und deren nachträglicher Bearbeitung entstehen, vermeiden.

### 6.1.4 Angebotseinreichung

Mit der Angebotseinreichung endet für den Anbieter die aktive Phase des Angebotsprozesses. Die Qualität und Konkurrenzfähigkeit, bewertet nach den Auswahlkriterien des Auftraggebers, entscheiden über die Annahme oder Ablehnung der Offerte. Je besser die Bedürfnisse der Mitglieder des Buying-Centers getroffen wurden, desto höher ist die Chance den Auftrag zu gewinnen. Die Heterogenität eines Buying-Centers macht es an dieser Stelle schwierig mit nur einem Dokument auszukommen.

Alternative Formen der Angebotspräsentation, wie die Unterstützung durch einen Mock-Up oder auch durch ein individuelles Projektvideo können hier genutzt werden um sich von den Mitbewerbern im Angebotsprozess abzugrenzen.

---

[340] Vgl.: *Pohl, K. / Rupp, C.* 2010; *Pohl, K.* 2008; *Ludewig, J. / Lichter, H.* 2010.

Das Mobex-Werkzeug unterstützt die Vertriebsmitarbeiter in dieser Hinsicht auf verschiedene Arten. Der Reportgenerator vereinfacht die Erstellung zielgruppenspezifischer Dokumente, Präsentationen lassen sich am Werkzeug oder über den HTML Export durchführen und die alternative Präsentation durch ein Video wurde prototypisch umgesetzt.

## 6.2 Experimentelle Evaluation der Einsparungspotenziale

In den vorangegangen Kapiteln wurden die MbE Methode und das Mobex-Werkzeug detailliert vorgestellt und den klassischen Methoden im Rahmen der Anforderungsanalyse gegenübergestellt. Dabei konnten die Konzepte und Ideen der MbE-Methode aufgeführt werden, die im Rahmen der vorvertraglichen Anforderungsanalyse zu mehr Effizienz und Verständlichkeit führen sollen. Im Folgenden soll evaluiert werden, inwieweit diese Anforderungen erreicht werden konnten.

Als Evaluation wird allgemein die Analyse und Bewertung von Projekten, Prozessen oder auch Software Systemen bezeichnet. Die Evaluation ist ein Prozess, in dem nach festgelegten Zielen und explizit auf den Sachverhalt bezogenen und begründeten Kriterien ein Gegenstand bewertet wird. Dies geschieht unter Zuhilfenahme sozialwissenschaftlicher Methoden durch qualifizierte Personen.[341] Ziel der Evaluation von Anwendungssystemen ist es, die Qualität einer vorliegenden Software zu überprüfen.[342] Zur Evaluation von Software Systemen werden verschiedene Methoden diskutiert und angewendet. Als Methoden kommen z.B. Kriterienkataloge, Checklisten, Befragungen, Rezessionen, Inspektionen durch Experten oder Experimente in Frage.[343] Im vorliegenden Fall wird die Gebrauchstauglichkeit des Mobex-Werkzeugs überprüft. Die Gebrauchstauglichkeit bezeichnet nach DIN EN ISO 9241 Teil 11 das Ausmaß, in dem ein Produkt, System oder ein Dienst durch bestimmte Benutzer in einem gegebenen Anwendungskontext genutzt werden kann, um seine Ziele effektiv, effizient und zufriedenstellend zu erreichen. Sie ist damit eng verwandt mit dem Konzept der Be-

---

[341] Vgl.: *Balzer, L.* 2005, S. 16.
[342] Vgl.: *Oppermann, R. / Murchner, M. / Paetau, M. / Pieper, M. / Simm, H. / Stellmacher, I.* 1988, S. 8f.
[343] Vgl.: *Beier, M. / von Gizycki, V.* 2001, S. 75ff.

## 6.2 Experimentelle Evaluation der Einsparungspotenziale

nutzerfreundlichkeit.[344] Daher stellt sich die Frage, welche Methode zur Evaluation des Werkzeugs herangezogen werden soll.

Bei dem Werkzeug handelt es sich um einen Forschungsprototypen, der bisher nur bei wenigen Partnern im Einsatz ist, die auch an der Entwicklung beteiligt waren. Eine Befragung scheidet damit als Evaluationsmethodik aus, da die Befragten zwangläufig befangen wären. Kriterienkatalog, bzw. Prüf- und Checklisten erweisen sich auch als wenig praktikable, da diejenigen, welche sie ausfüllen können, in die Entwicklung des Werkzeugs involviert sind und damit die Kriterien bestätigen würden, die sie selbst festgelegt haben. Inspektionen des Systems durch Experten wurden im Rahmen der Entwicklung mehrfach durchgeführt, ihre Empfehlungen sind in die Umsetzung eingeflossen, als Basis für die Effizienzmessung sind sie jedoch ungeeignet.

Im vorliegenden Fall erscheint daher der Aufbau einer realitätsnahen Anwendungssituation, wie sie in einem Experiment erreicht werden kann, als vorteilhaft. Experimente gelten als exakte Forschungsmethodik, mit der Aufschluss über die Gültigkeit von Annahmen über Kausalzusammenhänge erlangt werden können. Sie stellen Untersuchungsanordnungen zur Prüfung hypothetischer Ursache-Wirkungsbeziehungen unter kontrollierten Bedingungen dar. Es wird von einem Experiment gesprochen, wenn mindestens eine unabhängige Variable, auch experimenteller Faktor genannt, variiert und die dadurch hervorgerufenen Auswirkungen auf mindestens eine abhängige Variable durch Beobachtungen, Befragungen oder Messungen erfasst wird.[345] In Experimenten können reale Arbeitssituationen nachgestellt werden, um das Verhalten eines Benutzers am Computer mit der Software beobachten und dokumentieren zu können.

Als Anwendungskontext für die Evaluation diente die Erstellung eines Angebotes für ein fiktives Internet Projekt unter möglichst realen Bedingungen. Als Projekt wurde die Konzeption und Umsetzung eines Unternehmensportals auf Basis eines Content Management Systems (CMS) gewählt, das sowohl Standardfunktionalitäten, wie die Templates des CMS oder ein Kontaktformular, als auch individuelle Funktionen, wie einen Login Bereich, Statistiken und einen Shop enthielt.

Zu dem fiktiven Projekt wurde ein Lastenheft erstellt, das die Anforderungen an das Projekt aus Sicht des Kunden zusammengefasst. Der Inhalt des Lastenhefts

---

[344] Vgl.: *Sarodnick, F. / Brau, H.* 2011, S. 29f.
[345] Vgl.: *Mäder R.* 2005, S. 137ff; *Lazar, J. / Feng, J.-H. / Hochheiser, H.* 2010, S. 27ff.

basiert auf der Auswertung von Vorlagen, die von Seiten der Praxispartner zur Verfügung gestellt wurden und stellt damit eine realistische Basis für die Evaluation dar. Im Rahmen der Evaluation sollte ein Angebot sowie eine Präsentation erstellt werden, welche die Umsetzung der Anforderungen des Lastenheftes präzise und verständlich beschreibt. Ziel der Evaluation ist ein Effizienzvergleich zwischen dem Mobex-Werkzeug und Standardanwendungen, wie z.B. die Microsoft-Office-Suite ergänzt um Grafikanwendungen. Diese Standardanwendungen werden in der Praxis als Werkzeuge für die Angebotserstellung eingesetzt und sollen hinsichtlich ihrer Effizienz hinterfragt werden. Die Wahl der Werkzeuge stellt damit die unabhängige Variable im Experiment dar.

Basis für die Evaluierung sind zwei Thesen, die im Rahmen des Experimentes überprüft werden sollen:

These 1: Die Erstellung eines Angebotes und einer Präsentation kann mit dem Mobex-Werkzeug schneller vorgenommen als mit Standardanwendungen.

These2: Die erzeugten Ergebnisse sind qualitativ hochwertiger als die mit den Standardanwendungen erstellten.

Zur Überprüfung der ersten These sollen die Zeiten gegenübergestellt werden, die für die Ausarbeitungen in unterschiedlichen Werkzeugen benötigt werden. These zwei soll anhand der erzielten Ergebnisse überprüft werden, indem diese einer qualitativen Analyse unterzogen werden. In beiden Fällen muss ein professionelles Angebot entstehen, dass korrekt, ordentlich und systematisch ist. Im Folgenden wird das durchgeführte Experiment vorgestellt und die Ergebnisse der Evaluation präsentiert und bewertet.

*6.2.1 Experimentanordnung und Durchführung*

Auf Basis des vorliegenden Lastenheftes, sollen die Probanden vollständige Angebote erstellen. Die Angebote sollen neben fachlichen Beschreibungen der Funktionen, eine Kostenkalkulation sowie eine Visualisierung des Systems zur Verdeutlichung enthalten. Die zu erstellende Präsentation beinhaltet die Visualisierung und dient der Vorstellung des Projekts beim Kunden. Der Aufbau und die Gestaltung des Systems sollen dem Kunden durch die Präsentation erläutert werden.

Um die beiden Vorgehensweisen der Angebotserstellung gegenüberstellen zu können, wurde das Experiment mit zwei Vergleichsgruppen durchgeführt:

## 6.2 Experimentelle Evaluation der Einsparungspotenziale

Gruppe A: Angebotserstellung mit Standardwerkzeugen

Gruppe B: Angebotserstellung mit dem Mobex-Werkzeug

Insgesamt sind zehn Probanden an dem Experiment beteiligt. Jede Gruppe setzt sich somit aus fünf Teilnehmern zusammen. Um die Vergleichbarkeit der beiden Gruppen sicherzustellen, wurde darauf geachtet, dass sie sich vom Grad der jeweiligen Werkzeugkenntnis sehr ähnlich sind. Bei allen Teilnehmern des Experiments handelt es sich um Studierende der Wirtschaftsinformatik und Betriebswirtschaftslehre, die kurz vor dem Abschluss stehen. Alle Teilnehmer haben durch den Besuch gemeinsamer Lehrveranstaltungen Kenntnisse in der Erstellung von Angeboten, Lasten- und Pflichtenheften erworben. Bei Gruppe A, handelt es sich um Nutzer von Standardwerkzeugen, bei Gruppe B handelt es sich Nutzer des Mobex-Tools. Die Mitglieder Gruppe A hatten die freie Wahl der Werkzeuge und entschieden sich für die Microsoft Office Applikationen, die sie um unterschiedliche Grafikwerkzeuge ergänzt haben. Sie beherrschen den Funktionsumfang der Standardwerkzeuge und arbeiten in ihrem Studium und privat regelmäßig mit ihnen. Dasselbe gilt für die Probanden der Gruppe B, die im Studium mit dem Mobex-Tool gearbeitet haben. Der „Expertengrad" der Probanden somit vergleichbar.

Neben dem gleichen Kenntnisstand der Probanden hinsichtlich der Werkzeugbeherrschung wurde auch auf eine Vergleichbarkeit der Hilfsmittel geachtet. Den Probanden wurden Templates zur Verfügung gestellt, die das grundlegende Layout und die Struktur der Internet Seite vorgaben und die für die Realisierung der Fachkonzepte verwendet werden konnten. Die Templates wurden durch eine Reihe von Bildern ergänzt, die zur Visualisierungen dienten. Darüber hinaus wurden den Probanden Textbausteine vorgegeben, in denen die zu gestaltenden Elemente beschrieben sind, um sie bei den Spezifikationen des Angebots zu unterstützt. Außerdem gehört zu den Hilfsmitteln eine Kalkulation, die aufzeigt wie die Kosten für das Angebot verteilt sein könnten und die Aussagen über die veranschlagten Tage trifft.

Diese Hilfsmittel dienen dazu, die Probanden zu entlasten und die Vergleichbarkeit der Angebotserstellung sicherzustellen. Es müssen keine Vorlagen erstellt werden und die Spezifikationen und Kalkulationen einzelner Elemente, die im Mobex-Tool bereits in der Sammlung enthalten sind, liegen auch den Nutzern der Standardwerkzeuge vor. Dies spiegelt auch die Vorgehensweise in der Praxis wieder, wo die Erstellung des grundlegenden Layouts durch Grafiker vorgenommen wird und die fachlichen Spezifikationen durch die Konzepter oder Sales-Mitarbeiter ergänzt werden.

Das zu erstellende Angebot wurde in Form einer Dokumentvorlage für die Probanden der Gruppe A vorbereitet und enthält folgende Gliederungspunkte:

- Deckblatt
- Kurzbeschreibung der Aufgabenstellung des Projektes
- Ziele des Projekts
- Screenshots und Spezifikation der Funktionen
- Kostenkalkulation

Das Mobex-Werkzeug generiert das Dokument in der vorgegebenen Struktur automatisch, daher musste keine Vorlage erstellt werden.

Im Lastenheft wurden 5 Funktionsbereiche definiert, die es im Angebot zu beschreiben galt. Dazu zählen die Start- und Detailseite, der Shop Bereich mit Produktübersicht und Produktdetails sowie eine Seite für Nachrichten. Zusätzlich sollte ein Individualbereich mit einer einfachen Statistik, bestehend aus drei Seiten sowie ein Kontaktformular mit Fehler und Bestätigungsseite erstellt werden. Das Angebot umfasst die Grafik, die fachliche Beschreibung und die Kalkulation. Alle Bereiche wurden im Lastenheft detailliert beschrieben, um Interpretationsspielräume so gering wie möglich zu halten. Außerdem wurde den Probanden vor der Durchführung des Experiments ausreichend Zeit für das Studium des Lastenheftes und für Rückfragen eingeräumt.

Zur Durchführung des Experimentes wurde eine ausführliche Experimentanleitung für die beiden Gruppen verfasst. Sie beschreibt das Ziel des Experiments und fasst Lastenheft und Aufgabenstellung noch einmal zusammen. Zu Beginn des Experiments wird den Probanden ihre Aufgabe noch einmal mündlich erläutert und ihnen werden alle Hilfsmittel zur Verfügung gestellt. Sobald die Probanden keine Verständnisfragen mehr haben, können sie mit der Angebotserstellung beginnen. Während der Durchführungen ist die Experimentleitung anwesend, hilft bei Fragen und misst die Zeiten für die Bearbeitung der Aufgaben.

Um eine natürliche Umgebung bei der Durchführung des Experimentes zu haben, konnten die Probanden den Ausführungsort und die Zeit frei wählen. Außerdem durften sie den persönlichen Computer verwenden, da dieser individuelle auf die eigenen Bedürfnisse eingerichtet ist und damit eine optimale Bearbeitung ermöglicht.

## 6.2 Experimentelle Evaluation der Einsparungspotenziale

### 6.2.2 Ergebnisse

Die Ergebnisse des Experimentes sind sowohl in quantitativer als auch in qualitativer Hinsicht eindeutig zugunsten der Nutzung des Mobex-Werkzeugs für die Angebotserstellung im gegebenen Beispiel ausgefallen.

#### 6.2.2.1 Quantitative Auswertung der Ergebnisse

Gruppe B, die zur Erstellung des Angebots das Mobex-Werkzeug verwendet hat, benötigte erheblich weniger Zeit als Gruppe A, die zur Erstellung Standardwerkzeuge nutzte. Der Vergleich der Abbildung 51 und der Abbildung 52 zeigen dies sehr deutlich.

Bei den Bearbeitungszeiten fällt auf, dass die Mobex Probanden in allen Bereichen deutlich weniger Zeit benötigt haben als die Probanden die die Standard Werkzeuge nutzen. Daraus ist zu schließen, dass nicht nur die vereinfachte Integration von Vorlagen und Beispielen zu Effizienzsteigerungen führt, sondern auch die erweiterten Funktionen des Mobex-Tools nützlich sind. Die geringste Zeitdifferenz ergab sich bei der Finalisierung der Dokumente, da diese in beiden Fällen in Microsoft-Word durchgeführt wurde. Der Vorteil von Mobex ist hier in der automatisierten Integration der Kalkulation, Gliederung und der Inhaltsbereiche zu sehen.

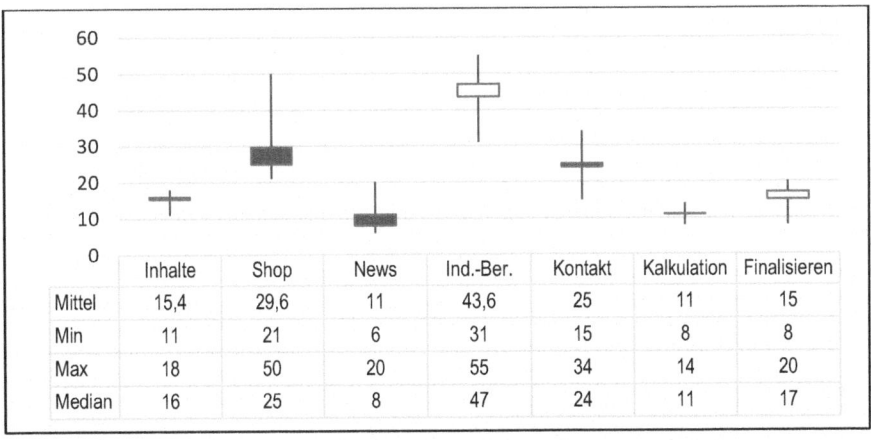

Abbildung 51: Bearbeitungszeiten mit den Standardwerkzeugen.
Quelle: Eigene Darstellung.

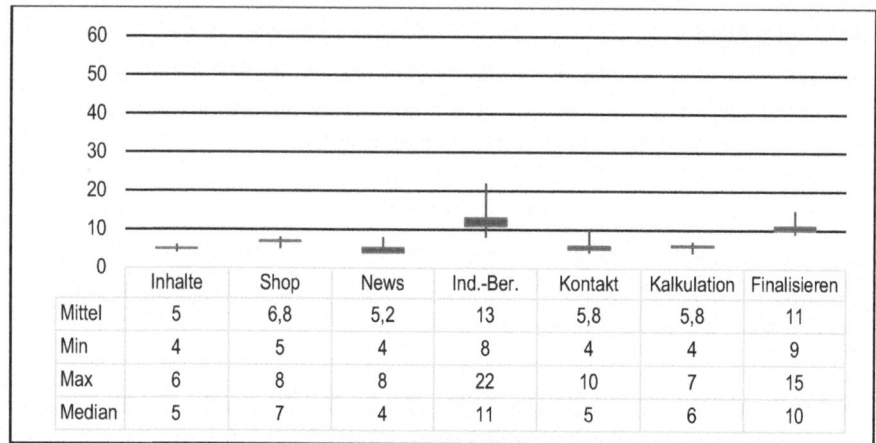

Abbildung 52: Bearbeitungszeiten mit Mobex.
Quelle: Eigene Darstellung.

Auch die Varianz der Zeiten, die die Probanden für die in den einzelnen Tätigkeiten benötigt haben, sind im Mobex-Werkzeug deutlich geringer als bei den Office Werkzeugen.

In der Summe ergibt sich eine durchschnittliche Bearbeitungsdauer von 150,6 Minuten bei den Probanden ein Proband der Gruppe A, innerhalb der Gruppe B werden für die Aufgabe lediglich 52,6 Minuten benötigt. Damit benötigt die Mobex Gruppe lediglich ein Drittel der Bearbeitungszeit.

Somit bestätigt sich die These, dass der Einsatz des Tools zu erheblichen Einsparungspotenzialen im Rahmen der Angebotserstellung führt. Sowohl die Ausarbeitung der Standardseiten als auch der Individualbereiche konnte mit dem Mobex-Tool schneller durchgeführt werden. Da sich die eingesparte Zeit direkt monetär auswirken, werden folglich die Kosten des Angebotserstellungsprozesses reduziert. Man kann schlussfolgern, dass die Effizienz des gesamten Angebotserstellungsprozesses, im Vergleich zur Angebotserstellung mit Standardwerkzeugen, gesteigert werden kann.

### 6.2.2.2 Qualitative Auswertung der Ergebnisse

Bei der Durchführung des Experiments konnten klare Unterschiede bei der Bearbeitung mit den Standardanwendungen im Vergleich zum Mobex-Werkzeug festgestellt werden.

## Standardanwendungen

Alle Probanden starten das Experiment mit der Erstellung der Grafiken. Dabei werden insbesondere die Ineffizienzen im Zusammenspiel zwischen den Office- und Grafikanwendungen deutlich. So gestaltet sich das Einfügen der Textbausteine teilweise als schwierig, da die Grafikprogramme beim Hineinkopieren von zu großen Bestandteilen, den eingefügten Text nicht anzeigen. Außerdem werden zum Teil automatisch unpassende Schriftgrößen eingefügt. Beim Versuch Photoshop- oder Gimp-Dateien in PowerPoint zu öffnen treten bei einigen Probanden „Fehler beim Importieren" auf.

Bei der Erstellung des Individualbereichs müssen Kontrollelemente, wie Check-Boxen, Buttons und Felder erstellt werden. Auch hier treten beim Kopieren Probleme auf, da sich die Größen verändern und die Beschriftungen bzw. Felder nur umständlich ausgerichtet werden können. Auch bei der Ausrichtung der Kästchen oder Auswahlbuttons wird viel Zeit benötigt. Die Strukturierung der Ergebnisse im Präsentationsprogramm und der Textverarbeitung erweisen sich als aufwendig. Inhalte müssen manuell zusammengestellt werden, die Kalkulation ist zu erstellen und die fachlichen Beschreibungen müssen ergänzt werden.

## Mobex-Werkzeug

Die Probanden die das Mobex-Werkzeug nutzen, beginnen mit der Integration der Master Seiten, wozu die vorhandenen Vorlagen importiert werden. Danach nehmen sie die fachlichen Modellierungen vor, indem sie die bereitgestellten Hilfsmittel des Werkzeugs verwenden. So nutzen alle Probanden den Blindtextgenerator zum Einfügen von Textbestandteilen und haben keine Schwierigkeiten bei der Integration von Bitmaps.

Aufwändiger ist die Erstellung der individuellen Funktionsseiten. Hier helfen die Wizards zur Generierung von mehreren Elementen in einem Arbeitsgang, sowie Funktionen zur pixelgenauen Ausrichtung der Elemente. Auch die bereits modellierten Beispiele aus der Sammlung werden verwendet und angepasst. Die fachliche Beschreibung für das Angebot ist bei den Elementen der Sammlung bereits hinterlegt und muss nur leicht modifiziert werden. Die Fachspezifikationen der Individualbereiche werden per Copy & Paste aus der Vorlage den Seiten zugewiesen. Drei der Probanden haben in ihrer Ausarbeitung auch eine Verlinkung eingefügt, obwohl dies nicht Gegenstand der Bearbeitung war, um die Präsentation des Mock-Ups zu vereinfachen.

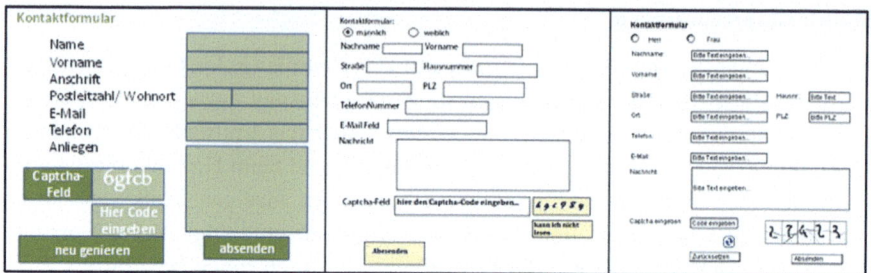

Abbildung 53: Vergleich der Ergebnisse am Beispiel des Kontaktformulars.
Quelle: Eigene Darstellung.

Nach der Fertigstellung der Modelle generieren die Probanden die Angebote und Präsentationen automatisch über den Reportgenerator und den HTML-Export. Die Angebote werden dann noch bezüglich des Angebotstextes, der Kalkulationen und kleineren Anpassungen vervollständigt.

Alle Teilnehmer des Experiments waren in der Lage Angebote erstellen, die den Vorgaben weitgehend entsprochen haben.[346] Bei genauerer Betrachtung zeigt sich jedoch, dass die Ergebnisse, die mit dem Mobex-Tool erzeugt worden sind, genauer in der Ausführung sind. Die Visualisierungen wurden mit dem Mobex-Werkzeug präziser erstellt als mit den Standardwerkzeugen, die einen deutlich unprofessionelleren Eindruck hinterließen. So wurden Felder nicht korrekt ausgerichtet, Abstände ungleichmäßig gesetzt, Text in verschiedenen Schriftarten dargestellt usw. Dies zeigt auch Abbildung 53 deutlich. Die beiden linken Ausschnitte zeigen die Ergebnisse der Office Werkzeuge, rechts ist das Mobex Ergebnis dargestellt.

Auch das vom Mobex-Werkzeug erzeugte Angebotsdokument hilft den Anwendern bei der Strukturierung. Es enthält die Gliederung, die Spezifikationen, die Visualisierungen sowie die Kalkulation. Gliederungspunkte, die nicht automatisiert mit Inhalten gefüllt werden können, wie Ziele oder Referenzen, beinhalten eine Kurzbeschreibung des erwarteten Inhaltes, um dem Nutzer eine Hilfestellung bei der Bearbeitung zu geben.

Zuletzt soll noch die Zufriedenheit der Benutzer betrachtet werden. Diese konstatierten, dass im vorliegenden Fall die Verwendung der Standardtools bei der Angebotserstellung insgesamt schwerfällig ist. Mit ihnen ist es schwieriger nach-

---

[346] Die Ergebnisse des Experiments können auf Anfrage beim Autor eingesehen werden.

träglich Anpassungen und kleine Änderungen vorzunehmen. In Mobex lassen sich einzelne Elemente einfach markieren und bequem löschen oder überarbeiten. Außerdem sind bei der Bearbeitung mit Standardwerkzeugen Dateiinkompatibilitäten aufgetreten sowie Fehler beim Importieren in ein Grafikprogramm.

Die Funktionsbreite der Standardwerkzeuge ist sehr groß und bietet zahlreiche Möglichkeiten der Verwendung, doch genau dieser breite Funktionsumfang kann ablenken und überfordern. Dahingegen ist das Mobex-Werkzeug zielgruppengerecht, das heißt es wurde speziell für die Angebotserstellung entwickelt, was durch den darauf zugeschnittenen Funktionsumfang deutlich wird.

Insgesamt treten bei der Bearbeitung durch das Mobex-Werkzeug bei den Probanden weniger Schwierigkeiten auf, sie können sich voll ihrer fachlichen Aufgabe widmen, was sich auch in den benötigten Zeiten für die Durchführung widerspiegelt. Berücksichtigt man an dieser Stelle die zusätzlichen Möglichkeiten, die sich durch die Nutzung des Mobex-Werkzeugs ergeben, wie die der Usability-Überprüfung vor der Umsetzung oder auch die Übergabe der Anforderung in den Management Prozess, dann summieren sich die Vorteile des Werkzeugeinsatzes.

## 6.3 Modeling by Example im Praxisbeispiel

In Abschnitt 3.4.3 wurde ein Praxisprojekt vorgestellt und die im Rahmen dieses Projekts auftretenden Probleme erörtert. Als das wesentlichste Problem wurde der hohe Zeitbedarf für die Erstellung der Angebote und darin beinhalteten Mock-Ups herausgestellt. Insgesamt wurden in diesem Projekt mehr als 7 Personentage für die Konzeption, Visualisierung und die Erstellung der Mock-Ups verwendet, da sie die wesentliche Basis für die Wettbewerbspräsentation und das Angebot waren.

Der Zeitbedarf ist zum einen der hohen Qualität geschuldet, die sich im Rahmen von Wettbewerbspräsentation etabliert hat. Unschlüssige Konzepte, unsaubere Gestaltungen oder unverständlich erläuterte Ideen führen zum Ausschluss aus dem Vergabeverfahren. Um diese Qualität zu wahren ist ein intensiver Dialog zwischen den Grafikern, den Konzeptern bzw. Sales-Mitarbeitern und den Entwicklern notwendig, der häufig zu zeitaufwendigen Anpassungen der Mock-Ups und deren Beschreibungen führt. Diese Änderungen müssen dann wieder von den Grafikern ausgeführt werden, da sie die Werkzeuge beherrschen. Dabei entstehen durch unklare Skribbles und unpräzise Beschreibungen bzw. Missverständnisse immer wieder Doppelarbeiten bzw. es werden Korrekturen nötig.

An dieser Stelle kann durch das Mobex-Tool eine Verlagerung von fachlichen Arbeiten in Richtung der Konzepter und Vertriebsmitarbeiter vorgenommen werden. Diese erhalten das Layout aus der Grafik und ergänzen die fachlichen Elemente sowie die Spezifikationen. Dadurch ergibt sich eine deutliche Zeitersparnis im Dialog und der Bearbeitung der Konzeptionen.

Auch eventuelle Anpassungen am Konzept, die sich z.B. durch Expertenbegutachtungen ergeben, können durch eine Template Änderung sehr einfach in das laufende Projekt übernommen werden und sind damit in ihren Auswirkungen begrenzt. Konkret hätte im Praxisbeispiel der letzte Überarbeitungszyklus keine signifikanten zeitlichen Auswirkungen gehabt, da die Änderungen die Templates betroffen haben und damit vom Werkzeug automatisiert ins das Projekt übernommen werden können. Auch über diese beiden Punkte hinaus wird sich die Nutzung des Mobex-Werkzeugs positiv auf den Zeitbedarf für die Projektvorbereitung auswirken, wie durch das Experiment nachgewiesen werden konnte.

Auch die Verwendung der Vorlagen in Mobex führt zu einer effizienteren und damit schnelleren Angebotserstellung. Dies ist selbstverständlich bereits betriebliche Praxis, die Vorlagen liegen jedoch in verschiedenen Werkzeugen vor und müssen in diesen unabhängig voneinander angepasst und optimiert werden. Der sich dadurch ergebende Aufwand ist höher als er es in einem integrierten Werkzeug ist.

Im Rahmen der Angebotserstellung im Praxisprojekt wurde auf die Umsetzung eines HTML Prototyps verzichtet, da die Umsetzung zu aufwendig war und das geplante Budget für die Teilnahme an der Wettbewerbspräsentation gesprengt hätte. In der Feedback Runde zum Verfahren, teilte der Auftraggeber mit, dass der Ausschlag für die Vergabe des Projektes an einen Mitbewerber unter anderem aufgrund von dessen herausragenden Prototypen erfolgt ist. Das Mobex-Tool, mit seiner Möglichkeit zur automatisierten Erstellung von Prototypen hätte hier geholfen, die Chance auf den Projekterfolg zu verbessern bzw. zu erhalten.

## 6.4 Der Nutzen des Modeling by Example

Mit der MbE-Idee und dem Mobex-Werkzeug stehen ein Verfahren und ein Werkzeug zur integrierten Anforderungserhebung und Angebotsbearbeitung für dialogorientierte Systeme zur Verfügung. Die Idee ist speziell auf die Vorvertragsphase eines Softwareprojektes ausgerichtet. In verwandten Disziplinen, wie der Architektur oder dem Maschinenbau, existiert diese Art von Werkzeugen längst und wird intensiv genutzt. Auch hat sich dort die Akquisephase als Bestandteil der Projekte etabliert und wird von den Beteiligten berücksichtigt.[347]

Im Rahmen der Ausarbeitungen konnten bereits Nutzenaspekte angesprochen werden, die sich durch die Methode im Rahmen der Angebotserstellung ergeben. Diese sollen im Folgenden noch einmal zusammengefasst und mit den Anforderungen an die Methode und das Werkzeug abgeglichen werden.

- **Effizienz**: Durch die Werkzeugnutzung und dessen Aufbau ergibt sich eine höhere Effizienz bei der Angebotserstellung, womit eine grundlegende Anforderung erfüllt ist.

- **Interaktivität**: Die Erstellung von Mock-Ups kann im Kundendialog durchgeführt werden. Insbesondere die Wiederverwendung von Artefakten ermöglicht eine sehr schnelle Generierung von Ergebnissen.

- **Präsentierbarkeit**: Mobex bietet einen integrierten Abspielmodus, um die erstellen Seiten direkt präsentieren zu können. Dies ermöglicht auch eine direkte Validierung der Ergebnisse.

- **Exportierbarkeit**: Zusätzlich wird der HTMNL Export unterstützt, um den Kunden eine interaktive Nutzung der als Prototypen zu ermöglichen.

- **Mehrfachnutzung**: Verwendung der Visualisierungen und Spezifikationen für Angebote, Pflichtenhefte und auch technische Spezifikationen. Auch eine Übergabe der Anforderungen in die Umsetzungsphase wurde berücksichtigt.

- **Prüfbarkeit**: Testfälle können im Werkzeug integriert werden.

- **Wiederverwendung**: Modellierte Beispiele und Vorlagen lassen sich in einer Bibliothek absprechen und können dadurch wiederverwendet werden.

---

[347] Vgl.: *Hahn, R.* 2002, S. 63ff.

- **Kalkulierbarkeit**: Die Aufwände für die Umsetzung lassen sich teilautomatisiert über die weitreichenden Kalkulationsfunktionen ermitteln.

- **Erlebbarkeit**: Die Anwendungen werden für die Kunden dem IKIWISI Prinzip entsprechend erlebbar, womit eine wesentliche Grundlage für das Projektverständnis durch die Nutzer gelegt wird.

- **Verständlichkeit**: Anforderungsdokumente werden bei der Nutzung der Methode sehr konkret und damit verständlicher als in abstrakten Modellen dargestellt.

- **Gebrauchstauglichkeit**: Usability-Tests können in einer frühen Phase des Softwareprojekts durchgeführt werden, da Prototypen zur Verfügung stehen.

- **Dialogverbesserung**: Der Dialog zwischen den Fachanwendern, IT-Spezialisten und Grafiker wird verbessert.

- **Projektübergabe**: Eine automatisierte Übergabe der Anforderung in das Umsetzungsprojekt ist die ReqIF-Schnittstelle möglich.

Inwieweit sich alle Nutzenaspekte im Rahmen der Projektvorbereitung realisieren lassen, soll in der weitergehenden Evaluation der Methode und des Werkzeugs zusammen mit Praxispartnern herausgefunden werden. Erste Projekte, die mit dem Werkzeug vorbereitet wurden, zeigen jedoch das Potenzial und helfen beim Transport abstrakter Beschreibungen in eine konkrete und verständliche Form.

## 6.5 Grenzen der Methode

Die Grenzen der Methode ergeben sich zum größten Teil bereits aus seiner Konzeption und sind damit geplante Grenzen. MbE ist auf einen engen Bereich von Softwareprojekten ausgerichtet und kann damit nicht für alle Software Gattungen verwendet werden. Darüber hinaus sind aber auch Grenzen zu nennen, die sich durch die Fokussierung auf Mock-Ups zur Aufbereitung und Dokumentation der Anforderungen ergeben.

Mit der Fokussierung auf Internet basierte Projekte ist die Nutzbarkeit der Methode bewusst eng beschränkt worden. Dies hat seine Ursache darin, dass ein Fokus auf eine bestimmte Gattung von Softwareprojekten gesetzt werden soll, um diese möglichst optimal unterstützen zu können. Die Idee folgt dem gängigen

## 6.5 Grenzen der Methode

Schema in verwandten Disziplinen, wie dem Maschinenbau oder der Architektur, wo auch spezialisierte Methoden und Systeme zur Vorbereitung und Kalkulation der Projekte eingesetzt werden. Aber auch innerhalb des Bereiches internetbasierter Projekte ist der Kernbereich in medialen Anwendungen zu sehen, die einen hohen Wert auf den Gestaltungsaspekt legen. In diesem Bereich ist die Notwendigkeit zur Erstellung von Mock-Ups bereits in frühen Projektphasen gegeben, da Diskussionen über Gestaltungsaspekte ohne einen Entwurf wenig zielführend sind.[348] Die Methode hilft im Dialog zwischen den Disziplinen und schafft hoffentlich auch in der Informatik eine bewusstere Berücksichtigung designorientierter Aspekte.

Dabei bleibt natürlich die Frage, wie hoch der Aufwand für die Erstellung der Mock-Ups im Rahmen der Projektvorbereitung sein darf. Hier kann nur eine individuelle Kosten-Nutzen Betrachtung im Projekt erfolgen, da globale Aussagen schwer zu treffen sind. Der Nutzen von Mock-Ups liegt in der vereinfachten Möglichkeit zum Transport von Systemideen in verständlicher Form. Die IT-fremden Nutzer sind mit den Systemen nur auf der Dialogebene vertraut und können auch nur diese beurteilen. In natürlicher Sprache ist die Dokumentation der Anforderungen einfacher, jedoch auch abstrakter. Die Verwendbarkeit von Modellen, wie denen der UML, hängt von den Kenntnissen der Stakeholder ab und sollte mit Bedacht ausgewählt werden. Sie verursachen in der Modellierung einen hohen Aufwand, dem nur dann ein Nutzen gegenübersteht, wenn die Modelle überhaupt verstanden werden. Schaut man auf die Komplexität der UML, mit ihren 14 Methoden und mehr als 140 grafischen Elementen, kann die Frage aufkommen, ob dadurch nicht die Gefahr einer „Übermodellierung" gegeben ist. Durch die Möglichkeit, UML Modellen zur Beschreibung der Logik der zu gestaltenden Systeme zu verwenden, bietet die MbE.Mthode hier einen integrativen Ansatz zur zielgruppengerechten Kombination der verschiedenen Dokumentationsmethoden. Richten sich die Dokumente an die Entwickler oder eine IT affine Zielgruppe, dann sind formale Methoden gefragt, die Verwendung von Mock-Ups ist dann sehr kritisch zu hinterfragen.

Damit ist auch die wesentliche Grenze der Methode bestimmt. In allen Projekten, in denen die Verarbeitungslogik die wesentliche Rolle spielt bzw. die sich außerhalb der Domäne dialogorientierter Systeme befinden, ist die Methode ungeeignet. Es besteht zwar die Möglichkeit, durch textuelle Beschreibungen und

---

[348] Anm.: Dies zeigte sich auch in den geführten Interviews im Rahmen der Anforderungserhebung für die Methode und das Werkzeug.

auch UML Modelle die Verarbeitungslogik an den Mock-Up zu koppeln, es sollte aber auf eine Verhältnismäßigkeit geachtet werden. Damit sind auch dialogorientierte Projekte, die eine hohe Komplexität im Backend aufweisen, mit der MbE-Methode problematisch, da sich der Hautaufwand nicht aus der Umsetzung der Oberfläche, sondern deren Einbindung ergibt.

Eine weitere Grenze der Methode findet sich in der Modellierbarkeit der Datenebene. Diese wird mithilfe der Mock-Ups nicht unterstützt, da sich über Prototypen keine zugrunde liegende Datenstrukturen darstellen lassen. Um Datenstrukturen darstellen zu können, bedarf es anderer Methoden, wie dem Entitiy-Relationship-Modell oder einem Klassendiagramm. Hier müssen also weiterhin die klassischen Methoden der Dokumentation angewendet werden. Da sich diese jedoch problemlos mit der MbE-Methode kombinieren lassen und das Mobex-Tool eine Schnittstelle zur UML bereitstellt, ist dies keine schwerwiegende Einschränkung.

# 7 Zusammenfassung und Ausblick

Die Motivation zu dieser Arbeit fußt auf mehr als 10 Jahren Praxistätigkeit im Vertrieb, der Anforderungsanalyse und dem Projektmanagement internetbasierter Software. In diesem Rahmen wurde die Lücke zwischen Theorie und Praxis der Anforderungsanalyse besonders deutlich. Die Berücksichtigung der Vorvertragsphase fehlt fast vollständig in den Vorgehensmodellen des Softwareprojektmanagements, woraus sich unrealistische Erwartungen an die Anforderungserhebung in dieser Phase, den verwendbaren Methoden und der Methodenkenntnis der Stakeholder ergeben. Dazu kommt die Problematik domänenspezifischer Besonderheiten, die im Rahmen der Anforderungserhebung zu berücksichtigen sind. Als Beispiel soll die hohe Bedeutung gestalterischer Aspekte bei Web Projekten genannt werden.

Um die genannte Problemstellung zu diskutieren, wurde in Kapitel 2 die Vorvertragsphase von Softwareprojekten aus betriebswirtschaftlicher bzw. wirtschaftsinformatischer Sicht beleuchtet. Dazu wurden zunächst die entscheidungstheoretischen Grundlagen aufgeführt, die sich allgemein bei Austauschbeziehungen zwischen Unternehmen ergeben. Speziell das wahrgenommene Risiko und dessen Handhabung war Gegenstand der Ausarbeitungen. Danach wurde die Projektvergabe aus Sicht des Auftraggebers und aus Sicht der potenziellen Auftragnehmer beleuchtet. Dabei wurden Tätigkeiten, Verfahren und Probleme der Vorvertragsphase diskutiert. Zum Abschluss wurden Gestaltungsparameter für die Vorbereitung von Softwareprojekten abgeleitet und ein Vergabebeispiel aus der Praxis vorgestellt.

Kapitel 3 ist dann der Anforderungserhebung und Dokumentation in der Vorvertragsphase gewidmet. Dazu wird zunächst der Anforderungsbegriff definiert und klassifiziert und es werden die Aktivitäten und die Dokumente vorgestellt, die sich im Rahmen der Anforderungserhebung ergeben. Danach werden die Besonderheiten der Anforderungsanalyse bei Web Anwendungen betrachtet. Grundlage sind die Charakteristika von Web Anwendungen, aus denen sich Besonderheiten für die Anforderungsanalyse ableiten lassen. Es folgt eine eine Übersicht der Probleme im Rahmen der vorvertraglichen Anforderungsanalyse im Praxisprojekt. Das Kapitel schließt mit der Diskussion der Defizite des Requirements-Engineering in der Vorvertragsphase.

In Kapitel 4 wird der die Modeling by Example Methode eingeführt. Dazu werden zunächst die „by Example" Ansätze vorgestellt und deren Ziele erläutert, woraus sich auch das Ziel der MbE-Methode ableitet. Es folgen Anforderungen an die Methode, aus denen dann verschiedene Konzepte abgeleitet werden. Zu nennen sind die semantische Anreicherung von Prototypen in fachlicher, technischer und kalkulatorischer Hinsicht, die Wieder- und Mehrfachverwendung von Mock-Ups und deren Artefakten sowie die integrierte Anforderungsdefinition. Der Bedarf nach einem Werkzeug zur Unterstützung der Methode durchzieht das gesamte Kapitel.

In Kapitel 5 wird das Mobex-Werkzeug vorgestellt. Dazu wird der Aufbau des Tools beschrieben und seine Funktionen vorgestellt. Dabei wird auch darauf eingegangen, wie die Funktionen helfen, die in Kapitel 4 vorstellten Anforderungen an die Methode zu erfüllen. Neben dieser Vorstellung des Werkzeugs existiert noch ein Handbuch zur Software, in welchem die Features genauer spezifiziert sind.

Das letzte Kapitel ist der Evaluation der Methode und des Werkzeugs gewidmet. Zunächst wird vorgestellt, wie die vorvertragliche Anforderungserhebung durchgeführt werden soll und was dies für die betriebliche Praxis bedeutet. Danach werden die Ergebnisse eines Experiments vorgestellt, in dem die Einsparungspotenziale durch die Methode im Vergleich zur klassischen Anforderungserhebung und Dokumentation gegenübergestellt wurden. Im Anschluss werden die Vorteile, die sich durch die Verwendung der Methode im Praxisbeispiel ergeben hätten diskutiert. Die Arbeit schließt mit einer Zusammenfassung der Nutzenaspekte der Methode und dessen Grenzen.

Die Berücksichtigung der Vorvertragsphase im Rahmen der Abwicklung eines Softwareprojektes scheint ein wichtiger und überfälliger Schritt in Richtung einer insgesamt erhöhten Projektqualität zu sein. Ohne eine enge Verzahnung zwischen der Vorvertragsphase eines Software-Projektes und seiner Durchführung, wirken sich Fehler im Rahmen der Angebotsgestaltung direkt auf das Projekt aus. Durch Fehler in der Vorvertragsphase starten Projekte dann bereits in einer Schieflage, die im Projekt nur schwer korrigiert werden kann. Dies gilt insbesondere dann, wenn ein vorher definiertes Budget negativ beeinflusst wird. Eine interessante Fragestellung für zukünftige empirische Arbeiten wäre ein Vergleich der Kosten eines Projektes im Angebot, mit den Kosten, die sich nach der Feinkonzeption und detaillierten Durchdringung des Projektes ergeben haben. Aus der praktischen Erfahrung des Autors liegen hier erhebliche Unter-

# 7 Zusammenfassung und Ausblick

schiede, die sich negativ auf die Erfolgsquoten von Softwareprojekten auswirken, jedoch nicht der mangelhaften Umsetzungsqualität geschuldet sind, sondern schlicht dem Zeitmangel in der Vorvertragsphase.

Die aufgezeigten Lösungsmöglichkeiten über eine technische Unterstützung der Vorvertragsphase und eine Berücksichtigung domänenspezifischer Besonderheiten stellen Ideen dar, die es zu evaluieren gilt. Dabei ist der Blick auf Nachbardisziplinen, wie den Maschinenbau oder die Architektur sinnvoll und hilfreich.

Die vorliegende Methode kombiniert bekannte Methoden der Anforderungserhebung und Dokumentation, wendet sie gezielt auf eine bestimmte Domäne an und wird durch ein Werkzeug unterstützt. Auch in anderen Bereichen, für die Software erstellt werden muss, wie der Automotive Sektor oder der Bereich Betriebswirtschaftlicher Anwendungen, sollte über neue Methoden und Möglichkeiten der Anforderungserheben und Dokumentation nachgedacht werden. Eine Integration bzw. Berücksichtigung der Vorvertragsphase für alle Arten kommerzieller Softwareentwicklung ist zwingend notwendig, da hier bereits wesentliche Projektparameter gesetzt werden.

# Literaturverzeichnis

*Albach, H. et al.* 1999:
Die Theorie der Unternehmung in Forschung und Praxis, Berlin 1999.

*Albers, S. / Söhnchen, F.* 2005:
Akquisitionsmanagement im industriellen Projektgeschäft, in Zeitschrift für Betriebswirtschaftslehre, ZfB-Special Issues 2/2005, S. 59-80.

*Albert, D. / Mast, M. / Burmester, M.* 2009:
Nutzererwartungen zur Position von Interface-Elementen auf Webseiten im internationalen Vergleich, http://www.hdm-stuttgart.de/forschung_transfer/iaf/institute/IIDR/UX/publications/Albert%20et%20al.%20(2010)%20-%20Positionserwartungen.pdf , aufgerufen am 03.03.2011.

*Alby, T.* 2008:
Web 2.0 – Konzepte, Anwendungen, Technologie, 3. Aufl., München 2008.

*Andresen, A.* 2004:
Komponentenbasierte Software Entwicklung mit MDA, UML 2 und XML, 2. Auflage, Kollmar 2004.

*Arnold, G.* 1967:
Organisation der Betriebsstruktur, Berlin 1967.

*Back, L. / Beuttler, S.* 2003:
Handbuch Briefing: Effiziente Kommunikation zwischen Auftraggeber und Dienstleister, Berlin, 2003.

*Backhaus, K. / Voeth, M.* 2010:
Industriegütermarketing, 9. Auflage, Münster, Hohenheim 2010.

*Balzer, L.* 2005:
Wie werden Evaluationsprojekte erfolgreich? Ein integrierender theoretischer Ansatz und eine empirische Studie zum Evaluationsprozess, Landau 2005.

*Balzert, H.* 2000:
Lehrbuch der Software Technik: Basiskonzepte und Requirements-Engineering, 2. Auflage, Bochum 2000.

*Balzert, H.* 2008:
Lehrbuch der Software-Technik: Softwaremanagement, 2. Auflage, Bochum 2008.

*Balzert, H.* 2009:
Lehrbuch der Software Technik: Basiskonzepte und Requirements-Engineering, 3. Auflage, Bochum 2009.

*Baskerville, R. / Pries-Heje, J.* 2010:
Erklärende Designtheorie, in Wirtschaftsinformatik 5/2010, S. 259-271.

*Bauer, R.A.* 1960:
Consumer Behavior as Risk Taking. in: Hancock, R.S. (Hrsg.): Dynamic Marketing for a Chaning World. Proceedings of the 43rd National Conference of the American Marketing Association, vol. 25, Chicago 1960, S. 389-398.

*Bea, F.X., Dichtl, E. / Schweitzer, M.* 1991:
Allgemeine Betriebswirtschafslehre, Stuttgart 1991.

*Beck, K.* 2003:
Extreme Programming: Das Manifest, Oregon 2003.

*Beckers, J. / Wallner, G.* 2010:
IT-Einkauf ohne Reue, in: Wirtschaftsinformatik und Management 01/2010, S. 52-58.

*Beier, M. / von Gizycki, V.* 2001:
Usability: Nutzerfreundliches Web-Design, Berlin 2001.

*Bell, A.E.* 2004:
Death by UML Fever, http://queue.acm.org/detail.cfm?id=984495,aufgerufen am 03.02.2011.

*Bergner, K. / Jacobi, C. / Rausch, A. / Sihling, M. / Vilbig, A.* 2001:
Make-or-Buy von Softwarekomponenten, in: OBJEKTspektrum 1/2001, S. 17.

*Bernard, M.L.* 2000:
Examining user expectations of the location of web objects, Internetworking 3-3, http://www.internettg.org/newsletter/dec00/article_bernard.html, aufgerufen am 01.02.2011.

*Beschnitt, M.* 2010:
Usability-Test – 16 Methoden zur Messung der Usability, http://www.online marketing-praxis.de/web-usability/usability-test-16-methoden-zur-messung-der-usability, aufgerufen am 17.08.2011.

*Biethahn, J. / Mucksch, H. / Ruf, W.* 2004:
Ganzheitliches Informationsmanagement, Band 1: Grundlagen, 6. Auflage, Friedberg, Albstadt 2004.

*Bleicher, K.* 1991:
Organisation, 2. Auflage, Wiesbaden 1991.

*Blohm, H.* 1977:
Organisation, Information und Überwachung, Wiesbaden 1977.

*Boehm, B.* 2000:
Requirements that Handle IKIWISI, COTS, and Rapid Change, IEEE Computer, 33 (7): Seite 99-102, IEEE Computer Society, New York 2000.

*Boiko, B.* 2002:
Content Management Bible, News York 2002.

*Bolle, R. M. / Connell, J. H. / Pankanti, S. / Ratha, N. K. / Senior, A. W.* 2004:
Guide to Biometrics, New York 2004.

*Booch, G. / Rumbaugh, J. / Jacobson, I.* 1999:
Das UML-Benutzerhandbuch, Santa Clara 1999.

*Booch, G.* 1994:
Objektorientierte Analyse und Design, mit praktischen Anwendungsbeispielen, Bonn 1994.

*Brambilla, M. / Comai, S. / Fraternali, P. / Matera, M.* 2008:
Designing Web Applications with Webml and Webratio. In G. Rossi, O. Pastor, D. Schwabe, & L. Olsina, Web Engineering: Modeling and Implementing Web Applications, London, S. 221-261.

*Braude, E.-J. / Bernstein, M.-E.* 2010:
Software-Engineering: Modern Approaches, 2. Aufl., Boston 2010.

*Brennan, R. / Canning, L. / McDowell, R.* 2008:
Business-to-Business-Marketing, London 2008.

*Broy, M. /* Steinbrüggen, *R.* 2004
Modellbildung in der Informatik, München 2004.

*Bruhn, M.* 2010:
Marketing: Grundlagen für Studium und Praxis, 10. Aufl., Basel 2010.

*Bucher, H.-J. / Jäckel, M.* 2002:
E-Business-Plattformen im Usability-Test, in Bucher, H.-J. / Jäckel, M. (Hrsg.): Die Kommunikationsqualität von E-Business-Plattformen, Trier 2002, S. 21-50.

*Bundschuh, M. / Fabry, A.* 2004:
Aufwandschätzung von IT Projekten, Bergisch Gladbach, Rösrath 2004.

*Butz, A. / Hussmann, H. / Malaka, R.* 2009:
Medieninformatik: Eine Einführung, Bremen, München 2009.

*Casteleyn, S. / Daniel, F. / Dolog, P. / Maristella, M.* 2009:
Engineering Web Applications, Brüssel, Trento, Aalborg, Mailand 2009.

*Ceri, S. / Daniel, F. / Materna, M.* 2000:
Web Modeling Language (WebML): a Modeling language for designing Web sites, in: Proceedins WWW9 Conference, Amsterdam, Mai 2000.

*Coad, P. / Yourdon, E.* 1994:
Objekt-orientierte Analyse, München 1994.

*Cockburn, A.* 2008:
Use Cases effektiv erstellen, Salt Lake City 2008.

*Corsten, H. / Gössinger, R.* 2007:
Dienstleistungsmanagement, 5. Aufl., München, Dortmund 2007.

*Costabile, M.F.* 2000:
Usability in the Software Life Cycle, aufgerufen am 20.09.2011.

*Cox, B.- J.* 1986:
Object-Oriented Programming: An Evolutionary Approach, Connecticut 1986

*Cutter Consortium* 2000:
Poor project Management number-one problem of outsorced E-projects, http://www.cutter.com/research/2000/crb001107.html (Aufgerufen am 30.11.2008)

*Dahm, M.* 2006:
Grundlagen der Mensch-Computer Interaktion, Düsseldorf 2006.

*Dannenberg, H. / Zupancic, D.* 2008:
Spitzenleistungen im Vertrieb: Optimierung im Vertriebs- und Kundenmanagement, Meerbusch, St. Gallen 2008.

*DeMarco, T.* 1979:
Structured Analysis and System Specification, New Yourk 1979.

*Dumke, R. / Mathias, L. / Wille, C. / Zbrog, F.* 2003:
Web Engineering, Magdeburg 2003.

*Dumke, R.* 2003:
Software-Engineering: Eine Einführung für Informatiker und Ingenieure: Systeme, Erfahrungen, Methoden, Tools, 4. Aufl., Magdeburg 2003.

*Dzida, W. / Freitag, R.* 1998:
Making Use of Scenarios for Validating Analysis and Design, IEEE Transactions on Software-Engineering Vol. 24, Nr. 12, S. 1182-1196, 1998.

*Eilmann, S. / Behrend, F. / Hübner, R. / Weitlander, E.* 2011:
Interessengruppen / Interessierte Parteien, in: Gessler, M. (Hrsg.): Kompetenzbasiertes Projektmanagement, 4. Aufl., Nürnberg 2011.

*Engeln, W.* 2006:
Methoden der Produktentwicklung, München 2006.

# Literaturverzeichnis 231

*Flinders, K.* 2010:
Using pictures to explain software requirements could save billions, http://www.computerweekly.com/Articles/2010/10/25/243517/Using-pictures-to-explain-software-requirements-could-save-billions-says.htm, aufgerufen am 10.11.2010.

*Frank, U.* 2008:
Konstruktionsorientierter Forschungsansatz, http://enzyklopaedie-der-wirtschaftsinformatik.de/wi-enzyklopaedie/lexikon/uebergreifendes/Forschung-in-WI/Konstruktionsorientierter-Forschungsansatz, aufgerufen am 03.04.2013.

*Franz, K.* 2007:
Handbuch zum Testen von Web-Applikationen, Berlin, Heidelberg 2007.

*Friedrich, J. / Hammerschall, U. / Kuhrmann, M. / Sihling, M.* 2009:
Das V-Modell XT: Für Projektleiter und QS-Verantwortliche kompakt und übersichtlich, München 2009.

*Frühauf, K. / Ludewig, J. / Sandmayr, H.* 2007:
Software-Prüfung: Eine Anleitung zum Test und zur Inspektion, Zürich 2007.

*Funkhouser T. et al.* 2004:
Modeling by Example, http://www.cs.princeton.edu/~funk/sig04a.pdf; aufgerufen am 20.01.2011.

*Gallagher, B.P. / Phillips, M. / Richter, K. / Shrum, S.* 2010:
CMMI for Acquisition: Guidelines for Improving the Acquisition of Products and Services, New-York 2010.

*Glebas, F.* 2008:
Directing the Story: Professional Storytelling and Storyboarding Techniques for Live Action and Animation, Butterworth 2008.

*Gordon, V.S. / Bieman, J.M.* 1995:
Rapid Prototyping: Lessons Learned, in: IEEE Software, 12(1), January 1995, S. 85-95.

*Gregus, K.* 2011:
Vertrieb: Gehalt ist abhängig vom Erfolg, http://www.staufenbiel.de/ratgeber-service/gehalt/einstiegsgehalt/vertrieb.html, aufgerufen am 08.05.2012.

*Grotenhoff, M. / Stylianakis, A.* 2001:
Website Konzeption: Von der Idee zum Storyboard, Bonn 2001.

*Grünbacher, P.* 2003:
„Requirements-Engineering für Web-Anwendungen." In: Kappel, G., Pröll, B., Reich, S. Retschitzegger, W. (2003) „Web-Engineering." Systematische Entwicklung von Webanwendungen 2003.

*Grutzeck, M.* 2005:
Der Prozeßgedanke im Vertrieb, http://www.org-portal.org/fileadmin/media/legacy/Der_Prozessgedanke_im_Vertrieb.pdf, aufgerufen am 09.09.2010.

*Günther, B. / Kuhl, M.* 2000:
Industrielles Beschaffungsmanagement, in: Kleinaltenkamp, M., Plinke, W., Technischer Vertrieb, 2. Aufl., Berlin 2000.

*Haas, M.* 2008:
Fachabteilungen sprechen bei IT-Entscheidungen immer mehr mit, http://www.pcwelt.de/start/software_os/office/news/173578/fachabteilungen_sprechen_bei_it_entscheidungen_immer_mehr_mit/, aufgerufen am 04.08.2009

*Hahn, R.* 2002:
Projektmanagement für Ingenieure, Weinheim 2002.

*Hansen, H.R. / Neumann, G.* 2005:
Wirtschaftsinformatik 1, Grundlagen und Anwendungeen, 9. Aufl., Wien 2005.

*Hartson, H.R. / Hix, D.* 1993:
Developing User Interfaces, New York, 1993.

*Heinrich, L. J. / Burgholzer, P.* 1991:
Systemplanung, 5. Auflage, Linz, Nettingsdorf 1991.

*Heinrich, L. J.* 1997:
Management von Informatik Projekten, Linz 1997.

*Heitsch, D.* 1983:
Das erfolgreiche Verkaufsgespräch, Landsberg am Lech 1983.

*Henn, H.* 2007:
Mit Systematik zum Vertriebserfolg, in salesBusiness, 09/2007, S. 34-37.

*Hickmann, J.* 2010:
Interviews mit Vertriebsmitarbeitern für Internet basierte Systeme, Trier 2010.

*Hindel, B. / Hörmann, K. / Müller, M. / Schmied, J.* 2004:
Basiswissen Softwareprojektmanagement: Aus und Weiterbildung zum Certified Projekt Manager nach dem iSQI-Standard, Erlangen, Stuttgart 2004.

*Höhn, R. / Höppner, S.* 2008:
Das V-Modell XT: Grundlagen, Methodik Und Anwendungen, Berlin, Wien 2008.

*Hummel, O.* 2011:
Aufwandsschätzungen in der Software- und Systementwicklung kompakt (IT kompakt), Karlsruhe 2011.

*Immes, S.* 1993:
Wahrgenommenes Risiko bei der industriellen Kaufentscheidung, Trier 1993.

*Jacobsen, J.* 2011:
Website-Konzeption: Erfolgreiche Websites planen, umsetzen und betreiben, 6. Auflage, München 2011.

*Jarrett, C. / Gaffney, G.* 2009:
Forms that Work: Designing Web Forms for Usability, Leighton Buzzard, Melbourne 2009.

*Johnson, J.* 1995:
The dollar drain of IT Project Failures, in Application Development Trends, Vol.2, Nr.1, Januar 1995.

*Jorgensen, M.* 2004:
A review of studies on expert estimation of software development effort, The Journal of Systems and Software 70/2004, S. 37-60, http://www.idi.ntnu.no/grupper/su/publ/ebse/RK15-reviewexpertestim-jorgensen-jss04.pdf, aufgerufen am 01.07.2011.

*Kalenborn, A. / Fetzer, K.* 2012:
Modelling by Example: Ein Ansatz zur Unterstützung der Vorvertragsphase Internet basierter Soft-ware Projekte, Praxisforum der Fachtagung Modellierung 2012, http://qfam.gi.de/fileadmin/user_upload/PraxiforumModellierung 2012/Modelling-by-example_Kalenborn_Fetzer_01.pdf, aufgerufen am 02.02.2013.

*Kalenborn, A. / Timm, I.* 2012:
Der Einfluss der Vorvertragsphase auf die Qualität von IT-Projekten, in Linssen, O. / Kurmann, K. (Hrsg.): Qualitätsmanagement und Vorgehensmodelle - 19. Workshop der Fachgruppe Vorgehensmodelle im Fachgebiet Wirtschaftsinformatik, S. 91-100, Trier 2012.

*Kalenborn, A.* 2010:
Modelling by Example: Requirements engineering during the bidding stage of dialog-oriented software projects, 1st Workshop RE in Small Companies (RESQ), S. 158-167, Trier 2010.

*Kappel, G. / Nierstrasz, O.* 1989:
Prototyping in einer objektorientierten Entwicklungsumgebung, http://scg.unibe.ch/archive/osg/Kapp89aPrototyping.pdf, aufgerufen am 01.04.2010.

*Kappel, G. / Pröll, B. / Reich, S. / Retschitzegger, W.* 2004:
Web Engineering: Systematische Entwicklung von Web Anwendungen, Wien, Linz, Salzburg 2004.

*Kastens, U. / Kleine-Büning, H.* 2005:
Modellierung: Grundlagen und formale Methoden, Paderborn 2005.

*Keynes, J.M.* 1936:
Allgemeine Theorie, Berlin 1936.

*Kieser, A.* 1992:
Organisation, 3. Auflage, Berlin 1992.

*Kleinaltenkamp, M. / Haase, M.* 1999:
Theorie der Unternehmung, in: Wissenschaft und Praxis, Berlin et al. 1999, S. 167-194.

*Kleinaltenkamp, M.* 1999:
Wettbewerbsstrategie, in: *Kleinaltenkamp, M., Plinke, W.* (Hrsg): Strategisches Business-to-Business Marketing, Berlin, Heidelberg, New York, 1999.

*Koch, D.* 2006:
Typo3 und Typoscript: Webseiten programmieren, Templates erstellen, Extensions entwickeln, Hamburg 2006.

*Koch, N. / Knapp, A. / Zhang, G. / Baumeister, H.* 2008:
UML-based Web Engineering: An Approach based on Standards. In G. Rossi, O. / Pastor, D. / Schwabe, L. / Olsina, W., Web Engineering: Modeling and Implementing Web Applications, S. 157-191.

*Koch, N. / Kraus, A.* 2002:
The Expressive Power of UML-based Web Engineering. Second Int. Worskhop on Web-oriented Software Technology (IWWOST'02), 2002.

*Köhler, P.T.* 2005:
Prince 2: Das Projektmanagement-Framework, Berlin, Heidelberg.

*Kollmann, T. / Häsel, M.* 2007:
Web 2.0: Trends und Technologien im Kontext der Net Economy, Wiesbaden 2007

*König, A.* 2010:
Gartner nennt die IT-Trends nach 2010, http://www.computerwoche.de/subnet/hp-intel/1928569/, aufgerufen am 10.02.2011.

# Literaturverzeichnis

*Kosiol, E.* 1962:
Das Unternehmen als Organisation, Wiesbaden 1962.

*Kotler, P. / Amstrong, G. / Saunders, J. / Wong, V.* 2011:
Grundlagen des Marketing, 5. Aufl., Evanston, Chapel Hill, Birmingham 2011.

*Kotler, P. / Keller, K.L. / Bliemel, F.* 2007:
Marketing-Management: Strategien für wertschaffendes Handeln, 12. Aufl., Evanston, Hannover, Kaiserslautern 2007.

*Kotler, P. / Rackham, N. / Krishnaswamy, S.* 2006:
Ending the War between Sales and Marketing, in Harvard Business Review 07/08 2006, S. 3-14.

*Kruchter, P.* 2004:
The Rational Unified Process: An Introduction, Vancouver 2004.

*Kruczynski, K.* 2008:
Prozessmodellierung im Wettbewerb: EPK vs. BPMN, in: IS Report 6/2008, S. 30-35.

*Krumnow, S. / Decker, G. / Weske, M.* 2008:
Modellierung von EPKs im Web mit Oryx, http://ceur-ws.org/Vol-420/paper1.pdf, aufgerufen am 10.10.2011.

*Lang, M. E. / Wissen, M. / Ziegler, J.* 2007:
Modellgetriebene Generierung von Webanwendungsprototypen, in: Gross, T. (Hrsg.): Mensch & Computer 2007: Konferenz für interaktive und kooperative Medien. München, S. 257-260, 2007.

*Lauber, R. / Göhner, P.* 1999:
Prozessautomatisierung, Bd. 2: Modellierungskonzepte und Automatisierungsverfahren, Berlin, Heidelberg 1999.

*Laudon, K. C. / Laudon, J. P. / Schoder, D.* 2010:
Wirtschaftsinformatik: Eine Einführung, 2. Aufl., New York, Köln 2010.

*Lauesen, S.* 2005:
User interface design: a Software-Engineering perspective, Copenhagen 2005.

*Lazar, J. / Feng, J.-H. / Hochheiser, H.* 2010:
Research Methods in Human-Computer Interaction, Townson 2010.

*Lechner, S.* 2004:
Web-Scheme Transformers By-Example, Johann Kepler Universität, Linz.

*Little, J.D.C.* 1969:
Models and Managers: The Concept of a Decision Calculus, Cambridge 1969.

*Ljaci, N.* 2010:
Integration von Mock-Up-Konzepten in die Spezifikation grafischer Bedienoberflächen, Augsburg 2010.

*Loranger, H. / Nielsen, J.* 2006:
Web Usability, Fremont 2006.

*Ludewig, J. / Lichter, H.* 2010:
Software-Engineering: Grundlagen, Menschen, Prozesse, Techniken, Stuttgart, Aachen 2010.

*Maas, M.* 2006:
Praxiswissen Vertrieb: Berufseinstieg, Tagesgeschäft und Erfolgsstrategien, 4. Auflage, Wiesbaden 2006.

*Mäder R.* 2005:
Messung und Steuerung von Markenpersönlichkeiten: Entwicklung eines Messinstrumentes und Anwendung in der Werbung mit prominenten Testimonials, Mannheim 2005.

*McConnel, S.* 2006:
Aufwandschätzung bei Softwareprojekten, Washington 2006.

*Meffert, H. / Bruhn, M.* 2006:
Dienstleistungsmarketing: Grundagen – Konzepte – Methoden, 5. Aufl., Münster, Basel 2006.

*Meffert, H. / Burmann, Ch. / Kirchgeorg, M.* 2012:
Marketing: Grundlagen marktorientierter Unternehmensführung. Konzepte- Instrumente- Praxisbeispiele, 11. Aufl., Münster, Bremen, Leipzig 2012.

*Missal, S.* 2008:
SMART-Analyse zur Zieldefinition im Prozessmanagement, http://www.coaching-berlin-report.de/strategisches-personalmanagement/smart-analyse-zur-zieldefinition-im-prozessmanagement.html, aufgerufen am 15.06.2011.

*Molokken, K. / Jorgensen, M.* 2003:
A review of software surveys on software effort estimation, International Symposium on Empirical Software-Engineering (ISESE), Lysaker 2003, S. 223 – 230.

*Morville, P. / Rosenfeld, L.* 2007:
Information architecture for the World Wide Web, 3. Aufl., Ann Arbor, Brooklyn 2007.

*Myers, B.A.* 1986:
Visual Programming, programming by example, and program visualization: a taxonomy, Proceedings of the SIGCHI conference on Human factors in computing systems, S. 59-66, ACM, New York.

*Niegemann, H.M. et al.* 2008:
Kompendium multimediales Lernen, Heidelberg 2008.

*Nordsieck, F.* 1934:
Grundlagen der Organisationslehre, Stuttgart 1934.

*Nuseibeh, B.* 2001:
Weaving the Software Development Process between Requirements and Architecture, From Software Requirements to Architecture, Proceedings of the ICSE 2001 STRAW Workshop Toronto 2001.

*o.V, Specification Requirements Interchange Format (RIF)* 2005:
HIS Members and Partners, http://www.automotive-his.de/rif/download/Docu_Requirements_Interchange_Format.pdf, aufgerufen am 13.09.2011.

*o.V. Typo3*:
http://de.wikipedia.org/wiki/TYPO3, aufgerufen am 18.11.2012.

*o.V., Axure*:
Axure Software Solutions Incorporated, http://www.axure.com/, aufgerufen am 22.11.2010.

*o.V., Bund der Public Relations Agenturen der Schweiz (BPRA)*:
Wettbewerbspräsentation – eine Checkliste für Veranstalter, http://www.bpra.ch/files/Wettbewerbspraesentation__eine_1362.pdf, aufgerufen am 30.07.2009.

*o.V., Bundesministerium für Wirtschaft und Technologie* 2009:
Bekanntmachung der Vergabe- und Vertragsordnung für Leistungen – Teil A (VOL A), http://www.bmwi.de/BMWi/Redaktion/PDF/Gesetz/verdingungsordnung-fuer-leistungen-vol-a-2009,property=pdf,bereich=bmwi,sprache=de,rwb=true.pdf, aufgerufen am 24.08.2010.

*o.V., Bundesverband digitale Wirtschaft (BVDW)* 2004:
Empfehlung Wettbewerbspräsentationen (Pitches), http://www.bvdw.org/fileadmin/downloads/wissenspool/mustervertraege/bvdw_mustervertraege_argumentationshilfe-pitching_20040920.pdf, aufgerufen am 30.07.2009.

*O.V., IBM* 1991:
Systems Application Architecture: Common User Access: Guide to User Interface Design, Document SC34-4289-00 1991.

*o.V., Institute of Electric and Electronic Engineers* 1990:
IEEE Standard Glossary of Software-Engineering Terminology (IEEE Std 610.12-1990), New York 1990.

*o.V., ISO - International Organization for Standardization* 2012:
ISO 9241 Standards, http://www.iso.org/iso/search.htm?qt=9241& published=on&active_tab=standards, aufgerufen am 12.09.2012.

*o.V., Justinmind Prototyper*:
Justinmind, http://www.justinmind.com/, aufgerufen am 22.11.2010.

*o.V., MockFlow*:
A Produle Systems (P) Limited, http://www.mockflow.com/, aufgerufen am 22.07.2011.

*o.V., Object Management Group* 2011:
Requirements Interchange Format (ReqIF): Version 1.0.1, http://www.omg.org/cgi-bin/doc?formal/2011-04-02.pdf, ausgerufen am 01.03.2012.

*o.V., ProtoShare*:
Site9 Incorporated, http://www.protoshare.com/, aufgerufen am 22.11.2010.

*o.V., VDI-Gesellschaft Entwicklung Konstruktion Vertrieb* 2001:
VDI-Richtlinie 2519-Blatt 1. Vorgehensweise bei der Erstellung von Lasten-/Pflichtenheften, Berlin 2001.

*o.V., V-Modell® XT*:
http://ftp.tu-clausthal.de/pub/institute/informatik/v-modell-xt/Releases/1.3/V-Modell-XT-Gesamt.pdf, Aufgerufen am 12.10.2009.

*Object Management Group* 2005:
Unified Modeling Language: Superstructure V 2.0, http://www.omg.org/spec/UML/2.0/Superstructure/PDF/, aufgerufen am 03.02.2011.

*Olsen, H.* 2002:
Results from a survey of web prototyping tools usage, http://www.guuui.com/issues/01_03_02.php, aufgerufen am 09.05.2011.

*Olsen, H.* 2007:
The dark side of prototyping: How to steer clear of the pitfalls in prototyping, http://www.guuui.com/issues/01_07.php, aufgerufen am 09.05.2011.

*Oppermann, R. / Murchner, M. / Paetau, M. / Pieper, M. / Simm, H. / Stellmacher, I.* 1988:
Evaluation von Dialogsystemen, St. Augustin, 1988.

*Österle, H./ Becker, J. / Frank, U. et al.* 2010:
Memorandum zur gestaltungsorientierten Wirtschaftsinformatik. In: Zeitschrift für betriebswirtschaftliche Forschung. Heft 11, 2010, S. 664-669.

# Literaturverzeichnis

*Osterrieder, H.* 2008:
Projektmanagement für Studierende, Berlin 2008.

*Paech, B. / Heinrich, R. / Zorn-Pauli, G. / Jung, A. / Tadjiky, S.* 2012:
Answering a Request for Proposal – Challenges and Proposed Solutions, in 19th International Working Conference REFSQ, Essen 2013.

*Partsch, H.* 2010:
Requirements-Engineering systematisch, 2. Aufl., Ulm 2010.

*Pepels, W.* 2004:
Marketing, 4. Aufl., Gelsenkirchen 2004.

*Pepels, W.* 2005:
Käuferverhalten: Basiswissen für Kaufentscheidungen von Konsumenten und Organisationen, Krefeld 2005.

*Pepels, W.* 2007:
Vertriebsmanagement in Theorie und Praxis, Krefeld 2007.

*Picot, A. / Reichwald, R. / Wigand, R.T.* 2003:
Die grenzenlose Unternehmung: Information, Organisation und Management, 5. Aufl., München, Little Rock 2003.

*Plewan, H.J.* 2006:
Methodische Aufwandsschätzung aus Sicht eines agilen Projektmanagements, http://www.f-i-solutions-plus.de/wp-content/uploads/2011/02/white paperagilespm.pdf, aufgerufen am 01.07.2011.

*Poesgen, B./Bock, B.* 2005:
Function-Point-Analyse: Ein Praxisbuch, Wiesbaden 2005.

*Pohl, K. / Rupp. C.* 2010:
Basiswissen Requirements-Engineering, 2. Aufl., Heidelberg, 2010.

*Pohl, K.* 2008:
Requirements-Engineering: Grundlagen, Prinzipien, Techniken, 2. Auflage, Essen 2008.

*Porter, M.* 1989:
Wettbewerbsvorteile, Frankfurt a.M., New York 1989.

*Powell, T.A. / Jones, D. / Cutts, D.* 1999:
Web Site Engineering: Beyond Web Page Design 1999.

*Puscher, F.* 2009:
Leitfaden Web-Usability: Strategien, Werkzeuge und Tipps für mehr Benutzerfreundlichkeit, Hamburg 2009.

*Rautenstrauch, C. / Schulze, T.* 2003:
Informatik für Wirtschaftswissenschaftler und Wirtschaftsinformatiker, Magdeburg 2003.

*Recknagel, M. / Rupp, C.* 2006:
Messbare Qualität in Anforderungsdokumenten, in: OBJEKTspektrum Ausgabe 04/2006, S. 20-26.

*Rentzsch, H. P.* 1998:
Kundenorientiert verkaufen im Technischen Vertrieb: Erfolgreiches Beziehungsmanagement im Business-to-Business, Nidderau 1998.

*Ripperger, T.* 2003:
Ökonomik des Vertrauens: Analyse eines Organisationsprinzips, 2. Aufl., Tübingen 2003.

*Rißka, V.* 2010:
Smartphone-Markt mit rasanten Zuwachszahlen, URL: http://www.computerbase.de/news/consumer-electronics/kommunikation/2010/februar/smartphone-markt-mit-rasanten-zuwachszahlen/, aufgerufen 07.10.2011.

*Robertson, S. / Roberston, J.* 2006:
Mastering the Requirements Process, 2. Aufl., Upper Saddle River 2006.

*Rockley, A. / Kostur, P. / Manning, S.* 2003:
Managing enterprise content: a unified content strategy, Toronto, Schomberg 2003.

*Rossi, G. / Pastor, O. / Schwabe, D. / Olsina, L.* 2008:
Web Engineering: Modeling and Implementing Web Applications, Stanford 2008.

*Rupp, C. / Simon, M. / Hocker, F.* 2009:
Requirements-Engineering und Management, in: HMD Praxis der Wirtschaftsinformatik, Heft 267, 06/2009, S. 95-104.

*Rupp, C.* 2007:
Requirements-Engineering und Management: Professionelle, iterative Anforderungsanalyse für die Praxis, Nürnberg 2007.

*Ruppach, M.* 2007:
Der Zweck einzelner Diagrammtypen in der UML, http://www.wi.hs-wismar.de/~laemmel/Lehre/WA/Artikel/ruppach-UML.pdf, ausgerufen am 15.06.2011.

*Sarodnick, F. / Brau, H.* 2011:
Methoden der Usability Evaluation: Wissenschaftliche Grundlagen und praktische Anwendung, 2. Aufl., Frankfurt am Main, München 2011.

# Literaturverzeichnis

*Schäling, B.* 2010:
Der moderne Softwareentwicklungsprozess mit UML, http://www.highscore.de/uml/, aufgerufen am 15.06.2011.

*Scharbert, K.* 2005:
Requirements Analysis realisieren: Praktischer Leitfaden für die Anforderungsanalys bei IT-Projekten – Kundenanforderungen erfragen, verstehen und spezifizieren, München 2005.

*Scharf, A. / Schubert, B.* 2001:
Marketing, 3. Aufl. Stuttgart 2001.

*Schatten, A. / Biffl, S. / Demolsky, M. / Gostischa-Franta, E. / Östreicher, Th. / Winkler, D.* 2010:
Best Practise Software-Engineering: Eine praxiserprobte Zusammenstellung von komponentenorientierten Konzepten, Methoden und Werkzeugen, Wien 2010.

*Scheer, A.W.* 1992:
Architektur integrierter Informationssysteme, Saarbrücken 1992.

*Scheer, A.W.* 1997:
Wirtschaftsinformatik: Referenzmodelle für industrielle Geschäftsprozesse, 2. Aufl., Saarbrücken 1997.

*Schneidermann, B.* 2002:
User Interface Design, Maryland 2002.

*Schumann, M. / Schüle, H. / Schumann, U.* 1994:
Entwicklung von Anwendungssystemen: Grundzüge eines werkzeuggestützten Vorgehens, Göttingen, Wolfsburg 1994.

*Schwaiger, M.* 2009:
UML 2.0 in der Praxis, Wien 2009.

*Schweitzer, P.* 2003:
Handbuch der Webgestaltung: Eine konzeptionelle Einführung in professionelles Webdesign, Bonn 2003.

*Seibert, S.* 1998:
Technisches Management: Innovationsmanagement, Projektmanagement, Qualitätsmanagement, Dieburg 1998.

*Sikos, L.F.* 2011:
Web Standards: Mastering Html5, Css3 and Xml, Bowden 2011.

*Simon, C.* 2006:
Systemanalyse & Design, http://www.uni-koblenz.de/FB4/Institutes/IfM/ WorkingGroups/AGDiller/People/CarloSimon/TeachingFolder/WS0607/ prototyping.pdf, aufgerufen am 15.05.2010.

*Sneed, H.M.* 2005:
Softwareprojektkalkulation, praxiserprobte Methoden der Aufwandsschätzung für verschiedene Projektarten, Budapest 2005.

*Sollbach, W. / Thome, G.* 2008:
Information Lifecycle Management, Lienen, Aachen 2008.

*Sommerville, I.* 2007:
Software-Engineering, 8. Aufl., St. Andrews 2007.

*Stahlknecht, P. / Hasenkamp, U.* 2005:
Einführung in die Wirtschaftsinformatik, 11. Aufl., Osnabrück, Marburg 2005.

*Stolle, R. / Herrmann, M.* 2006:
Angebotsmanagement professionell: Erfolgreich vom Angebot bis zum Vertragsabschluss, 2006.

*Stolz, C.D.* 2010:
Erfolgsmessung Informationsorientierter Websites, 2.Auflage, Ingolstadt 2010.

*Stoyan, R.* 2004:
Management von Webprojekten: Führung, Projektplan, Vertrag, Springer Verlag, Frankfurt am Main 2004.

*Strauß, F.* 2003:
Ergonomische Gestaltung von Dialogoberflächen, in: Siedersleben, J. (Hrsg.): Softwaretechnik: Praxiswissen für Softwareingenieure, München 2003, S. 65-87.

*Strauß, F.* 2004:
Requirements-Analyse und Spezifikation bei Individualsoftware, in: Keil-Slawig, R. Selke, R. / Swillus (Hrsg.): Mensch & Computer 2004: Allgegenwärtige Interaktion, München 2004.

*Strauß, F.* 2004:
Requirements-Analyse und Spezifikation bei Individualsoftware, http://www.mprove.de/script/04/muc/_media/strauss.pdf aufgerufen am 10.02.2011.

*Szabo, G. / Huberman, B.A.* 2010:
Predicting the popularity of Online Content, in: ACM Transactions on Internet Technology 8, 53, 80–88.

# Literaturverzeichnis

*Thaller, G. R.* 2002:
Software-Anforderungen für Webprojekte, Bonn 2002.

*The Standish Group* 2004:
Chaos Demographics, http://www.standishgroup.com, aufgerufen am 30.11.2008.

*Thesmann, S.* 2010:
Einführung in das Design multimedialer Webanwendungen, Pforzheim 2010.

*Tratar, E.* 2006:
Anforderungen erfassen, aber mit System; Modellbasiertes Requirements-Engineering,
http://www.gebit.de/aktuelles/infomaterial/MDRE_OS_06_06.pdf, aufgerufen am 22.06.2012.

*von Gizycki, V. / Beier, M.* 2002:
Usability: Nutzerfreundliches Web Design, Berlin, 2002.

*Von Obert, A.* 2003:
Was ist Single-Source-Publishing?, http://www.techwriter.de/beispiel/wasistsi.htm, aufgerufen am 19.07.2011.

*Webster, F.E. / Wind, Y.* 1972:
A general model for understanding organizational buying behaviour, in: Journal of Marketing, 36(2), S. 12-19.

*Weiber, R. / Jacob, F.* 2000:
Kundenbezogene Informationsgewinnung, in: *Kleinaltenkamp, M. / Plinke, W.* (Hrsg.): Technischer Vertrieb - Grundlagen, 2. Aufl., Berlin, S. 523-612.

*Weis, H.C.* 1993:
Verkauf, Mönchengladbach 1993.

*Wilhelm, T. / Yom, M. / Wohlfahrt, J.* 2011:
Aus dem Usability Labor – Erwartungskonforme Webseitengestaltung, http://www.marke-x.de/deutsch/webmarketing/archiv/usability_labor.htm, aufgerufen am 03.06.2011.

*Winkelmann, P.* 2004:
Marketing und Vertrieb 4. Auflage, München 2004.

*Winkelmann, P.* 2005:
Vertriebskonzeption und Vertriebssteuerung: Die Instrumente des integrierten Kundenmanagement (CRM), 3. Aufl., München 2005.

*Winter, R. / Baskerville, R.* 2010:
Methodik der Wirtschaftsinformatik, in Wirtschaftsinformatik 5/2010, S. 257-258.

*Wirdemann, R.* 2009:
Scrum mit User Stories, Hamburg 2009.

*Wolf, H. / Roock, S. / Lippert, M.* 2005:
Extreme Programming: eine Einführung mit Empfehlungen und Erfahrungen aus der Praxis, Hamburg 2005.

*Wossidlo, P.R.* 1970:
Unternehmenswirtschaftliche Reservierung, Berlin 1970.

*Yourdon, E.* 1999:
Modern Structured Analysis, Englewood Cliffs 1999.

*Zarnekow, R. / Brenner, W. / Pilgram, U.* 2005:
Integriertes Informationsmanagement: Strategien und Lösungen für das Management von IT-Dienstleistungen, St Gallen, Bonn 2005.

*Zelinka, S. D.* 2005:
Object Modeling by Example, http://hdl.handle.net/2142/10987, aufgerufen am 29.10.2011.

*Zentes, J. / Swoboda, B. / Schramm-Klein, H.* 2010:
Internationales Marketing, Saarbrücken, Trier, Siegen 2010.

*Ziegler, F.* 2008:
Transaktionskosten in Theorie und Praxis, Augsburg 2008.

*Zloof, M.M.* 1977:
Query-by-Example: a data base language, IBM Systems Journal, 16 (4), S. 324-343, IBM Corporation, New York.

The manufacturer's authorised representative in the EU is Springer Nature Customer Service Centre GmbH, Europaplatz 3, 69115 Heidelberg, Germany. If you have any concerns regarding our products, please contact ProductSafety@springernature.com

Printed and bound by CPI Group (UK) Ltd, Croydon, CR0 4YY

23/03/2026

02076676-0003